Inhalt

Zeitschrift »psychosozial« im Psychosozial-Verlag

Herausgeber: Hellmut Becker †, Dieter Beckmann †, Iring Fetscher, Hannes Friedrich, Albrecht Köhl, Annegret Overbeck, Horst-Eberhard Richter †, Hans Strotzka †, Ambros Uchtenhagen, Eberhard Ulich, Jürg Willi, Hans-Jürgen Wirth und Jürgen Zimmer

Redaktion: Prof. Dr. Hans-Jürgen Wirth, Katrin Frank, Walltorstraße 10, 35390 Gießen
E-Mail: hjw@psychosozial-verlag.de, katrin.frank@psychosozial-verlag.de

Abo-Verwaltung: Telefon 06 41/96 99 78 18
E-Mail: bestellung@psychosozial-verlag.de

Verlag: Psychosozial-Verlag, Walltorstraße 10, 35390 Gießen
E-Mail: info@psychosozial-verlag.de, www.psychosozial-verlag.de

Umschlaggestaltung: nach Entwürfen des Ateliers Warminski, Büdingen

Umschlagabbildung: Pierre Souvestre und Marcel Allain: Fantômas. »Les amours d'un prince«, 1912

Satz: Hanspeter Ludwig, Gießen

Bezugsgebühren: Für das Jahresabonnement EUR 49,90 (inkl. MwSt.) zuzüglich Versandkosten. Studentenabonnement 50% Rabatt (inkl. MwSt.) zuzüglich Versandkosten. Lieferungen ins Ausland zuzüglich Mehrporto. Das Abonnement verlängert sich jeweils um ein Jahr, sofern nicht eine Abbestellung bis zum 15. November erfolgt.

Preis des Einzelheftes: EUR 19,90.

Bestellungen richten Sie bitte direkt an den Psychosozial-Verlag oder wenden Sie sich an Ihre Buchhandlung.

Anzeigen: Anfragen bitte an: anzeigen@psychosozial-verlag.de

Copyright: © 2008 Psychosozial-Verlag, Gießen.

Erscheinungsweise: Viermal im Jahr.

Die in der Zeitschrift veröffentlichten Beiträge sind urheberrechtlich geschützt. Alle Rechte, insbesondere das der Übersetzung in fremde Sprachen, bleiben vorbehalten. Kein Teil dieser Zeitschrift darf ohne schriftliche Genehmigung des Verlages in irgendeiner Form – durch Fotokopie, Mikrofilm oder andere Verfahren – reproduziert oder unter Verwendung elektronischer Systeme verarbeitet, vervielfältigt oder verbreitet werden.

Manuskripte: Die Redaktion lädt zur Einsendung von Manuskripten (in zweifacher Ausfertigung) ein. Mit der Annahme des Manuskriptes erwirbt der Verlag das ausschließliche Verlagsrecht auch für etwaige spätere Veröffentlichungen.

Datenbanken: Die Zeitschrift psychosozial wird regelmäßig im Sozialwissenschaftlichen Literaturinformationssystem SOLIS des Informationszentrums Sozialwissenschaften (Bonn) und in der Literaturdatenbank PSYNDEX der Zentralstelle für psychologische Information und Dokumentation (ZPID), Universität Trier, Postfach 3825, 54286 Trier erfasst.

CIP-Einheitsaufnahme der Deutschen Bibliothek: Psychosozial. – Gießen: Psychosozial-Verl. Erscheint jährlich viermal – Früher im Rowohlt-Taschenbuch Verl., Reinbek bei Hamburg, danach in der Psychologie Verl. Union, Beltz Weinheim. – Erhielt früher Einzelbd.-Aufnahme. – Aufnahme nach 53. Jg. 16, H. 1 (1993).

ISSN 0171-3434

Abonnement-Verwaltung: Bitte teilen Sie dem Verlag bei Adressänderungen unbedingt Ihre neue Anschrift mit.

Editorial

Dieses Heft enthält Texte, die anlässlich eines vom Mainzer Psychoanalytischen Institut am 27. Januar 2007 veranstalteten Symposions vorgetragen worden waren. Für die Veranstaltung hatte damals nur ein Tag zur Verfügung gestanden, was bei der Auswahl der Beiträge zu einer Beschränkung zwang, die angesichts der Bedeutung des Themas bedauerlich war. Deswegen freuen für uns über die Möglichkeit, weitere Arbeiten die eine wertvolle Ergänzung der damals gehaltenen Vorträge darstellen oder neue Perspektiven eröffnen, in diesem Heft vorstellen zu können.

Die Zurückhaltung, die aus der Formulierung »Erkundungen in einem Grenzland« spricht, ist nahegelegt durch die unüberschaubaren, in sich vielgestaltigen, vielerorts nicht durch einigermaßen klare Konventionen voneinander abgegrenzten Territorien; dem der Krankheit, hier der Provinz der seelischen Krankheit und dem des Verbrechens.

Zuerst ist eine Begriffbestimmung angebracht, andernfalls können sich die Grenzgänger nicht verständigen, etwa weil die einen von den Eigenarten des anderen und den Unterschieden im Land des anderen wenig wissen, oder das gleiche Wort in den verschiedenen Dialekten, auch im eigenen Lande, unterschiedliche Bedeutungen hat.

Eine Verwirrung auf der einen Seite ergibt sich aus der Vermengung des Begriffes Verbrechen mit dem der Kriminalität.

Verbrechen ist *dieses eine* sich konkret manifestierende Geschehen zwischen einem Täter oder einer Tätergemeinschaft und einem einzelnen oder einer Gruppe von hierdurch Geschädigten. Kriminalität dagegen meint das Massenphänomen, ist also ein Abstraktum.

Schlicht ausgedrückt, ist es normal, dass es Kriminalität gibt, nicht jedoch, dass es *dieses* Verbrechen gibt, weder für den, der es begeht, noch den, der es erleidet. Ebenso ist es normal, dass es *die* Krankheit gibt. Sie ist, ebenso wie die Kriminalität, solange ein Abstraktum, bis man selbst *er*krankt oder sich um einen *Er*krankten zu kümmern hat.

Dieses Kranksein und *dieses* Verbrechen sind also jeweils, und in ihrem womöglichen Zusammentreffen, höchstpersönliche Geschehnisse und Erlebnisse: Im Falle des Verbrechens seitens des Täters bedingt oder beeinflusst durch dessen Anlagen, die Geschichte seiner sozialen Prägungen, seiner Beschädigungen und unaufgelösten inneren Konfliktkonstellationen.

Seitens des Opfers wird *dessen* weitere Geschichte oft lebenslang durch die körperliche, materielle und seelische Beschädigung geprägt werden.

Diese Unterscheidung von Verbrechen und Kriminalität erscheint nicht zuletzt angebracht, um vorschnelle Rückschlüsse vom Massenphänomen auf das Verständnis des Einzelfalles und umgekehrt zu vermeiden.

So muss jemand, der die Disposition zu einer Krankheit hat und gemessen an der Gesamtpopulation mit einer zu beziffernden Wahrscheinlichkeit erkranken wird, eben nicht zwangsläufig erkranken.

Ebenso ist es bei Menschen, die durch ungünstige soziale Bedingungen, ihre Anlagen, etwa eine Chromosomenaberration, oder eine Krankheit, sagen wir eine Borderline-Störung, massenstatistisch gesehen eine besondere Neigung zu bestimmten Erscheinungsformen kriminellen Verhaltens haben, eben auch nicht unvermeidlich, dass es im Einzelfall mit eben dieser an der Gesamtpopulation gemessenen Wahrscheinlichkeit zur Tat kommt.

Um mit dem französischen Kriminologen Dupré (zit. n. Mergen 1967) zu sprechen: »La tendance à l'acte n'implique pas la fatalité de l'action«, womit wir bei einem philosophischen, rechtsphilosophischen, rechtsdogmatischen Problem sind, dem der Steuerungs- und Schuldfähigkeit, bei dem, ganz lebenspraktisch gesehen, also bei Begutachtungen oder der Psychotherapie von Straftätern, altehrwürdige psychoanalytische Konzepte, etwa das Strukturmodell und das topische Modell, zur Orientierung sehr gute Dienste leisten können.

Ohnehin befinden wir uns im Bemühen, den Einzelfall aus der je *einen* Geschichte, natürlich in deren sozialem oder kulturellem Kontext, und in den in unbewussten Verstrickungen wurzelnden Beweggründen zu erforschen, als Kliniker auf vertrautem Terrain. Damit sind wir bei der *Methode* der Grenzerkundungen angelangt, der Psychoanalyse, zu deren Wesen es nicht nur gehört, auf die unbewussten Beweggründe des Erlebens und Handelns zu schauen, sondern dabei immer wieder andere kritische, hoffentlich auch selbstkritische Perspektiven einzunehmen.

Die Psychoanalyse hat, in ihrer Verknüpfung mit der Wissenschaft vom Verbrechen, keinen so wortgewaltigen Fürsprecher gefunden wie V. v. Weizsäcker (1947), der der Psychosomatischen Medizin weissagte, sie werde eine psychoanalytische sein, oder nicht sein.

Diese Prognose bestätigte sich wenigstens in den ersten Jahrzehnten; schaut man heute auf den geschwundenen Anteil entsprechend vorgebildeter Lehrstuhlinhaber ist dies vorbei; dennoch bleibt die Psychosomatische Medizin von psychoanalytischen Betrachtungsweisen geprägt, auch wenn dies so nicht benannt und oft gar nicht mehr bemerkt wird.

Auch die Wissenschaft vom Verbrechen, die Kriminologie, ist wenn auch nicht unbedingt geprägt, so doch von Anbeginn beeinflusst von psychoanalytischen Vorstellungen.

Von der Psychosomatischen Medizin her hat das bio-psychosoziale Modell Eingang gefunden, insbesondere im Bereich der Erforschung kriminogener Faktoren und Begutachtungen der Schuldfähigkeit, die auch meist Erkundungen im Grenzland von Verbrechen und Krankheit, insbesondere seelischer Krankheit sind.

Diese Erkundungen beziehen sich heute auf drei verschiedene Grenzbereiche, die von verschiedenen Ausgangspunkten her betrachtet werden, wobei nicht ausgeschlossen ist, dass die Referenten und Autoren sich hie und da begegnen und vielleicht am Ende bei der Podiumsdiskussion festzustellen ist, dass die Dialekte die sie sich in den verschiedenen Regionen angeeignet haben, doch gar nicht so verschieden sind und sie sich auf dem Hintergrund ihres gemeinsamen psychoanalytischen Rüstzeugs gut ergänzen können.

Jeder Mensch ist im Traum oder in der Fantasie jeder Perversion und jedes Verbrechens fähig. Die Darstellung aller erdenklichen Gewaltverbrechen ist eines der beliebtesten Genres der Abendunterhaltung im Fernsehen und die Präsentation immer originellerer Formen der Perversion stellen einen profitablen Zweig der Internetindustrie dar.

Wie hoch der Anteil derer ist, die hierdurch angeregt werden, die Fantasien in der Wirklichkeit auszuleben, bleibt im Dunkeln; unbeträchtlich dürfte er nicht sein. Größer ist sicher der Anteil derer, denen Berichte über wahre Gräueltaten oder deren filmische Darstellungen dazu dienen, das ideale Selbstbild rein zu halten, indem alles Böse im »entmenschlichten perversen Verbrecher« untergebracht wird.

Die Projektion des eigenen Bösen, Gewalttätigen, Abartigen, Kranken scheint erforderlich, um der Kränkung zu entgehen, dies alles auch in sich zu haben, im Grunde auch nicht besser zu sein.

Vielfach scheint aber die Unterscheidung zwischen Wirklichkeit und Virtualität zu verschwimmen, dann ist eben alles »nur Fernsehen, alles nur Mattscheibe«.

Über eine besondere Form der »Medienverwahrlosung« in Vollzugsanstalten, die Computerspiele, berichtet Götz Eisenberg. Diese artifiziell induzierte Weise der Derealisation und Depersonalisation schält sich immer mehr als ein kriminogener Faktor nicht zuletzt der *aller grauenhaftesten* Gewaltverbrechen heraus.

Dies ist im Einzelfall erschreckend, erschütternd aber auch als kultureller Befund, sind doch die Techniken die die Bilder auf die Mattscheibe zu zaubern vermögen, allerdifferenzierteste Hervorbringungen des menschlichen Geistes, Realisierungen kühnster weit über die Fantasien Jules Vernes, auch die George Orwells, hinausragender Utopien.

Je grandioser Homo Faber wird, desto mehr wird Homo sapiens erdrückt. Man könnte auch von einer »Regression in den Fortschritt« sprechen. Im Sinne der Wiederkehr des Verdrängten mag die dauernde Konfrontation mit den Projektionen auch als Kränkung, als Aushöhlung des individuellen wie des kollektiven Selbstwertgefühles wirken und immer weiter an der liebevoll gehegten Vorstellung nagen, Herr im eigenen Hause zu sein.

Kränkungen des Selbstwertgefühls können krank machen, sie können aber auch zum Verbrecher werden lassen, nicht selten mit der nicht immer nur unbewussten Intention, die eigene seelische Beschädigung durch die Gewalttat, die nicht selten die eigene physische Vernichtung mit einschließt, zu heilen. Mit dieser Problematik setzt sich Svenja Taubner auseinander.

Heinfried Duncker wird über die Zusammenhänge von destruktiver und konstruktiver Aggressivität in narzisstisch akzentuierten Situationen im Strafvollzug berichten. Mit dem Spannungsfeld von Helfen und Strafen befassen sich ferner die Arbeiten von Franziska Lamott et al. und Frank Reichert.

Gar nicht primär der *Fall* des sogenannten Kannibalen von Rotenburg als solcher, sondern die Tatsache, dass dies über Monate hinweg zu einem Medienereignis gemacht werden konnte, mag als ein weiterer Beleg dafür gelten, wie durchlässig die Grenze ist, zwischen innerer Wildnis und äußerer Zivilisiertheit.

Hans-Volker Werthmann wird über diesen Fall berichten und ihn unter dem Gesichtspunkt psychoanalytischer Konzepte untersuchen, die die Entwicklung des Täters zu dieser Tat hin verstehen hilft, was zugleich eine Bestätigung des heuristischen Wertes dieser Konzepte darstellt und die Schlüssigkeit ihrer theoretischen Begründung aufzeigt.

Ähnlich groß war vor ca. 40 Jahren das Interesse an dem Fall des Jürgen Bartsch, über den damals lediglich durchsickerte, dass er die von ihm ermordeten Jungen teilweise gegessen hatte.

Es war aber insbesondere deshalb ein historischer Fall, weil sich an ihm die Diskussion der Schuldfähigkeit besonders erhitzte, nachdem Gutachter, die ihn als unheilbar krank ansahen, vom Gericht abgelehnt worden waren.

Schon 1896 hatte Franz von Liszt in seiner Arbeit über die strafrechtliche Zurechnungsfähigkeit gefordert, das Richtschwert möge durch den Äskulapstab ersetzt werden, was zu dieser Zeit als das Vergeltungsstrafrecht kaum hinterfragt wurde, eine geradezu revolutionäre Forderung war auch in anderem Sinne recht radikal, nämlich in der zumindest suggerierten Gleichsetzung von Krankheit und Verbrechen.

1964 publizierte Grammatica sein Konzept der »Défense Sociale«, wonach die Gesellschaft vor Delinquenten zu schützen sei, dies mit einem Minimum an Übelzufügung; wenn er nicht reintegrierbar oder heilbar ist, womöglich dauerhaft. Statt von Straftat wird von Antisozialität gesprochen, der Täter ist nicht zu bestrafen, sondern zu behandeln, um ihn seiner Gefährlichkeit zu entheben. In diesem Umfeld tauchen wieder Tendenzen auf, die über eine Analogisierung von Krankheit und Verbrechen hinaus zu einer recht weitgehenden Überdeckung zu neigen scheinen, was sich etwa in dem schnell wieder verschwundenen Begriff der Kriminopathie zeigte.

Manches von diesen Vorstellungen wurde im Gefolge der Strafrechtsreform umgesetzt, so die Einführung des Maßregelvollzuges und die Umwandlung, manchmal nur Umbenennung, von manchen Gefängnissen in sozialtherapeutische Anstalten, wo die psychotherapeutischen und soziotherapeutischen Bemühungen vornehmlich Gewalt- und Sexualtätern gelten.

Dass *erlittenes* Verbrechen krank macht und dieses Kranksein der Behandlung bedarf, ist heute allgemein anerkannt, was so zur Zeit der Strafrechtsreform noch nicht der Fall war.

Wer Straftäter behandelt, benötigt, auch auf der Basis psychoanalytischer Erfahrung, nicht nur ein besonderes behandlungstechnisches Rüstzeug, sondern davor noch genauere Kenntnisse der Ätiologie, der Dynamik der kriminogenen Situation und des Tatherganges.

Die neuere Forschung im Grenzbereich von Psychoanalyse und Bindungsforschung hat hierzu, wie Ellen Reinke berichten wird, gleichermaßen theoretische Grundlagen geschaffen für diagnostische Instrumente und therapeutische Interventionsweisen.

Das Mainzer Psychoanalytische Institut möchte Sie zur Erkundung dieses Grenzlandes von Psychoanalyse, Verbrechen und seelischer Krankheit einladen – Ländern, die ihrerseits alle eine gemeinsame Grenze zum dunklen Kontinent des Menschseins hin haben.

Hans Willenberg

Literatur

Grammatica, F. (1964): Principes de Défense Sociale. Paris.

Liszt, F. v. (1896): Die strafrechtliche Zurechnungsfähigkeit. Aufsätze und Vorträge, Bd. II. Berlin.

Mergen, A. (1967): Die Kriminologie – Eine systematische Darstellung. Vahlen München.

Weizsäcker, V. v. (1947): »Klinische Vorstellungen«. In: Psyche Z – Psychoanal I, 259.

Christian Warrlich, Ellen Reinke (Hg.)
Auf der Suche

2007 · 258 Seiten · Broschur
ISBN 978-3-89806-568-9

Kaum ein Krankheitsbild wie das des ADHS hat in den letzten Jahren solch kontroverse Diskussionen provoziert. Es treffen nicht nur heftige Affekte, sondern Weltanschauungen aufeinander, diametral unterschiedliche Auffassungen von Krankheit, des Verhältnisses von Körper und Geist, Kausalität, Determinismus und Finalität, Individuum und Gesellschaft.

Dem vorherrschenden Krankheitsverständnis des ADHS als einer monokausalen, körperlich genetischen Erkrankung soll hier ein beziehungs- und sozialorientiertes, sinnverstehendes und psychoanalytisches zur Seite gestellt werden. Die Zusammenschau ermöglicht einen Zugang zum komplexen Bedingungs- und Entstehungsgefüge des ADHS – verstanden als eine psycho-sozio-somatische Einheit und ein Sinnbild der Moderne, eine Erscheinung unserer Zeit.

Und bist Du nicht willig, so brauch ich Gewalt

Heinfried Duncker

Einleitung

Die diesem Thema gegenüber auftauchenden Ideen des Lesers werden diesen Ausspruch zunächst nicht direkt mit der Thematik des Narzissten und seines Gegenübers in Zusammenhang bringen. Der Leser wird das Thema eher mit Gedanken in Zusammenhang bringen, die in der forensischen Psychiatrie eine Rolle spielen, bei Taten, bei denen der Wille des anderen mit Gewalt gebrochen wird, wie bei Mord, Totschlag oder Vergewaltigung. Dass dies etwas mit dem Narzissmus Gemeinsames hätte, erscheint zunächst übertrieben.

Hören wir doch zunächst einmal, was ein alter Dichter uns hierzu sagt.

Sah ein Knab' ein Röslein steh'n

Sah ein Knab ein Röslein steh'n,
Röslein auf der Heiden;
War so jung und morgenschön,
Lief er schnell, es nah zu seh'n,
Sah's mit vielen Freuden,
Röslein, Röslein, Röslein rot.
Röslein auf der Heiden.

Knabe sprach: »Ich breche dich,
Röslein auf der Heiden«;
Röslein sprach: »Ich steche dich,
Dass du ewig denkst an mich,
Und ich will's nicht leiden«.
Röslein, Röslein, Röslein rot.
Röslein auf der Heiden.

Und der wilde Knabe brach's
Röslein auf der Heiden.
Röslein wehrte sich und stach,
Half ihm doch kein Weh und Ach,
Musst' es eben leiden.
Röslein, Röslein, Röslein rot.
Röslein auf der Heiden.

(Worte: Johann Wolfgang von Goethe, 1771;
Weise: Heinrich Werner, Braunschweig 1827)

Es mag überraschen, die kriminell brutale Seite nicht nur mit dem krankhaften Narzissmus, sondern dem Narzissmus im Allgemeinen in Verbindung bringen zu wollen. Die Kontinuität des menschlichen Erlebens aber zwischen Normalität, Krankhaftigkeit und krimineller Entgleisung ist in der deutschen Psychiatrie immer noch etwas Überraschendes. Auch und trotz der Forschungen von Venzlaff (1958) zu den erlebnisbedingten psychischen Störungen stellen die Gedanken zur Ruptur zwischen Gesunden und Kranken, zur Trennung zwischen Kriminellen einerseits und Gesunden oder Krankhaften andererseits eine häufig unausgesprochene Grundlage im wissenschaftstheoretischen Diskurs dar. Zu diesem Diskurs gehört auch die agnostische Position, die Grundlage des ICD-10 und seiner tautologisch-phänomenologischen Beschreibungen oder der analogen Beschreibungen des DSM-IV ist. Um aber zu einem Verständnis zu gelangen, müssen wir uns darauf einlassen, den Narzissmus in seiner gesunden und krankhaften Überformung in die Entwicklungsgeschichte des menschlichen Selbstwertgefühls einzubinden, beginnend in der frühen Kindheit mit allen Entwicklungsschritten und Verunsicherungen, die seine Entwicklung begleiten können.

In welcher Beziehung steht nun die Gewalt im Sinne der Beherrschung des Anderen oder des Brechens seines Willens mit dem Thema des Narzissmus? Wann oder warum braucht der Narzissmus den Anderen?

Die Entwicklung des Narzissmus ist ohne die Beziehung zum Anderen nicht möglich, und eine Entwicklung ist ohne die genaue Beobachtung dieser intersubjektiven oder interpersonellen Beziehungen nicht zu beschreiben. In diesem Sinne gilt es, verschiedene Positionen zu untersuchen:

1. die Entwicklung in der Herrscher-Beherrschten-Beziehung ausgehend von der Phase frühkindlicher Abhängigkeit, dem folgenden Trotz bis zur erwachsenen Ich-Du-Beziehung,
2. die Dynamik der Identifikation mit dem Aggressor und dem mit dieser Identifikation verbundenen Aspekt der Unterwerfung unter das eigene Spiegelbild,
3. die Fixierung und Regression des Narzissmus und die Beziehung zur Gewalt,
4. Gedanken zur Gewaltprävention.

Grundsätzliches zu Aggression und Aggressivität

Gewalt ist nicht erst dann existent, wenn sie im Sinne körperlicher Gewalt zu brutalen Veränderungen der Umgebung führt. Die Aggressivität kann als eine Art Disposition verstanden werden, als ein dauernder Charakterzug oder aber eine vorübergehende Motivation. Die Aggression setzt hingegen einen Organismus mit der Motivation in Bewegung, eine Spannungsreduktion zu erzeugen. Ergebnis ist eine Handlung, deren Ziel die Zerstörung des Objektes im wörtlichen oder übertragenen Sinne ist. Diese Zerstörung beinhaltet natürlich auch ein analoges Spiel zwischen Macht und Handlung. Es wäre aber zu einfach, Aggression nur als motorische Aktivität zu verstehen und den Gewaltbegriff auf denjenigen, der handelt, zu beschränken. Gewalt kann sich auch durch unterschiedlichste Formen der Nichthandlung äußern, wie zum Beispiel dem Schweigen oder der Inaktivität gegenüber Veränderungen. Die Verweigerung der Wünsche des Anderen, die wir in persönlichen oder therapeutischen Beziehungen immer wieder beobachten, kann extrem aggressiv intendiert sein oder so erlebt werden. Es gibt im Grunde genommen keine Handlung oder Nichthandlung, die nicht auch Aggression sein kann oder hierzu werden könnte. In diesem Sinne ist das Augenmerk weniger auf die Gewalt als auf die Zielrichtung, die diese Gewalt hat, sprich auf die zugrunde liegende Aggressivität, auszurichten. In der Auseinandersetzung ist die Aggressivität somit interessanter als die Aggression, die lediglich den Weg darstellt, wie sich Aggressivität äußert.

Auch Aktivität und Aggressivität sind zu unterscheiden. Zum Beispiel: Aktivität einerseits und Passivität andererseits entsprechen Handlung und Schlaf. Im Hinblick auf das Ziel des Schlafes kann die Entscheidung zu schlafen äußerst aktiv, vielleicht auch aggressiv motiviert sein, um sich zum Beispiel auf den kommenden Kampf des folgenden Tages besonders gut vorbereiten zu wollen. In einer Diskussion, auf Bitten eines anderen nicht zu antworten, kann sehr wohl eine aktive Entscheidung sein, den anderen durch seine Passivität zu verletzen. Aus diesem Blickwinkel betrachtet, kann jegliche Aktivität, so passiv sie auch sein mag, aggressiv motiviert sein.

Wegen dieser Überlegungen muss sich die Analyse von Gewalt oder Aggression auch mit dem Sadomasochismus beschäftigen. Er soll in der psychoanalytischen Tradition als eine Beziehung von Herrschaft und Unterwerfung verstanden werden. Dies bedeutet, dass das Thema ausschließlich aus der intersubjektiven Betrachtungsweise behandelt werden kann, denn es gibt keinen Herrscher ohne Unterworfenen. Dies gilt auch für den moralischen Masochismus, der im Kampf mit dem Anderen die Viktimisierung sadistisch gegen diesen umkehrt. Man kann theoretisch auf der Ebene der Lust den Sadomasochismus von der Aggressivität unterscheiden. Die aggressive Spannung wird als unlustvoll erlebt. Die aggressive Entladung hingegen wird begleitet von Befriedigung, Erleichterung, ja sogar Lust, wenn man die sekundären Reaktionen von Angst, Schuld oder Scham beiseite lässt. Im sadistischen Verhalten verbindet sich die Lust aber nicht nur mit der aggressiven Entladung, sondern mit der Intention zu töten, zu verletzen, zu erniedrigen. Insofern ist diese Unterscheidung rein theoretisch.

Wenn der Sieg stolz ist, dann ist die Niederlage erniedrigend, und dann hat die Aggression vor allem das Ziel zu herrschen, zu unterwerfen. Deswegen bietet sich unter der Formel des Sadomasochismus die menschliche Aggressivität zur Studie. Hier darf nicht übersehen werden, dass die Eigenliebe die tiefste allgemeine Leidenschaft und gleichzeitig das ist, was am aggressivsten und am verletzbarsten ist. Narzissmus und Sadomasochismus sind genau an diesem Punkt untrennbar miteinander verbunden.

Die Verknüpfung der narzisstisch-masochistischen und narzisstisch-sadistischen Position des Trotzes und die reife Ich-Du-Beziehung

»Und bist Du nicht willig, so brauch ich Gewalt« ist sicher ein Thema, das in der extremen Überzeichnung die Mutter-Kind-Beziehung dann prägen kann, wenn bestimmte Exzesse mütterlicher oder väterlicher Gewalt gegenüber einem Kind beobachtet werden, das ihnen hilflos ausgeliefert ist. Manchmal übertreibt der Satz auch die hilflose Position der Eltern gegenüber den Trotzreaktionen ihrer Kinder, wie das überzeichnet von Frau Saalfrank, unserer Supernanny, im Voyeurismus des Fernsehens der Bevölkerung vorgegaukelt wird.

In der psychoanalytischen Tradition ist in der Entwicklung des Narzissmus der Weg von der unterworfenen Position zum Trotz derjenige, der die Beziehung zwischen den beteiligten Personen beschreibt und deren innere Dynamik während der Zeit der Ausbildung der ersten Identifikationen. Identifikationen im Sinne narzisstischer Bilder sind also im Sinne von Unterwerfung und Beherrschung mit den Mechanismen verknüpft, die aus dieser Zeit stammen. Diese innere Dynamik belebt sowohl die Identifikation mit dem Aggressor als auch die mit dem eigenen Spiegelbild. Die Dialektik ist die des Sadomasochismus, und sie versucht, drei Positionen zu verbinden, nämlich die

- narzisstisch-masochistische Position,
- die narzisstisch-sadistische Position und ihre
- reife Entwicklung zur Beziehung zwischen zwei Subjekten.

Die narzisstisch-masochistische Position, die man auch als passiven Egoismus bezeichnen könnte, ist die älteste dieser Positionen. Sie beginnt vor der Geburt, sogar vor der Konzeption in den Projekten der Eltern, der Familie und der Umgebung. In ihnen kann das Kind, auch wenn es mit den wertvollsten Attributen versehen ist, nur als Objekt auftreten. Dieses Objekt wird es in einer Art parasitärer Beziehung zur Mutter auch geraume Zeit, während der biologischen Unreife, bleiben. Es ist zunächst einmal passiv, Objekt oder Ding der Mutter, vielleicht auch Spielzeug der Mutter (Sutti 1935). Entsprechend ist die Mutter vor allen Dingen aktiv und beherrschend. Sie ist Besitzerin, wenn auch möglicherweise eine extrem liebende Besitzerin des Kindes. Die äußeren Stimuli und die Handlungen über Objekte bleiben beim Kind nicht ohne Effekt. In Referenz zu diesen beginnenden kindlichen Aktivitäten oder auch in ihrer Beherrschung ist die Mutter objektiv und subjektiv manchmal bis zu einem außergewöhnlichen Grade passiv und vom Kind als »Kind-König« besessen. Dieser primäre Narzissmus ist auch zunächst nicht vielmehr als eine Erfüllung der Vitalität. Er wird unterstützt durch die Pflege, die Liebe, die Bewunderung, gegebenenfalls den Kult der Umgebung. Dieser besteht auch später noch fort in der lange andauernden Unfähigkeit des Kindes, sich auf den Standpunkt des Anderen einzustellen. Dies ist bei Patienten in der forensischen Psychiatrie zu beobachten und in ihrer Therapie zu beachten, und gilt auch für den Täter-Opfer-Ausgleich und seine Möglichkeiten. Masochistisch wird diese Position genannt, weil das Kind passiv abhängig und unterworfen seine Befriedigung dadurch erlebt, Objekt des allmächtigen, wohlwollenden Anderen zu sein.

Es darf allerdings nicht vergessen werden: Die narzisstisch-masochistische Position schließt die Prämissen der Herrschaft nicht aus. Sie ist der Angelpunkt für den Übergang zur folgenden Position.

Die narzisstisch-sadistische Position ist in ihren psychologischen und analytischen Referenzen fixiert auf die sadistisch-orale und sadistisch-anale Phase. Sie verlängert sich ein wenig in die Zeit der Trotzphase hinein. Ab dem siebten Lebensmonat können in den Beziehungen zwischen Säuglingen komplementäre Handlungen beobachtet werden, wie Geben – Nehmen, Herrschaft – Unterwerfung, Parade – Hingabe. Bühler (1928) berichtet, wie sie am Ende des achten Monats das triumphale Lächeln bei dem Kind, das gewonnen hatte, beobachtete.

Wesentlicher als die Beobachtungen der Spiegelungen ist für unsere Überlegungen der Konflikt zwischen den respektiven Wünschen der Mutter und des Kindes. Ein Kind, das in seinem Wunsch oder seiner Bitte von den Erwachsenen begrenzt wird, wird aggressiv. Die Mutter hat gegenüber dem Wunsch des Kindes die Möglichkeit zurückzugehen und ihn zu erfüllen. Sie kann ihn auch verweigern. Sie kann aber auch zusätzlich selbst aggressiv reagieren, um das Kind aktiv zu unterwerfen. In dieser Dynamik wird die narzisstisch-sadistische Haltung des Kindes gegenüber der vorherigen Position dann beherrschender, wenn die Mutter zurückweicht und das Kind also feststellt, dass seine Dominanz Erfolg hat, die Position des Herrn somit lohnend erscheint.

Gibt das Kind nach, verbleibt ihm lediglich die Rückkehr auf die narzisstisch-masochistische Position mit dem Nachgeschmack der Revolte, des Vorwurfs und der Forderung. Bleibt das Kind bei seiner Verweigerung oder seiner Bitte, dann kann die narzisstisch-sadistische Haltung entweder zu einem dauerhaften Charakterzug werden, oder sie stellt einen normierenden Übergang zu einer selbständigeren Position der Unabhängigkeit dar.

Der Fortschritt in dieser Position besteht darin, dass das Kind beginnt, zwischen sich selbst und dem Anderen anlässlich der Identifikation mit dem Aggressor zu unterscheiden. Hier beginnt der mit dem Spiegelstadium von Lacan (1949) beschriebene Reifungsschritt erster idealichhafter Identifizierungen.

Wichtig für die Dynamik ist der Sieg, den das Kind mit der Erfüllung des Wunsches meint errungen zu haben. Zur eigenen Bestätigung gehört in diesem Stadium die Negierung des Anderen. In dieser Position ist der Masochismus auf ein Minimum reduziert. Es gibt in dieser Zeit eine Verstärkung des Sadismus als Verteidigung gegen die Angst, in die Impotenz der Passivität und der Abhängigkeit der vorherigen Position zurückzufallen.

Die Identifikation mit dem Aggressor und die nicht endende Dynamik des Spiegelstadiums

Zunächst einmal mögen die Begriffe, die zum einen auf René Spitz (1959), zum anderen auf Jacques Lacan (1966) verweisen, inkompatibel erscheinen. In gewissen Betrachtungsweisen sind die theoretischen Grundlagen auch sehr unterschiedlich. Bezogen auf unsere Problemstellung allerdings lässt sich eine Analogie und eine Verknüpfung nicht vermeiden, da es sich hierbei nicht um die Frage der allgemeinen entwicklungspsychologischen oder psychoanalytischen Theorie handelt, sondern um Problemstellungen, die sich besonders auf die Verknüpfungen zwischen Narzissmus und Gewalt ausrichten sollen.

Über Bergerets Vorstellungen zur primären, schieren Gewalt und ihrer Überwindung durch die Einbindung in erotische, sprich kommunikative bzw. sozial-kommunikative Handlungsweisen, wurde ausführlich in einer früheren Veröffentlichung hingewiesen (Duncker 1997). Nur kurz deshalb zur Erinnerung seine Paradigmen. Am Anfang steht für ihn eine schiere Gewalt, die nicht etwa verschwindet, sondern die lediglich durch die Einbindung in die Fantasie und die dadurch entstehende Fähigkeit sozial-kommunikativen Handelns unterschiedlich eingebunden ist. Das Ausmaß der Gewalt ist nicht verändert, sondern durch die sozial-kommunikative Einbindung ihre Auswirkung. Erreicht wird dies durch das Ausmaß und den Umfang des möglichen unbewussten ödipalen Fantasierens. Je besser diese Möglichkeit gegeben ist, desto höher ist die Fähigkeit, auch bei schwierigen Situationen im Bereich sozial-kommunikativen Handelns zu verbleiben. Je weniger ausgeprägt die Möglichkeit für ödipale Fantasien ausgebildet war, desto geringer ist für ihn das Ausmaß, diese Fähigkeiten zu entwickeln. Bergeret macht die Behinderung zu fantasieren an einem sogenannten frühen desorganisierenden Trauma fest. Dies behindert das Kind darin, frei fantasieren zu können.

Der Beginn dieser möglichen Traumatisierung liegt in der Zeit, in der sich für Spitz die Frage der Identifikation mit dem Aggressor stellt. In der Dialektik von Spitz gibt es eine wohlwollend gewährende, omnipotent versorgende Mutter in einem ersten Stadium, deren Fehlen in dem Stadium der zwei Objekte nach einer Erklärung sucht. Findet sich diese Erklärung in einer väterlichen Figur, bei der die Mutter Sicherheit und Anbindung findet, dann ist das Fehlen der Mutter in der Reifung des Kindes der Willkürlichkeit entbunden und kann als Ergebnis der Bindung der Mutter zum Vater betrachtet werden. Durch diese Bindungsqualität würde die Revolte gegen das Fehlen und seine Willkürlichkeit aufgrund der Anbindung an dieses für die Identifikationsfindung notwendige Objekt begrenzt.

Dies bedeutet, dass der Aggressor über bestimmte Qualitäten verfügen muss:

- Das Kind muss sich als von der Mutter begehrt empfinden, und
- der Aggressor muss mindestens genauso von der Mutter begehrt sein im Empfinden des Kindes wie das Kind selbst.
- Diese väterliche Figur darf in keiner Weise aggressiv sein, die einzige Aggressivität ist ihr Dasein, nicht ihr Umgangsstil.

In der Lacan'schen Version wird dieser Entwicklungsschritt über die Unterwerfung unter die Begrenztheit des Spiegelbildes, das heißt des eigenen Bildes, beschrieben. Diese Unterwerfung ist auch nicht ohne Aggression, sondern es geht darum, dass das Kind sich aller Fantasien, die darüber hinausgehen, beschneiden muss. Es muss sich dieser Fantasien nicht aufgrund der Aggressivität des Bildes beschneiden, sondern aufgrund der inneren Notwendigkeit der Identifikation mit ihm.

In dieser Unterwerfung ist genauso wie in der darauf folgenden – der Unterwerfung unter das Gesetz des Vaters – eine Dialektik zu verfolgen, die Hegel mit der Beziehung zwischen Herr und Knecht beschrieben hat. Die Identifikation geschieht über die Bilder: dem Anderen der Mutter bei Spitz, das Spiegelbild bei Lacan. Die Dynamik ist die der Unterwerfung und somit die des Überganges zwischen der narzisstisch-masochistischen und der narzisstisch-sadistischen Phase. In diesem Sinne findet in der normalen Entwicklung der Sadismus entweder seine Grenzen in der Anbindung an die Person, von der Sicherheit und das Wohlergehen abhängen, oder er braucht wegen seiner Unsicherheit permanent die Bestätigung seiner Herrschaft über den Anderen, durch dessen Unterwerfung im Sinne eines ständigen Zwangs zur Wiederholung. In der normalen Entwicklung findet der Sadismus in der Anbindung an die Person, von der die Sicherheit und das Wohlergehen abhängen, seine Grenzen. Die von Melanie Klein (1962) beschriebene depressive Phase bezieht ihre Kraft aus dieser permanenten Dialektik der Begrenzung der sadistischen Position durch die drohende Impotenz, für den Fall des Verlustes des Identifikationspartners.

Der folgende Schritt aus dieser Entwicklungsstufe heraus zur Beziehung von Subjekt zu Subjekt stellt den Abschluss des Prozesses dar. Betrachtet man die ersten Beziehungsqualitäten, so kann man sie als eine Beziehung Objekt-Subjekt charakterisieren, die zweite ist ihre Umkehrung in eine Form Subjekt-Objekt. Der dritte Schritt heißt, dass das Subjekt sich dadurch beweist, den Anderen als Subjekt, sprich als gleichwertig, anzuerkennen. Die Identifikation mit dem Aggressor ist, auf sich allein gestellt, nicht ausreichend, sondern es muss so etwas wie die Neutralisierung des Sadomasochismus geben, das heißt eine Verständigung der jeweiligen Narzissmen: Der Andere muss als solcher ertragen, sein Narzissmus als solcher akzeptiert werden. Es handelt sich also um die Anerkennung nicht nur seiner Existenz, sondern seines Wertes und seiner Rechte. Da dies ein fortlaufender, sich wiederholender Prozess ist, kann zum einen diese Reife im Sinne einer Persönlichkeitsstruktur nie erreicht werden. Zum anderen eröffnet sich durch den prozessualen Charakter die Möglichkeit zu regredieren.

Bergeret (1974) beschreibt unter den Astrukturierungen die Entwicklungsmöglichkeit früher Störungen, bei denen die Negation des eigenständigen Narzissmus des Anderen fortlaufende und sich steigernde Rituale der Unterwerfung induziert. Dies ist die pathologische Fixierung.

Das erwähnte Modell der wirklichen Intersubjektivität als reife Position ist aber idealtypisch. In den konkreten Beziehungen des Lebens muss es vom Kompromiss zum Handeln über die Verbindung zur Gemeinsamkeit gehen. Sie bleibt aber immer auch mit sadomasochistischen Überresten verbunden.

Dies bedeutet, dass der Optimismus übertrieben ist, der die Reifung darin sieht, Beziehungen zum wahren Subjekt genitaler Liebe zu frönen. Wahrscheinlich ist die Vereinigung der Narzissmen zweier Individuen die einzige Barriere, die sich sadomasochistischen Rückgriffen entgegenstellen kann. Andererseits ist die Umleitung sadistisch-aggressiver Tendenzen auf Dritte sicher eine nicht zu vernachlässigende Ersatzhandlung. Man kann dies aus der Sturheit und den vielfältigen Arrangements ableiten, die Menschen benutzen, um den Frieden zu erreichen, mit allen Hilfsmitteln des Rechtes und der Moral. Zahlreiche Verbrechen werden im Namen der Freiheit begangen, und dies gilt auch für den Ausspruch der Französischen Revolution: »Und willst Du nicht mein Bruder sein, dann schlag ich Dir den Schädel ein.«

Wir stehen also hier an der Position, wo die subjektive Reifung erreicht hat, dass mit der Verinnerlichung dieser Bilder ein Zugang zur Intersubjektivität gelang. Dieser kann sicher auch durch regressive Prozesse infrage gestellt werden. Fehlen entsprechende Bindungsqualitäten, dann kann allerdings andererseits diese Verinnerlichung nicht erreicht werden, weil der innere Anknüpfungspunkt für stabile Idealichbilder fehlt. Wenn innere Bilder fehlen, dann braucht das Subjekt äußere Objekte, um diese fehlenden inneren Bilder zu ersetzen. Hier wird deutlich, in welcher Dynamik die äußeren Bilder, die als Ersatz für die fehlenden inneren Bilder dienen, sich befinden müssen. Sie sind in der Position von anaklitischen, sprich Anlehnungsobjekten, die dem anaklitischen Ich als Pfropf, wie ihn auch Morgenthaler für die Perversion beschrieb, zur Verfügung stehen müssen. Wir stehen also vor der Fragestellung, wie sich Gewalt gegenüber diesen von einer Person auserkorenen Anlehnungsobjekten manifestieren kann.

Wir lieben uns zu sehr

Wir lieb'n uns zu sehr – ja, wir lieben uns zu sehr,
Mit uns hab'n wir Mitleid beim kleinsten Malheur.
Wir warten beim Zahnarzt und lesen im Blatt:
»Erdbeben! Zehntausend kam'n um in 'ner Stadt.«
Ja, dass Zehntausend umkomm'n, bedauern wir sehr,
Aber *ein* Zahn, der uns weh tut, der schmerzt uns noch mehr.

Wir lieb'n uns zu sehr – ja, wir lieben uns zu sehr,
Nur uns und die Unsern, die schätzen wir höh'r.
Die Kinder der andern, die tadeln wir nie,
Aber uns're sind besser, viel netter als die –
Und mag unser Kind noch so hässlich ausseh'n,
Sobald es uns ähnlich ist, finden wir's schön.

Wir lieb'n uns zu sehr – ja, wir lieben uns zu sehr,
Wir komm'n nicht zur Heirat, die Wahl ist zu schwer.
»'ne bessere Hälfte«, die suchen wir hier,
Doch wir finden keine bess're – die bess're sind wir.
Wir könn'n 's gar nicht glauben, dass 's 'ne bessere gibt,
Wir sind eb'n zu sehr in uns selber verliebt.

Wir lieb'n uns zu sehr – ja, wir lieben uns zu sehr,
Wir glaub'n, 's dreht sich alles um uns rings umher –
Wir glauben sogar, weil die Erde sich dreht,
Sie dreht sich um uns nur von morgens bis spät –
Die dreht sich um andere genau so geschwind –
Ja, die dreht sich sogar, wenn wir gar nicht mehr sind.

(Otto Reuter: Wir lieben uns zu sehr. In: Der Überzieher)

Die fixierte Position der sogenannten frühen Störung

Der terminologisch nicht saubere Begriff der sogenannten »frühen Störung« soll die Störungsbilder beschreiben, die im ICD-10 oder DSM-IV unter den Diagnosen Borderline-Persönlichkeitsstörung, narzisstische Persönlichkeitsstörung oder dissoziale Persönlichkeitsstörung beschrieben werden. Bezogen auf die Objektbeziehungsqualitäten und die Natur der Angst, denen in den hiesigen Betrachtungen der wesentliche Teil der Aufmerksamkeit gewidmet werden soll, kann man diagnostisch Folgendes festhalten:

Persönlichkeitsstörung		
Borderline	**narzisstisch**	**dissozial**
Die Betroffenen leben in inkonstanten und krisenhaften Beziehungen.	Die Betroffenen haben ein grandioses Gefühl der eigenen Wichtigkeit, glauben besonders und einzigartig zu sein. Übertriebene Erwartungen fordern eine besonders bevorzugte Behandlung oder ein automatisches Eingehen auf die eigenen Erwartungen ein.	Die übertriebenen Erwartungen münden bei der dissozialen Persönlichkeit in einem dauerhaften verantwortungslosen Umgang mit anderen bzw. den sozialen Werten und Normen.
Es besteht eine ausgeprägte Angst vor dem Verlassenwerden.	In zwischenmenschlichen Beziehungen sind die Betroffenen ausbeutend, zeigen einen Mangel an Empathie sowie arrogante, überhebliche Verhaltensweisen oder Haltungen.	Die ausbeutenden Beziehungen steigern sich zum verantwortungslosen Umgang in einer fixierten Ecke der Entwertung.

Tab. 1: Persönlichkeitsstörung: Definition (Leitlinien AWMF)

Persönlichkeitsstörung		
Borderline	**narzisstisch**	**dissozial**
Es gelingt nicht, von emotional bedeutsamen anderen Menschen eine konstante innere Vorstellung aufrechtzuerhalten; ebenso besteht eine Identitätsstörung mit Unsicherheit bezüglich des eigenen Selbstkonzepts.	Die emotionalen Bindungen sind funktionaler Natur und zielen nicht auf den Menschen, sondern auf dessen Möglichkeiten, den eigenen Wert zu bestätigen. Insofern sind sie Objekt des Schwankens zwischen Kleinheits- und Nichtigkeitsgefühlen einerseits und Gefühlen der Grandiosität andererseits.	Die Funktionalität der emotionalen Bindung zeigt sich in der Beherrschung der Umgebung.
Sind emotional bedeutsame Andere nur in regressiven Zuständen und bei eigener Bedürftigkeit verfügbar, so führt dies zur charakteristischen Verlassenheitsdepression.	Die Konflikte zentrieren sich um das Erleben einer genügsamen Autarkie versus abhängiger Nichtigkeit.	Die Instrumentalisierung emotionaler Bezüge hat den extremen Pol weitgehend fehlender Bindungen an Werten und Normen erreicht.

Tab. 2: Persönlichkeitsstörungen: Psychodynamik (Leitlinien AWMF)

Bezogen auf die Psychodynamik kann man für unsere Betrachtungsweise auf Folgendes zurückgreifen (siehe Tab. 2):

Die hier dargestellte diagnostische und psychodynamische Betrachtungsweise der Leitlinien greift im Wesentlichen auf die Beschreibungen des DSM-IV bzw. ICD-10 zurück. Diese Diagnosesysteme beruhen auf einer Tradition einer agnostischen und phänomenologischen Betrachtungsweise in der Psychiatrie. Diese Betrachtungsweise ist Ergebnis einer psychopathologischen Reduktion, die im deutschen Sprachraum insbesondere mit den Gedanken von Kurt Schneider (1950) in Zusammenhang stehen, die zum einen der psychiatrischen Krankheit einen nicht bekannten organischen Grund zuschreiben und die sie zum anderen aus der Sinnkontinuität des Lebens herausreißen, indem sie als Einbruch des Unverständlichen, nicht Nachvollziehbaren und nicht Einfühlbaren in das vorher geordnete Leben verstanden wird. Vor diesem Hintergrund wird versucht, Krankheit nicht als einen Entwicklungsprozess des Lebens zu verstehen und somit mit diesen Phänomenen lebensgeschichtlich verstehend umzugehen, sondern die Krankheit analog der somatischen Erkrankung zu objektivieren und lediglich die phänomenologisch beobachtbaren Symptome zu beschreiben. Dies führt zu nicht lebensgeschichtlich verknüpften, nicht entwicklungspsychologisch verständlichen und nicht nachvollziehbar erklärenden Umgangsweisen, sondern zu einer Beschreibung von Epiphänomenen mit zum Teil tautologischen Erklärungen.

In diesem Verständnis definiert sich die Krankheit des »pathologischen Spielens« zum Beispiel durch eine Störung, in der »beharrliches, wiederholtes Glücksspiel anhält« und sich »trotz negativer sozialer Konsequenzen [...] steigert« (Dilling et al. 2005, S. 238). Analog definiert sich die Trichotillomanie als Störung mit einem »sichtbaren Haarverlust [...] infolge einer Unfähigkeit, ständigen Impulsen zum Haarausreißen zu widerstehen« (ebd., S. 240). In diesem Krankheitsverständnis wird jedes Phänomen als umso kränker bewertet, je weniger es verständlich ist. Es erscheint umso gesünder, je verständlicher und nachvollziehbarer es ist. Dieses Verhalten wird dann leicht in den Bereich der Beurteilung abgleiten, in dem abweichendes Verhalten wegen seiner Nachvollziehbarkeit als unmoralisch oder haltlos betrachtet, verurteilt und erlebt wird.

In diesem Krankheitsverständnis liegt ein massiver Rückschritt in der Betrachtungsweise vor, der anlässlich eines Kongresses der AEP seitens des Straßburger Psychoanalytikers Israel wie folgt charakterisiert wurde: Der Fortschritt des ICD-10 sei mit einem Rückfall in die Medizin des 19. Jahrhunderts zu vergleichen. Es wäre, als würde man in der inneren Medizin wieder anfangen, die Hepatitis nicht nach den Typen ihrer viralen Erreger zu klassifizieren, sondern nach dem Ausmaß der Gelbfärbung der Haut.

Dem steht mit dem gnostischen Verständnis, das unter anderem von Bergeret vertreten wird, ein Störungsbild gegenüber, das auf der Grundlage einer spezifischen Fehlentwicklung im frühkindlichen Reifungsprozess entsteht und Grundlage für eine spezifische Form der Persönlichkeit sein kann. Auf der Basis der spezifischen, dieser Fehlentwicklung zuzuschreibenden Beziehungsqualitäten können sich unterschiedliche Krankheitsbilder entwickeln, die von den äußeren Symptomen her verschieden sind, die aber auf dem gleichen zentralen Konfliktberuhen. Mit seinen »Astrukturierungen« umschreibt Bergeret eine Persönlichkeitsstruktur, bei der wegen des Fehlens von inneren Bildern, die den eigenen Narzissmus absichern, eine Lücke im Ich entsteht. Dieses bezeichnet er als anaklitisches Ich, demgegenüber ein anaklitisches Objekt als Pfropf zur Absicherung dient. Dieser Pfropf erlaubt eine unproblematische Funktionsweise gegenüber der Realität so lange, wie dieser Pfropf, den Morgenthaler (1974) andernorts für die Perversion beschrieben hat, die Bresche solide verschließt.

In dieser Persönlichkeitsstruktur ist der Organisator der Psyche ein Ideal-Ich. Dieses Ideal-Ich ist in der französischen Tradition als ein konkretes Beziehungsobjekt zu verstehen, das idealen Anforderungen entsprechen muss, das personengebunden ist und in seinen Ansprüchen und seiner Personengebundenheit eine nicht beugsame Starrheit aufweist. Als Organisator der Psyche zwingt es den Betroffenen dazu, sich rigiden, absoluten, autoritären, kompromissunfähigen Idealvorstellungen zu unterwerfen.

Gegenüber diesem rigiden Organisator müssen die zentralen Konflikte vorprogrammiert sein: In seiner Rigidität kann er weder mit der Realität noch mit dem Es übereinstimmen. Hierzu ist die Realität viel zu fehlerhaft und die Ansprüche des Es viel zu übertrieben. Dieses Ideal-Ich benötigt eine äußere Repräsentanz, da innere Bilder fehlen. Der äußeren Repräsentanz gegenüber besteht eine immense Angst vor dem Verlust dieses Objektes. Der Verlust wäre gleichbedeutend mit dem der Identität, und damit droht die Auflösung des Ichs. Andererseits kann dieses Objekt selbst dann bedrohlich werden, wenn es zu nah kommt, weil die damit drohende Vereinnahmung zu dem gleichen Ergebnis führen könnte – der Auflösung der Identität durch die Symbiose.

Dieses Weltbild kann natürlich nur mit relativ einfachen Abwehrmechanismen aufrechterhalten werden. Sublimation, Verdrängung, sprachgebundene Mechanismen sind viel zu differenziert, als dass sie den Schwarz-Weiß-Ansprüchen eines Ideal-Ichs entsprechen können. Hier werden Mechanismen der Abspaltung und der Verwerfung und der mit ihr verbundenen Reinszenierung, der Projektion insbesondere unliebsamer Inhalte und der mit ihr verbundenen projektiven Identifikationen erforderlich und sind in der Beziehung zur Umwelt zu beobachten.

Die Beziehung zu dem Anlehnungsobjekt ist eine Anlehnungsbeziehung. Das Objekt muss ausreichend weit entfernt sein, um nicht wegen der möglichen Vereinnahmung bedrohlich zu sein, und es darf gleichzeitig nicht zu autonom werden, das heißt sich zu weit entfernen, weil ohne inneres Bild, wie beschrieben, der Verlust der Identität drohen würde. Es muss also nah genug sein, um sich wirklich anlehnen zu können und ausreichend passiv, um nicht selbst die Bedrohung der Vereinnahmung zu signalisieren.

Zusammengefasst könnte man dies in der folgenden Tabelle darstellen:

Organisator der Psyche	Natur des Konfliktes	Natur der Angst	Abwehr-mechanismen	Objekt Beziehungsqualität
Idealich	Es/Realität	Objektverlust	Spaltung/ Projektion/ projektive Identifikation	Anlehnungsbeziehung

Tab. 3: Bergeret, J. (1975): Astrukturierungen

Sie sehen, wir sind sehr nah an dem Titel des Beitrags: Wenn der Andere lebensnotwendiger Pfropf ist, dann gilt die Devise: »Und kann ich dich nicht verführen, dann muss ich dich unterwerfen«, oder: »Und bist du nicht willig, so brauch ich Gewalt«, oder auch: »Und willst du nicht mein Bruder sein, dann schlag ich dir den Schädel ein.«

In einer bewusst auf das Verstehen und nicht auf das rein äußerlich Beschreibende abzielenden Sichtweise wird hier deutlich, dass alle drei Persönlichkeitsstörungen unter diesem Blickwinkel als spezifische Formen eines narzisstischen Störungsbildes betrachtet werden können. Die notwendige Absicherung des eigenen Narzissmus wird in dieser Betrachtungsweise bei dem dissozialen Störungsbild nur am weitestgehenden durch die Beherrschung und Unterwerfung, Beeinflussung und Ausbeutung der Umgebung sichergestellt. In einem Verständnis, das auf die Hintergrundsdynamik der beobachteten Phänomene hinausläuft, ist es kein grundsätzlich anderes narzisstisches Gefüge, sondern lediglich ein dezidiert anderer Weg, über den die Absicherung des Narzissmus durch die Einbindung, den Besitz und den Erhalt eines absichernden Bezugsobjektes erreicht wird. Die dieser Persönlichkeitsstörung zugeschriebene geringe Frustrationstoleranz und niedrige Schwelle für aggressives, nach außen gewalttätiges Verhalten, ist somit eine Frage der Entwicklung bestimmter Abwehrmechanismen und nicht eine Frage des zugrunde liegenden zentralen Konfliktes.

Der zentrale Konflikt ist bei allen drei Persönlichkeitsstörungen analog. Er liegt in dem möglichen Verlust eines absichernden Objektes, das als äußeres Objekt deshalb existieren muss, weil ein inneres Bild nicht entwickelt werden konnte. Je drohender dieser Verlust ist, desto stärker ist die Angst vor dem Identitätsverlust. Je stärker diese Angst wird, desto mehr müssen sich Bemühungen entwickeln, diese Angst durch das Bewahren des Objektes auf der eigenen Seite festzuhalten. Auch das Ausmaß der Nichtigkeitsgefühle und des Kampfes gegen sie ist in den drei Störungsbildern nicht unterschiedlich, sondern lediglich die zur Abwehr der innersten Angst benutzten, nach außen bzw. innen gerichteten Aktivitäten.

Der aufgezeigte diagnostische und psychodynamische Hintergrund beleuchtet folgendes Szenarium: Wir stehen vor folgenden Konstellationen der Entsubjektivierung des Anderen: seiner Entidealisierung, der Beherrschung bzw. Manipulation des Anderen, der Negierung seiner Andersartigkeit und seiner Autonomie. Es wird somit eine Vielzahl von Problemen berührt, die symbolisch oder konkret Aggression und Aggressivität zum Inhalt haben. Die Konflikte um Wut und Hass sind die, die sich in den Handlungsweisen und Beziehungsmodalitäten von derart gestörten Persönlichkeiten nach außen darstellen. Die intrapsychische Konfliktlage, der Promotor dieser Verhaltensweisen, beruht im Wesentlichen allerdings auf einer immer vorhandenen und frei flottierenden Angst. Wut und Hass sind zwar die primären nach außen beobachtbaren emotionalen Äußerungen, der zentrale Konflikt aber ist eine immense Angst: die Angst vor der Selbstauflösung, vor dem Ichverlust.

Fixierung und Regression: Narzissmus und Gewalt

In der Form der schieren und frühen Gewaltentwicklung mit einer starken narzisstischen Komponente gibt es auf der einen Seite die uns allen bekannte Form der aggressiven Auseinandersetzungen der Patienten oder Klienten: Sie fordern, entwerten, stellen Institutionen oder ihre Rahmenbedingungen infrage. Im Bereich der Suchtkrankenbehandlung betrifft dies insbesondere die offene und aggressive Form der Negierung der eigenen Krankheit, des Behandlungsbedarfes, der inhaltlichen und formalen Rahmenvorgaben der Behandlung. Dies geschieht zum einen in der Form der offenen Auseinandersetzung, zum Beispiel der konfrontativen Ablehnung von Angeboten, zum anderen auch in Form eines offenen und offensiven Rollenentzuges. Es gibt aber auch eine Form der chronischen, schleichenden Aggression. Sie wählt nicht nur oder nicht offensichtlich die direkte, konfrontative Abwertung der Umgebung. Der Patient oder Klient ist in seiner Suche nach Liebe, Unterstützung und anerkennender Bewunderung durchaus in der Lage, diese instrumentalisiert in seiner Umgebung einzuwerben. Wenn ihm dies gelingt, wird dieses Werben zumeist gar nicht unbedingt als aggressiv erlebt.

Ein Beispiel: Ein späterer Patient einer Reha-Klinik, der nach Verlust seiner beruflichen Position und der partnerschaftlichen Beziehung sowie einem erheblich süchtigen Entgleiten zunächst eine Beratungsstelle aufgesucht hatte, erreichte dort zuerst einmal über die Beschreibung seiner Widrigkeiten ein erhebliches Maß an Empathie seiner Beraterin. Damit ist er über die Beschreibung seiner misslichen Situation in seinem Werben nach Liebe, Unterstützung und anerkennender Bewunderung zunächst erfolgreich. Die Beraterin glaubt ihrem Klienten und begibt sich ersatzweise für ihn in den Kampf für Gerechtigkeit und vermittelt ihn gleichzeitig in eine Entwöhnungsbehandlung. Im Verlauf dieser Entwöhnungsbehandlung wird deutlich, dass sie über die immense Empathie gegenüber ihrem Klienten und die konkrete reale Unterstützung gegenüber den äußeren Misslichkeiten in eine Position der Co-Abhängigen hineingeraten ist. Sie hatte nicht gemerkt, dass sie im Kampf gegen die äußeren Widrigkeiten nicht die Realität, sondern die innere Welt des Klienten verteidigte. In einem klärenden Gespräch zwischen dieser Beraterin und der Einrichtung konnte dies aufgeklärt werden und führte zu einer entsprechenden Korrektur gegenüber ihrem Klienten und jetzigen Patienten der Einrichtung. Dieser reagierte hierauf massiv abwertend sowohl gegenüber dieser Beraterin als auch gegenüber der Einrichtung und brach letztlich die Therapie ab. Hierbei traten dann die üblichen aggressiven Verhaltensweisen der Entwertung, Entidealisierung, aber auch der Bedrohung auf. Dieses massive externalisierte Auftreten der Aggressivität ist in diesem Beispiel aber nicht der Beginn der Aggression. Die Aggression dieses Klienten bestand bereits darin, dass er es mit seinen Beschreibungen sehr wohl verstanden hatte, seine Beraterin ihrer Rolle zu berauben. Er hatte sie aus der Rolle der Beraterin in die Rolle der Helferin und dann der parteilichen Vertreterin hineingedrückt. So konnte er vermeiden, dass sie ihn mit Hilfe von Klarifikation und Konfrontation mit dem Unterschied zwischen seiner inneren Welt und den realen Gegebenheiten konfrontierte.

Dieses Beispiel kann verdeutlichen, dass Aggressivität und Aggression nicht erst dann in einer Beziehung auftauchen, wenn die manifeste Bedrohung auftritt. Viele Patienten können in ihren emotionalen Bezügen diese Aggression zunächst einmal viel subtiler über die Mechanismen der Verführung in ihrer Suche nach Liebe, Unterstützung und Bewunderung ausüben, indem sie erreichen, dass der Andere seine Rolle verliert. Sie bedienen sich hierzu der Möglichkeiten auch des von Dracoulides beschriebenen moralischen Masochismus (1959). In diesem Prozess verliert der Andere aber das Bild der Andersartigkeit. Er wird in seiner Rolle entsubjektiviert; er wird zum Beispiel bei Alkoholkranken zum Co-Alkoholiker. Bei dissozialen Persönlichkeitsstörungen ist der Patient allerdings häufig so labilisiert, dass er auf diese Form der verführerischen Inbesitznahme des Anderen nur selten zurückgreifen kann. Er ist meist in der Position, seine Autonomie sofort entschlossen verteidigen zu müssen, ohne auf Bedürfnisse anderer Rücksicht zu nehmen. Hierbei können allerdings die Mechanismen subtiler Ausbeutung zunächst einmal durchaus auch einen gewissen verführerischen Charakter haben.

Die narzisstische Krise in unserem Beispiel führte zu einer zunächst autoaggressiven Auflösung, in der der Patient sich aus der Therapie und der Beratung zunächst zurückzog und dann auf dem Beschwerdeweg versuchte, Therapeuten und Berater nacheinander zu entwerten. So kehrte er die Aggression nach außen. Die weitere Entwicklung ist nicht von der Realität und auch nicht von der formalen Logik bestimmt. Wenn der Promotor der Beziehungsdynamik die Angst vor dem Identitätsverlust ist, können wir Folgendes postulieren:

- Wenn dieser Identitätsverlust durch den Verlust des beherrschten oder beherrschbaren Anderen oder der beherrschbaren Situation oder der beherrschbaren Größenvorstellung repräsentiert wird,
- wenn gleichzeitig bekannt ist, dass es keine Form der Verinnerlichung gibt, dann ist die – aus dieser Kenntnis folgende Entwicklung – einer Logik unterstellt,
- die dem Bedürfnis nach einer permanenten Absicherung folgt und nicht den Gesetzen sozialkommunikativen Handelns (Habermas 1988).

Dieser Betrachtungsweise gegenüber angepasst haben wir Therapeuten unsere Antworten zu gestalten. Wenn die Anforderungen nicht den Gesetzen der formalen Logik und des sozialkommunikativen Handelns entsprechen, dann müssen sich unsere Antworten auf dieses Niveau einstellen, damit sie auf den entsprechenden Bedarf der inneren Absicherung adäquat antworten. Der Handlungssprache des Patienten entsprechend, muss die therapeutische Intervention den Bereich der handlungssprachlich orientierten Intervention suchen.

Die Absicherung der Anlehnungsbeziehung wird dadurch erreicht, dass die Herrschaft über das Anlehnungsobjekt durch Beweise bestätigt werden muss, die sich durch direkt in Form, Inhalt und Frequenz steigernde Rituale in den Beziehungen zu diesem Objekt dokumentieren. Insofern folgt diese Logik dann den Regeln, die Giese (1962) mit dem Begriff der »sexuellen Süchtigkeit« beschreibt. Wenn sie diesen Gesetzen folgt, kann sie nicht den Gesetzen von Zweckmäßigkeit und Realitätsgerechtigkeit folgen. Damit gleicht die Bindung zwischen den zu Objekten degradierten Anderen und dem Betroffenen der zwischen Herrn und Knecht (Hegel 1817): Der Knecht muss da sein und darf nicht verloren gehen, aber er ist nur dann eine Bestätigung, wenn er beherrscht wird.

Die bisher beschriebenen aggressiven Reaktionen sind chronische Aggressionen, die zur Bewältigung spezifischer Situationen auftreten, bei denen das narzisstische Selbstbild selbst infrage gestellt wird. Die Steigerung in der Aggressivität hat wenig Beziehung zu den realen Möglichkeiten der Bewältigung derartiger Situationen. Die Aggressivität und ihre Steigerung haben ausschließlich die narzisstische Zielsetzung im Blick. Diese besteht darin, das Objekt der narzisstischen Absicherung zu beherrschen, es zu kontrollieren, zu entwerten, um so den befürchteten Verlust von Identität, der mangelnden Beherrschbarkeit oder dem drohenden Gefühl persönlicher Insuffizienz begegnen zu können. Gegenüber derartigen Zielsetzungen und Motivationen kann die Realitätskontrolle durch Dritte gegebenenfalls zu einem Element werden, das die narzisstische Wut steigert, weil der Eindruck erweckt wird, dass das narzisstisch besetzte Objekt sich entfernt oder nicht beherrschbar ist oder der Dritte durch seine Intervention dazu beiträgt. Mit diesem Verlust an Beherrschbarkeit besteht das Risiko, dass eine frühere traumatisierende Situation, ein Verlust oder eine Verletzung wiederbelebt wird. Die extremste Form der Steigerung derartiger aggressiver Kompensationsversuche ist die akute destruktive narzisstische Krise, dic klinischerseits insbesondere im Verlauf der Behandlung dieser Patienten beobachtet werden kann (Duncker 1994).

In der stationären Behandlung wissen wir über den Ablauf akuter narzisstischer Krisen, dass im Vorfeld fremd- oder autoaggressiver Handlungen folgende Entwicklungen zu beobachten sind:

- ein extrem rascher Wechsel zwischen auto- und fremdaggressivem Drohen;

- das Vorgestalten in dem Drohen möglicher auto- oder fremdaggressiver Handlungsabläufe;
- die verbalen Bedrohungen und die mit ihnen verbundene Kommunikation hat keinerlei kathartische oder beruhigende Wirkung;
- das Drohen ist im kommunikativen Prozess keine Bearbeitung, sondern nur eine Verstärkung von der Bitte zur Forderung;
- in diesem Sinne ist das Drohen im Sinne der Handlungssprache bereits Beginn der Gewaltanwendung;
- der fremdaggressive Durchbruch ist unspezifisch gegen sich selbst oder die Umgebung gerichtet, häufig gegen Symbole der eigenen oder der anderen Person.

In diesem Verlauf ist zu beobachten, dass Handlungen und Sprache auf ein magisches Niveau regredieren. Die Konfliktfähigkeit entspricht also dem Ausmaß, das wir entwicklungspsychologisch von dem Alter kennen, in dem Kinder Worte und Objekte magisch benutzen und betrachten. In dieser Zeit sind Objekte austauschbar. Die Sprache ist dementsprechend in einer funktionellen Krise. Sie hat keine kathartische Wirkung, auch keine Spannungsabfuhr zum Ziel. Sie ist Drohung im Sinne der instrumentalisierten Sprache und stellt einen Mechanismus magischer Beherrschung des Anderen dar. In dieser Form der Sprache liegt bereits der Kern der folgenden Regression verankert, dem Rückgriff auf die Handlung zur Beherrschung, das heißt abstrakt, die Regression vom Stadium der Magie der Sprache zur Magie der Geste.

Im therapeutischen bzw. deeskalierenden Umgang mit dieser Aggression bedeutet das für die Intervenierenden, dass die Sprache nicht im Sinne des Klärungsmodells genutzt werden kann. Die Sprache ist lediglich im Sinne der Handlungsinterpretation funktional. In der psychotherapeutischen Arbeit im Maßregelvollzug übersetzt sich dies praktisch in einer Unterbrechung der Kontakte durch ein eventuell auch kurzes »Stopp«, zum Beispiel wegen der Bedrohlichkeit und der damit verbundenen Angst. Hier muss und darf den Therapeuten deutlich sein, dass sie, wenn sie Angst haben, nicht therapieren können oder zumindest in dieser Zeit keine therapeutische Rolle haben. Im Bereich der offenen sozialtherapeutischen Arbeit mit Suchtkranken bedeutet es, sich aus dem Feld erklärender Versuche herauszubewegen, einen Punkt zu setzen und über die Regeln oder ihre Verletzungen, die Bedrohung oder die damit verbundenen Inhalte erst am nächsten Tag zu sprechen. Gegebenenfalls bedeutet es auch die Notwendigkeit, diesen Patienten aus der therapeutischen Situation zu entfernen, wenn er im Sinne der aggressiven Interaktion nicht mehr einzubinden ist und seine Beherrschungsversuche nicht mehr zu begrenzen sind.

Der gesunde Narzissmus und seine Gefährdung

Das bisher Beschriebene behandelt die Gewalt in narzisstischen Konflikten, die bei Personen beobachtet werden, die aufgrund schwerer Traumatisierungen in der Kindheit, fehlender kontinuierlicher vertrauensvoller Bindung an Vater und Mutter nicht in der Lage waren, frühe narzisstische Positionen zu überwinden und die deshalb unter einer Borderline-Persönlichkeitsstörung, einer narzisstischen oder einer dissozialen Persönlichkeitsstörung leiden.

Für den primären Narzissmus gilt aber, dass er, wenn er erfolgreich überwunden wird, nicht quasi verschwindet. Der Narzissmus und das gesunde narzisstische Selbstbild ist im Bereich der Gestaltung des täglichen Lebens ein wesentliches Element. Auch das gesunde narzisstische Selbstbild hat keine Qualität ohne Bresche im Sinne einer idealen Reifung, bei der alle frühen Anteile als überwunden betrachtet werden können. Der gesunde Narzissmus bindet sich nur in der gesellschaftlichen oder sozialen Realität anders ein und führt zu anderen Konsequenzen, wenn er beeinträchtigt wird.

Einen Teil der Gefährdungen und Reaktionen haben wir schon angesprochen. Ohne auf die Kriterien der Reifung des Narzissmus und seiner Absicherung eingehen zu wollen, soll hier lediglich der Weg der Gefährdung beschrieben werden. Diese Gefährdung kann auch durch die Abstraktion der Erkenntnisse des Dembo-Versuches (Dembo 1931) beschrieben werden.

Er gilt als exemplarisch für die Entwicklung affektiv akzentuierter Situationen. Die Versuche konfrontieren die Probanden mit einer scheinbar einfachen und nicht lösbaren Aufgabe und führen in einer doppelten Bindung zu narzisstisch belastenden Konflikten, weil sie ihre Erfolglosigkeit zum einen gegenüber einer scheinbar einfachen Aufgabe erleben, weil sie außerdem meinen, in ihrer Erfolglosigkeit verglichen zu werden mit Anderen, die sie nicht kennen, und weil es eine personalisierte Bindung zu der Versuchsleiterin gibt. Das wiederholte Versagen, der Vergleich und die persönliche Bindung führen zu einer narzisstischen Dauerkränkung, die über entsprechende persönliche Reaktionen in dem Versuch deutlich dokumentiert wird. Dies gilt auch, wenn mangels entsprechender Konzepte Dembo selbst diese narzisstische Komponente nicht abstrahierte, sondern lediglich plastisch die Auswirkungen beschrieb. Die aggressiven Durchbrüche, die von ihr beschrieben wurden, ähneln denen der akuten destruktiven narzisstischen Krise und waren die Regel. Nur wenigen Probanden war es möglich, das Versuchsfeld zu verlassen. Diese konnten dem Kreislauf der Gewalt entrinnen, und hier setzt die Möglichkeit ein, an Deeskalation zu denken.

Nimmt man diesen Versuch ernst, dann belegt er im Grunde, dass bei einer ausreichenden emotionalen narzisstischen Verankerung einer bestimmten Thematik die Möglichkeit besteht, fast jeden Menschen derartig zu kränken, dass er auf das Register der Realitätsgestaltung zurückgreift, welches wir im pathologischen Narzissmus beobachten. Zwei Fälle sind hier sicher für derartig regressive Prozesse prädestiniert, weil dort ein immens hohes Ausmaß narzisstischer Anbindung und Sicherheit bei jedem von uns festgelegt ist:

- zum einen die berufliche Situation, insbesondere dann, wenn es sich um Leitungskräfte handelt, die ihre zum Teil abstrakten Zielvorstellungen im beruflichen Felde umwandeln wollen;
- zum anderen im Bereich der partnerschaftlichen Beziehungen, die andernorts erörtert wurden (Duncker 1999).

Die Benutzung derartiger Erkenntnisse hätte des Weiteren auch mehrere potenzielle Zielrichtungen in der generalpräventiven Anwendung. Zum einen wäre es möglich, den Praktikern, die in kritischen Situationen reagieren müssen, das Wissen um die narzisstische Eigendynamik zu vermitteln. Hierbei handelt es sich natürlich nicht nur um eine theoretische Wissensvermittlung über den Ablauf und die Entwicklung narzisstisch akzentuierter Situationen, sondern auch darum, den Praktikern das subjektiv-emotionale Empfinden dafür zu vermitteln, wann sie sich in derartigen Situationen befinden, damit sie quasi spüren, wann die narzisstische Fragestellung oder die narzisstisch geprägte Interpretation des Gegenübers in den Fokus der Konfliktlage gerät. Nicht nur forensisch-psychiatrische Patienten haben starke narzisstische Probleme. Elemente narzisstischer Kommunikationsformen prägen spezifische Konfliktsituationen, die es zu erkennen gilt und bei denen dann zu überlegen ist, wie in Kenntnis dieser situativen interpersonellen Dynamik deeskalierende, auf jeden Fall nicht spannungsverstärkende Vorgehensweisen mit dazu beitragen können, dass eine potenzielle Gewaltentwicklung vermieden werden kann.

1. Dies können zum einen Beratungssituationen sein, in denen Paarkonflikte sich so narzisstisch aufladen, dass handlungsorientierte Lösungen ins Blickfeld treten können. Hier ist es eine der Aufgaben der Therapeuten bzw. Berater, derartige Möglichkeiten sehr einfühlsam zu erspüren und entsprechend zu reagieren.

2. Dies betrifft zum anderen sicher auch Situationen, in denen narzisstisch geprägte Rollenkonflikte vorprogrammiert sind, z.B. bei Polizeieinsätzen. Hier könnte dieses Wissen zu gezielten deeskalierenden Strategien führen. Hierbei wäre insbesondere die Fähigkeit zu fördern, sich durch Provokationen nicht narzisstisch kränken zu lassen, oder zu lernen, wie man diese Kränkungen vermeiden kann. Ziel der Vorgehensweise wäre bei der eigenen Strategie, z.B. der Deeskalation, trotz der Anstrengungen und gezielten Provokationen der Gegenseite, zu verbleiben.

3. Auch könnte einiges bei den professionellen Erziehern da an präventivem Wissen nützlich sein, wo es um notwendigerweise narzisstisch kränkende Sanktionen geht, wie sie manchmal im Vorfeld von Schulscootings

beobachtet werden können. Hier wird zu wenig auf das Wissen über die Folgen narzisstischer Kränkungen zurückgegriffen. So gerechtfertigt Sanktionen in einer Schule im Einzelfall sein können, so bedeutet dies nicht unbedingt, dass der Betroffene Einsicht in die Maßnahme zeigt. Hier gilt es verstärkt, die Eigendynamik der möglichen narzisstischen Kränkung im intrapsychischen Geschehen des Sanktionierten zu berücksichtigen. Auch die berechtigte Sanktion kann als Kränkung erlebt und verarbeitet werden. Sie führt dann wegen der subjektiven Kränkung zu potenziellen Gefährdungssituationen, wenn sie auf sich alleine gestellt im autistischen Feld der Imagination des Gekränkten verbleibt. Sie kann somit, wie uns Dembo aufzeigt, dazu führen, dass irrealistische oder gegebenenfalls tödliche Lösungsansätze aus der Fantasie des Betroffenen reale Gestalt annehmen. Eine der präventiven Maßnahmen könnte sein, gezielt auf die potenziellen Folgen der Kränkungen, z. B. dem autistischen Rückzug, der paranoiden Abkapselung, der wachsenden Sprachunfähigkeit, ein entsprechendes Augenmerk zu richten, um präventive, handlungsorientierte Ansätze zu bedenken.

Literatur

AWMF: Leitlinien Psychotherapeutische Medizin und Psychosomatik: Dissoziale Persönlichkeitsstörungen. In: AWMF online (Arbeitsgemeinschaft der Wissenschaftlichen Medizinischen Fachgesellschaften (http://www.uni-duesseldorf.de/WWW/AWMF/ll-na/051-014.htm, 25.01.2007).

AWMF: Leitlinien Psychotherapeutische Medizin und Psychosomatik: Narzisstische Persönlichkeitsstörung. In: AWMF online (Arbeitsgemeinschaft der Wissenschaftlichen Medizinischen Fachgesellschaften (http://www.uni-duesseldorf.de/WWW/AWMF/ll-na/051-020.htm, 25.01.2007).

AWMF: Leitlinien Psychotherapeutische Medizin und Psychosomatik: Borderline-Persönlichkeitsstörung. In: AWMF online (Arbeitsgemeinschaft der Wissenschaftlichen Medizinischen Fachgesellschaften (http://www.uni-duesseldorf.de/WWW/AWMF/ll-na/051-015.htm, 25.01.2007).

Bergeret, J. (1984): La violence fondamentale. Paris.

Bergeret, J. (1985): Les Astructurations. In: La personnalité normale ou pathologique. Paris, S. 130–163, 1. Aufl. 1975.

Bühler, Ch. (1927): Soziologische und psychologische Studien über das erste Lebensjahr. Jena.

Dilling, H.; Mambour, W. & Schmidt, M.H. (Hg.) (2005): Internationale Klassifikation psychiatrischer Störungen. Bern, 5. Auflage.

Dracoulides, N.N. (1959): Le mécanisme défensiv de la »victimisation«. L'encéphale, Bd. 2, S. 161–168.

Duncker, H. (1997): Spiel ohne Grenzen. In: Verein für Psychoanalytische Sozialarbeit Rottenburg und Tübingen (Hg.): Vom Umgehen mit Aggressivität. Tübingen, S. 119–142.

Duncker, H. (1999): Gewalt zwischen Intimpartnern. Liebe, Aggressivität, Tötung. Lengerich.

Giese, H. (1962): Leitsymptome sexueller Perversionen. In: Psychopathologie der Sexualität. Stuttgart, S. 420–470.

Goethe, J.W. von (1771): Sah ein Knab' ein Röslein steh'n. In: Sämtliche Werke, Bd. 1. Frankfurt/M., 1987, S. 27.

Habermas, J. (1988): Theorie des kommunikativen Handelns. Frankfurt.

Hegel, G.W.F. (1980): Phänomenologie des Geistes. In: Bonsiepen, W. & Heede, R. (Hg.): G.W., Bd. 9. Hamburg.

Klein, M. (1962): Das Seelenleben des Kleinkindes und andere Beiträge zur Psychoanalyse. Stuttgart.

Lacan, J. (1966): Le stade du miroir comme formateur de la fonction du je. In: Ecrits, Paris, S. 93–100, 1. Aufl. 1949.

Morgenthaler, F. (1974): Die Stellung der Perversion in Metapsychologie und Praxis. Psyche – Z Psychoanal 28, 1077–1098.

Reuter, O.: Wir lieben uns zu sehr. In: CD »Der Überzieher«.

Schneider, K. (1950): Klinische Psychopathologie. Stuttgart.

Spitz, R.A. (1959): Nein und Ja: Die Ursprünge der menschlichen Kommunikation. Stuttgart.

Suttie, I.D. (1935): The origin of love and hate. London.

Venzlaff, U. (1958): Die psychoreaktiven Störungen nach entschädigungspflichtigen Ereignissen. Berlin.

Der Einbau des Zünders in eine Bombe

Gewalt verherrlichende Computerspiele im Gefängnis[1]

Götz Eisenberg

Alexander Böhm zum Gedächtnis

Unlängst suchte ich einen Gefangenen auf, der mir schriftlich mitgeteilt hatte, dass er gern am Anti-Aggressions-Training (AAT) teilnehmen würde. Nachdem ich die Tür seines Haftraums geöffnet und die Zelle betreten hatte, stellte ich fest, dass er gerade dabei gewesen war, ein Computerspiel zu spielen. Auf Befragen sagte er, dass es sich um *Resident Evil* handelte, ein Spiel, das einen hohen »Killfaktor« aufweist. »Sie wollen also am Anti-Aggressions-Training teilnehmen, trainieren aber eben gerade noch mal intensiv das Töten«, sagte ich. »Das ist doch nur ein Spiel, mit dem ich mir die Zeit vertreibe«, erwiderte der Gefangene sichtlich verlegen.

Nicht erst seit diesem Erlebnis treibt mich die Frage um, was aggressive Videospiele eigentlich für die Inhaftierten bedeuten. Ist es nicht absurd, dass wir Gefangene für drei Stunden ins »AAT« schicken und diese danach auf ihren Haftraum zurückkehren und dort 30 Stunden pro Woche irgendwelche Killerspiele spielen und das Töten trainieren? Was wir da veranstalten, könnte man mit einer drogentherapeutischen Einrichtung vergleichen, die ihren Klienten außerhalb der im engeren Sinn therapeutischen Veranstaltungen den Drogenkonsum gestattet. Kann man sich wirklich damit trösten, dass hier nur »Pixelblut«, Computerblut fließt? Massenweise werden irgendwelche Wesen abgeknallt, zersägt, zersäbelt, erstochen oder sonst wie abgeschlachtet. In der Vorgeschichte vieler schwerer Gewalttaten der letzten Jahre stoßen wir auf exzessives Spielen solcher Spiele. Wir kommen nicht umhin, zur Kenntnis zu nehmen, dass Computerspiele die Choreografie für Amokläufe geliefert haben und dass junge Männer sich immer häufiger gewalttätiger Actionfilm-Scripte bedienen, um ihre Männlichkeitskrise mörderisch zu agieren. In seinem Buch *Der Kick* schildert Andres Veiel einen Mord, den zwei Jugendliche 2002 im brandenburgischen Dorf Potzlow begingen. Mit dem finalen Bordsteinkick kopiert der jüngere der beiden Täter eine Szene aus dem Spielfilm »American History X«, in der Edward Norton als Neonazi einen Farbigen mit diesem Stiefeltritt tötet. Sabine Rückert hat in einem Beitrag für das ZEIT-Magazin vom 21. Juni 2007 darauf hingewiesen, dass die beiden 17-jährigen Gymnasiasten, die im Januar 2007 ein Ehepaar im mecklenburgischen Ort Tessin umgebracht haben, sich durch das gemeinsame Betrachten des Films *Final Fantasy VII* in Stimmung gebracht hatten, bevor sie auszogen, die Familie E. das Fürchten zu lehren. Felix, einer der beiden Täter, hatte sich in der Zeit vor der Tat frustriert aus einer für ihn kränkenden Wirklichkeit zurückgezogen und war in die virtuelle Welt der Computerspiele, Horrorfilme und Heldensagen ausgewichen. Eine besondere Vorliebe bestand für die Horror-Ego-Shooter *Doom* (Das Verderben) und *Prey* (Die Beute).

Für immer mehr Jugendliche scheint sich die virtuelle Welt zu einem Fluchtpunkt aus einer Realität zu entwickeln, die sie als eine einzige Kette von Niederlagen, Kränkungen und Demütigungen erleben. Die Schulamokläufe von Erfurt und Emsdetten lehren uns, dass immer dann Gefahr droht, wenn die Schere zwischen beiden Welten sich allzu weit öffnet. Falls dann nämlich eines Tages die virtuelle Welt und die durch sie aufrechterhaltene Selbstwertregulation durch einen Realitätseinbruch massiv gefährdet werden, droht ein narzisstischer Supergau. In Erfurt war es das bevorstehende Ende des schriftlichen Abiturs, das das Lügengebäude des Robert S. zum Einsturz bringen würde, im Falle des Sebastian B. aus Emsdetten stand eine Gerichtsverhandlung wegen unerlaubten Waffenbesitzes unmittelbar bevor.[2]

Virtuelle und reale Welt müssen wie zwei Stromkabel strikt auseinandergehalten werden, bei deren Berührung ein Kurzschluss droht. Bricht die reale Welt störend in die Welt der virtuell gestützten Allmachts- und Größenfantasien ein, droht eine narzisstische Katastrophe, die einem schlagartig die eigene reale Zwergenhaftigkeit und Einsamkeit vor Augen führt. Dagegen scheint Kampf mit allen Mitteln geboten, ein Kampf, der das eigene Ende in Kauf nimmt oder sogar anstrebt. Der Erhalt des Selbstwerts und der Integrität der Persönlichkeit kann ein Motiv menschlichen Handelns sein, das schwerer wiegt als die Sicherung des Lebens. Ein bösartig gewordener Narzissmus verwandelt den eigenen Abgang aus einer verhassten Welt in ein grandioses, finales Feuerwerk und möchte am liebsten alles in den eigenen Untergang mitreißen. »Mein Ziel ist es, so viel wie möglich zu zerstören. Ich will die Welt verbrennen. Ich will jeden töten«, heißt es im Tagebuch von Eric Harris, einem der beiden Amokläufer an der Columbine High School in Littleton/Colorado.

Werner Glogauer hat eine ganze Reihe von amokartigen Taten und die vorgeschaltete Konditionierung durch gewisse Computerspiele in einem Beitrag für das Buch *Wer hat unseren Kindern das Töten beigebracht?* von Dave Grossman und Gloria DeGaetano (Stuttgart 2003) detailliert beschrieben. Vorzugeben, es sei immer noch nicht nachgewiesen, dass die Kombination aus aggressiver Medienwelt, Waffenverfügbarkeit und videospielähnlicher Gewalt über den Tod mörderische Folgen haben muss, befreit Politiker und Medienverantwortliche von unangenehmen Aufgaben.

Nach allem, was wir inzwischen aus der Wirkungsforschung wissen, kommen wir nicht umhin uns zu fragen, ob das, was da in den Gefängnissen geschieht, nicht dem Einbau eines Zünders in eine Bombe gleichkommt? Sie muss nicht explodieren, aber sie kann explodieren – und je mehr solcher Zünder es gibt, desto gefährlicher wird unsere Welt. Muss gerade das Gefängnis, das so viele tickende Zeitbomben beherbergt, so etwas zulassen? In der Sendung *Frontal 21* vom 21.08.2007 kam der Hannoveraner Kriminologe Christian Pfeiffer zu Wort, der gerade eine Studie über die Wirkung von gewalthaltigen Computerspielen abgeschlossen hat. Was er über Jugendliche sagt, gilt mit geringen Modifikationen auch für Gefangene:

> »Je isolierter die Jugendlichen sind, je mehr sie eintauchen in diese Welt des Tötens, je mehr sie gefährdet sind durch andere Lebensaspekte, die sie nicht haben zur freien Entfaltung kommen lassen, umso wahrscheinlicher, dass sie dann das, was sie aktiv am Computer tun, auch in die Tat umsetzen, dass sie Andere drangsalieren, gewalttätig werden bis zu ganz schlimmen Gewaltexzessen.«

Die Studie, in deren Rahmen 19.000 Schüler befragt wurden, ergab: Je brutaler die Spiele, desto verheerender die Wirkung. So werden unabhängig von der Mediennutzung 8,6 Prozent der Mädchen und 25,1 Prozent der Jungen gewalttätig. Bei Jugendlichen, die regelmäßig indizierte, das heißt besonders brutale Spiele nutzen, wächst der Anteil bei Mädchen auf 24,5, bei Jungen auf 38 Prozent. Christian Pfeiffer:

> »In Verbindung mit anderen Belastungsfaktoren – prügelndes Elternhaus, mobbende Mitschüler, dass man Außenseiter wird, dass man nicht selbstbewusst mitten im Leben steht – bedeuten Computerspiele das Aufzeigen einer Handlungsalternative, die einem sonst gar nicht in den Sinn käme. Man wird durch das aktive Spielen dann ein Stück näher gerückt, selber Gewalt aktiv einzusetzen.«

Platzende Köpfe und herausquellende Gedärme am laufenden Band. Irgendwelche zombieartigen Wesen müssen zur Strecke gebracht werden, die dann zuckend in ihren Blutlachen liegen. Ist es nicht vergebliche Liebesmüh, gegen diese Dauerbrutalisierung mit drei Stunden Anti-Aggressions-Training angehen zu wollen? Da wird eine systematische Desensibilisierung und Brutalisierung betrieben, die all unsere Bemühungen um die Erzeugung von Mitgefühl im Handumdrehen zunichte macht. Während es im AAT darum geht, Gewaltverzicht zu proben, aggressive Männlichkeitskonzepte zu hinterfragen, kritische Situationen sprachlich zu entschärfen, Opferempathie zu entwickeln und alternative Konfliktlösungsstrategien zu entwickeln, lassen diese Spiele nur das prompte Killen zu: Kompromisse, Verhandlungen, überlebende Verwundete, Gefangennahme oder gar Aufgabe sind im Spielkonzept nicht vorgesehen. Es geht um das Eliminieren im Sekundentakt. Wer dabei erfolgreich ist, wird durch das Erreichen eines höheren Levels belohnt. Dabei bleibt das Töten folgenlos, im nächsten Durchgang sind alle Figuren wieder vorhanden. Für nichts und niemand muss der Spieler die Verantwortung übernehmen.

Inzwischen sind die Digitalkids im Gefängnis angekommen, für die Computerspiele und Ego-Shooter zu einem selbstverständlichen Zeitvertreib und Stilelement geworden sind, und wir müssen uns dringend mit den damit aufkommenden Fragen auseinandersetzen. Muss ein Gewalttäter Killerspiele spielen, müssen Vergewaltiger frauenverachtende Pornofilme schauen dürfen? Pornografische Filme – jedenfalls solche, die »Melk mich ab, du Sau!« oder »Bis der Arsch vor Schmerzen schreit« heißen – bedienen Bedürfnisse nach einer Verknüpfung von Sexualität und Destruktivität, nach Demütigung und Unterwerfung der Frau, die auch vielen Sexualdelikten zugrunde liegen.

All jenen, die jetzt empört ausrufen: »Was, die haben nicht nur Fernsehen, sondern jetzt sogar Playstations und DVD-Player!«, antwortet Adriano Sofri, der seit Jahren in einem italienischen Gefängnis einsitzt: Die Gefangenen haben *nur* Fernsehen und – so müsste man inzwischen hinzusetzen – Playstations und DVD-Player, »wie alle Unglücklichen dieser Welt!«

Seit ca. 15 Jahren haben die Gefangenen das Recht, sich einen kleinen Fernseher kaufen zu können, und seit einigen Jahren haben sie gerichtlich erstritten, sich Spielkonsolen und DVD-Player anschaffen zu dürfen. Sofri vergleicht die unentwegt fernsehenden und spielenden Gefangenen mit Platons Höhlenbewohnern. Von der Realität haben sie nur die Schatten an der Wand, und diese Wand ist der Bildschirm ihres Fernsehers. »Fast als wären sie gefesselt, liegen die Gefangenen da und wenden den Kopf den Gaukeleien dieser Miniaturschatten zu. Und die Entlassung, die Konversion, die Periagogé, falls sie jemals kommt, wird ihren Augen Schmerzen bereiten und sie das Loch beweinen lassen« (Sofri1999, S. 13Die ausführliche Angabe steht im Literaturverzeichnis). Die Zulassung privater Fernsehgeräte, von den Gefangenen lange gefordert und als ein Triumph gefeiert, erweist sich als Danaer-Geschenk: Während die Gefangenen denken, sie seien in den Genuss neuer Freiheiten gelangt, geraten sie in den Bann eines neuen Modus der Kontrolle. Sobald sie das Gerät einschalten, befinden sie sich im »Fernsehfeld« und werden gewissermaßen gesehen und einer höchst sublimen Kontrolle unterworfen. Die Gefangenen werden in der doppelten Bedeutung des Wortes »zerstreut«. »Serialisiert« (J.-P. Sartre) hocken sie in ihren Zellen, die Fernbedienung oder den Joypad in der Hand, und geben sich der Illusion hin, dieser Schirm, der nur die Wand ihres Gefängnisses ist, sei durchsichtig auf die Wirklichkeit, oder sie seien für die Zeit des Spiels »Herr der Lage«.

Die mediale Verwahrlosung hinter den Zellentüren hat ungeheuerliche Ausmaße angenommen. Diese Tendenzen zum elektronischen Delirium hatte Alexander Böhm vor Augen, als er kurz vor seinem tragischen Unfalltod im Frühjahr 2006 davon sprach, dass der »Verwahrvollzug« im Begriff sei, sich zum »Verwahrlosungsvollzug« zu entwickeln. Die Gefangenen selbst schätzen, dass die Hälfte der Gefängnisinsassen über eine Playstation und einen DVD-Player verfügt und dass die meisten von ihnen auch Mordsimulationsspiele, sogenannte Ego-Shooter in ihrem Besitz haben und sie mehr oder weniger häufig spielen. Die im Gefängnis gelandeten Spiele werden untereinander ausgetauscht. Es scheint wie draußen zu sein: Es gibt eine Gruppe von Gefangenen, die das Spielen im Griff hat, und eine andere, die von ihrer Konsole »gespielt wird«, die also mehr oder weniger süchtig fixiert ist und in jeder freien Minute spielt. Ursprünglich war ja die Idee der Einzelhaft, dass der Übeltäter in der reizarmen Umgebung seiner Zelle über seine Sünden und Missetaten nachdenkt, in sich geht und so zu Einsicht, Reue und Besserung gelangt. Zweifel an der Wirksamkeit und dem Realitätsgehalt dieser Idee sind allerdings so alt wie diese Form des Gefängnisses selbst. Sie basiert auf der Annahme eines bürgerlichen Subjekts, das über eine Innerlichkeit, die mehr ist als verinnerlichtes Äußeres, entwickelte Fähigkeiten der Introspektion und Selbstreflexion, eine ausgeprägte Wahrnehmung für Beweggründe, seelische Prozesse in sich und anderen und ein integriertes Über-Ich verfügt. Die Masse der Gefängnisinsassen entstammt aber Schichten, Klassen und Kulturen, die anders strukturierte Menschen hervorbringen. Es handelt sich in der Mehrheit um Menschen, die unter der Last ihrer Lebensverhältnisse Normen und Moralvorstellungen der bürgerlichen Gesellschaft nicht verinnerlichen konnten. Da sie aufgrund ihrer Bildungs- und Ausbildungsdefizite kaum imstande sind, Konflikte, Spannungen, Enttäuschungen sprachlich auszudrücken, sind sie auf »primitivere« Formen motorischer Spannungsabfuhr angewiesen, wozu ihnen das Gefängnis nur stundenweise in der Form des Sports Gelegenheit gibt. Wo das menschliche Urbedürfnis nach Bewegung derart rabiat eingeengt wird, müssen wir mit zornigen Antworten auf diese frustrierende Einengung rechnen. Es entstehen Aggressionspotenziale, die auf Entladung drängen und irgendwohin gehen müssen. Möglicherweise lebt die Faszination der Ballerspiele im Gefängnis auch davon, dass sie zumindest symbolisch zur Spannungsabfuhr beitragen und Aggressionen wegarbeiten. Die »kathartische« Wirkung gewalthaltiger Spiele und gewisser sportlicher Betätigungen ist allerdings umstritten. Manches spricht dafür, dass bereits existierende Gewaltneigungen durch aggressive Reize eher noch stimuliert werden. Außerdem scheinen die magisch-omnipotenten Züge der Spielinhalte verlockend für Menschen zu sein, die in der realen Welt häufig gekränkt und gedemütigt werden. Die Gefangenen verfügten in der Regel immer schon über schwach ausgeprägte Ressourcen, oder ihre Lebensgeschichte war mit Wunden, Traumata, Ängsten und Verdrängungen durchsetzt – deshalb ist die Verlockung groß, sie im Spiel zu vergessen. Die Insassen leiden häufig unter chronischen Anerkennungsdefiziten. Mangel an Anerkennung ist für die Seele, was Hunger für den Magen ist, und der »mediale Narzissmus« (Martin Altmeyer) bietet hier ideale Kompensationsmöglichkeiten. Die durch die Spiele genährte Ich-Fiktion wird zum bedeutsamen Fluchtpunkt des realen Ich, das unter Gefängnisbedingungen Mühe hat, sich durchzuhalten und zu behaupten. Hier liegt neben der brutalisierenden eine zweite der Resozialisierung abträgliche Wirkung von Computerspielen. Exzessives Spielen hinterlässt Spuren im Gehirn und kann zu süchtigen Fixierungen führen. Wolfgang Bergmann und Gerald Hüther haben in ihrem Buch *Computersüchtig* (Düsseldorf 2007) darauf hingewiesen, dass, wer einmal in den virtuellen Welten einen Teil dessen wiedergefunden hat, was er so dringend für sein Leben braucht, nur schwer den Weg in das reale Leben zurückfindet. Das Gehirn des Computerspielers passt sich an die Anforderungen der virtuellen Welt an, während die für die Orientierung im realen Leben tauglichen neuronalen Netzwerke brachliegen oder sich gar zurückbilden.

Auf den Appell, in sich zu gehen, müssten die meisten Gefangenen antworten wie der Berliner aus dem berühmten Kalauer: »Ik bin in mir jejangen, aber da is ooch nischt.« Als in der Regel aus einem bürgerlichen Milieu stammender Mensch macht man bei der psychologischen Arbeit im Gefängnis mitunter eine Erfahrung, die Baudelaire in seinem Aufsatz über Kinderspielzeug beschrieben hat. Er deutet das Zerstören eines Spielzeugs durch Kinder als Suche nach der Seele der Dinge und schildert die Überraschung des Kindes, wenn es im Lederbalg der Puppe nur auf Sägemehl stößt. Diese Erfahrung gleicht dem Erschrecken des Therapeuten, wenn er feststellt, dass im Inneren des Straftäters nichts ist, an das er anknüpfen kann. Man muss sich aber mit etwas im Gefangenen, mit einer irgendwann abgebrochenen positiven Entwicklungslinie verbünden können, wenn man in der therapeutischen Arbeit etwas erreichen will. Im Inneren eines jeden Menschen existieren mindestens zwei verschiedene Teilpersonen, und man muss mit der positiven, »guten« Teilperson ein Bündnis eingehen, um sie so zu kräftigen, dass sie die andere, destruktive und »böse« daran hindern kann, dauerhaft den Sieg davonzutragen und den ganzen Menschen ins

Verderben zu stürzen. Wenn man diese Spur im Gegenüber nicht findet, ist man auf verlorenem Posten. Wenn wir den Zugang zu den neuen Gefangenengenerationen nicht völlig verlieren wollen, ist es an der Zeit, allmählich aufzuwachen und sehr genau hinzuschauen, was sich da eigentlich in den Köpfen und Psychen abspielt. Irgendwann werden wir unsere Erstgespräche nicht mehr mit der Frage nach der Beziehung zu den Eltern beginnen, sondern nach der Spielkonsole und den Spielen, an der und mit denen jemand sozialisiert wurde. Günther Anders' »Desiderat Dingpsychologie«, das dieser in den 50er Jahren formulierte, hat angesichts heutiger Mensch-Maschine-Symbiosen und der um sich greifenden »Geräte-Sozialisation« eine viel höhere Dringlichkeit als zu der Zeit, da er es formulierte.[3]

Aber selbst wenn die therapeutische Arbeit im Gefängnis schwierig und manchmal auch aussichtslos ist, müssen wir es ja deshalb nicht tatenlos hinnehmen, dass die Gefangenen das Töten trainieren und sich weiter systematisch desensibilisieren. Schließlich handelt es sich bei den Insassen mehrheitlich um Menschen mit einer massiven Aggressionsproblematik, und dass diese Spiele nicht dazu angetan sind, destruktive Impulse zu schwächen und Hemmungen aufzubauen, ist evident. Die »Idee« dieser Spiele ist erschreckend einfach: »Vernichte alles, was nicht Du bist!« Wer eine intakte Familie hat, in Schule oder Ausbildung klar kommt und gute Freunde hat, für den werden brutale Computerspiele auf dem PC seinen Kontakt zur Realität nicht grundsätzlich gefährden. Aber wer von den Gefangenen hat denn so etwas je gehabt? Über eine Folge von aggressionshaltigen Videospielen herrscht in der Wirkungsforschung Einigkeit: Sie führen zu einer Einschränkung der empathischen Reaktion auf die Darstellung von Not und Leid bei Tieren und Menschen. Die Empathie nimmt ab und weicht einer emotionalen Abstumpfung. Und dass so etwas in einem Milieu, wo Mitleidlosigkeit endemisch ist und Gewalt legitimierende Männlichkeitsnormen den Ton angeben, keinen Segen bringt, muss eigentlich jedem vernünftigen Menschen einleuchten. In einem Mikrokosmos, in dem durch exzessiven Kraftsport antrainierte Muskelpanzer dominieren, an den Zellenwänden Fotos von tiefer gelegten Autos und Kampfhunden hängen, in dem Waffen und körperliche Gewalt als Insignien von Männlichkeit gelten und alle Anzeichen von Schwäche verpönt sind, hält nun auch noch der Waffen- und Gewaltkult der Ego-Shooter Einzug. Was Pfarrer, Sozialarbeiter, Psychologen und Therapeuten an Empathie beim Täter zu wecken versuchen, machen die Spiele gleich wieder zunichte. Daneben sind sie zum Teil von einer offenen Frauenfeindlichkeit geprägt. Es gibt Spiele, da kann man auf in einer Bar tanzende Bikini-Frauen schießen. Erschießt man eine der Frauen, so zerplatzt sie und Geldscheine rieseln zu Boden. In einem Spiel hängen nackte Frauen wehrlos gefesselt von der Decke herab und können im Vorübergehen abgeschossen werden wie Tontauben. Das alles hat in der hypervirilen Welt der Spiele auf die Spielhandlung kaum oder gar keinen Einfluss. Frauen killt man mal so zwischendurch, zur Abwechslung und Auflockerung. Die dargebotene Frauenverachtung und Frauenfeindlichkeit befriedigen quasi nebenbei gewisse männliche Fantasien, die die von den Spielen geförderte Form der Männlichkeit wie ein Schatten begleiten. Gerade diese Form der Männlichkeit hat im Gefängnis viele Anhänger. Unlängst wurde ich im Gefängnis Zeuge einer kleinen Szene, die nicht für mich bestimmt war und genau deswegen vielleicht den Blick auf einen Aspekt der Gefängniswelt freigibt, den wir sonst so gar nicht wahrnehmen. Ein Gefangener erzählte einem anderen davon, dass irgendetwas total schief gelaufen sei, er sich aber davon nicht berühren lassen wolle. »Genau«, sagte der andere, »du musst aus Metall sein.« Ich glaube, beide kamen aus Südosteuropa und formulieren hier das Terminator-Ideal vieler Gefangener: Außen will man keinen Schmerz empfinden und innen soll kein Gefühl sein! Man bemüht sich am Ende vieler schmerzhafter Erfahrungen darum, sich schmerzunempfindlich und gefühllos zu machen oder sich zumindest als »Mann aus Eisen« zu präsentieren.

Mit einem gewissen Recht sagen die Gefangenen, dass das Spielen von Computerspielen hilft, die viel zu viele leere Zeit totzuschlagen und »den Knast zu überstehen«. Was für den Fernsehkonsum in Familien gilt, gilt auch für das Gefängnis: Die einzige ehrliche Lösung ist ein Alltag, der außerhalb des Fernsehens und des Computers die größeren Reize des Lebendigen bereithält! Die reale Lebenswirklichkeit muss so beschaffen sein, dass man ihr zuliebe die Notbehelfe loslassen und sich auf das wirkliche Leben einlassen kann. Spätestens jetzt lässt sich erahnen, dass das alles nicht so einfach und dass es mit bloßen Verboten nicht getan ist. Wer also den Gefangenen etwas nimmt, mit dem sie das Übermaß an unstrukturierter Zeit totschlagen und ihr lädiertes Selbstwertgefühl aufpäppeln, muss ihnen etwas anbieten, was sie den Verlust verschmerzen und dann vielleicht sogar entdecken lässt: »Mein Gott, mit was für einem Scheiß habe ich früher meine Zeit hingebracht!« Die Gefangenen dürfen nicht in dem Maße sich selbst überlassen bleiben, wie das augenblicklich der Fall ist. Die sich hinter den Zellentüren ausbreitende Langeweile und Leere bilden das Einfallstor für die mediale Dauerberieselung und die virtuellen Sensationen. Nicht nur müssten für jeden Gefangenen ein Arbeitsplatz und ausreichend betreute Sportmöglichkeiten existieren, sondern darüber hinaus hätte die Anstalt die Freizeit sinnvoll zu strukturieren und den Gefangenen kulturelle Angebote vielfältigster Art zu unterbreiten. Dabei geht es nicht nur darum, die Gefangenen in einen Raum zu sperren und ihnen einen Ball hinzuwerfen, Skatkarten, Schachbretter oder Hanteln zur Verfügung zu stellen, sondern um Formen gestalteter und strukturierter Gemeinschaft, in denen leibhaftig anwesende Bezugspersonen für ein halbwegs sinnvolles Leben ohne Straftaten und ohne die falschen Himmelfahrten der Drogen und synthetischen Kicks der virtuellen Welt eintreten. Hier ist Enthusiasmus gefordert, das vehemente Eintreten für die Idee eines vernünftigen, sinnvollen und lebenswerten Lebens. Ob man das freilich von in Routine erstarrten und mürrisch gewordenen Mitarbeitern verlangen kann, die in ihren Büros sitzen und darauf warten, dass es Abend wird und das goldene Zeitalter der Pensionierung anbricht, ist fraglich. Hier lägen Chancen auch für viele Mitarbeiter, ihre erstarrten und ergrauten Beamtenseelen zu revitalisieren. Die Mitarbeiter eines Behandlungsvollzugs, der diesen Namen verdient, müssten den perspektivlosen Gefangenen durch die Kraft persönlicher Übertragung Hoffnung auf sich selber geben und ihnen inmitten einer flüchtigen Welt ein stabiles, uneingeschüchtertes, menschliches Gegenüber bieten. Statt die vom Gefängnisalltag arbeitsteilig abgespaltenen Behandlungsstrukturen zu stärken, die auf technikorientierte Maßnahmenkataloge zur Reparatur aktenkundiger Auffälligkeiten setzen, käme es darauf an, Bindungen zwischen Mitarbeitern und Insassen entstehen zu lassen und Behandlung wieder in den Alltag der Gefangenen zurückzuholen und zur Sache aller am Vollzug Beteiligten zu machen. Bindungen entstehen nur unter der Bedingung der leiblichen Anwesenheit und der Bereitschaft, sich als »Mensch zu geben« und in die Waagschale zu werfen. Nur auf der Basis von »Beziehungsarbeit in Näheverhältnissen« (Oskar Negt) und tragfähigen Bindungen hat das Gefängnis die Chance, die Gefangenen zur Umkehr zu bewegen und Normen und Werte menschlichen Zusammenlebens in ihnen zu verankern. Im Gefängnis gilt, was auch sonst im Leben zutrifft: Folgebereitschaft und Respekt bekunde ich nur demjenigen gegenüber, den ich anerkenne und der auch mich anerkennt! Wer Gefängnisse zu Dienstleistungsbetrieben machen möchte und an Input-Output-Modellen misst, verwechselt die Produktion von Autos mit der Herstellung von lebensgeschichtlicher Identität.

Der Maßregelvollzug hat es wegen seines Therapieauftrages leichter, juristisch zu begründen, gewisse Spiele und Filme aus seinen Einrichtungen herauszuhalten. Allerdings müsste das mutatis mutandis auch für den Strafvollzug gelten, dessen Klientel zunächst einmal nur zu einer Freiheitsstrafe verurteilt worden ist. Solange allerdings die Resozialisierung, also der Versuch, die straffällig gewordenen Menschen für die Gesellschaft zurückzugewinnen, die vornehmste Aufgabe des Strafvollzugs in einem demokratischen Rechtsstaat ist, müssen sich all seine Praktiken daran messen lassen, inwieweit sie der Verwirklichung dieses Zieles dienlich sind. Insofern dürfte die Verbannung menschenverachtender und Gewalt verherrlichender Computerspiele und Filme aus den Gefängnissen auch juristisch begründ- und durchsetzbar sein. Moralisch geboten ist sie allemal.

Literatur

Altmeyer, Martin (2003): Im Spiegel des Anderen. Gießen.

Anders, Günther (1981): Die Antiquiertheit des Menschen, Bd. 2. München.

Bergmann, Wolfgang (2003): Digitalkids. München.

Bergmann, Wolfgang & Hüther, Gerald (2007): Computersüchtig. Düsseldorf.

Eisenberg, Götz (2002): Gewalt, die aus der Kälte kommt. Gießen.

Eisenberg, Götz: »Für heute reicht's«. Frankfurter Rundschau vom 24.04.2007.

Fromm, Rainer (2003): Digital spielen – real morden? Marburg.

Guggenberger, Bernd (1999): Das digitale Nirwana. Reinbek.

Rückert, Sabine: Wie das Böse nach Tessin kam. ZEIT-Magazin vom 21.06.2007.

Rötzer, Florian (Hg.) (2003): Virtuelle Welten – reale Gewalt. Hannover.

Sartre, Jean-Paul (1967): Kritik der dialektischen Vernunft. Reinbek.

Schmidbauer, Wolfgang (2003): Der Mensch als Bombe. Reinbek.

Sofri, Adriano (1999): Mit Sokrates im Gefängnis. In: ders.: Nahaufnahmen. Berlin.

Veiel, Andres (2007: Der Kick. München.

Anmerkungen

1 Der folgende Text versucht, Gedanken des Verfassers in Thesen zu fassen und gibt nicht die Auffassungen der JVA Butzbach und des Hessischen Justizministeriums wieder.

2 Ich habe versucht, diesen Zusammenhängen am Beispiel des Erfurter Amoklaufs vom April 2002 nachzugehen: Gewalt, die aus der Kälte kommt, Gießen 2002 und: »Für heute reicht's«, in: Frankfurter Rundschau vom 24.4.2007

3 Ich bin dieser Thematik, die ich hier nur anreißen kann, in dem Text Amok, Allergie, Idiosynkrasie oder: Von der Neurose zur Soziose. Zur Aktualität von Günther Anders' Desiderat: Dingpsychologie nachgegangen. Er findet sich in dem Band: Gewalt, die aus der Kälte kommt. Gießen (Psychosozial-Verlag), 2002.

Wolfgang Melzer (Hg.)
Gewalt an Schulen

2006 · 192 Seiten · Broschur
ISBN 978-3-89806-938-0

Wolgang Melzer bietet in diesem Buch einen Überblick über Forschungsergebnisse zu »Gewalt in der Schule«, die in quantitativen und qualitativen Studien gewonnen wurden. Es enthält Analysen zur Täter-Opfer-Typologie, zur Bedeutung des Selbstkonzepts für das Gewalthandeln von Schülern und zu geschlechtsspezifischen Aspekten schulischer Gewalt sowie Beiträge zu einem Tabu-Thema, dem Gewalthandeln von Lehrern. Zwei praxisbezogene Beiträge, die für die Prävention und Intervention wichtig sind, runden das Thema ab.

Wie notwendig und zugleich aktuell dieses Buch ist, welches auf einer Ausgabe der Zeitschrift »psychosozial« aus dem Jahr 2000 basiert, lässt sich an den gegenwärtigen Debatten über Gewaltvorkommnisse in Niedersachsen und Berlin (Rütli Schule) ablesen, die häufig Sachverstand vermissen lassen.

VERLAG WESTFÄLISCHES DAMPFBOOT

Charlotte Jurk
Der niedergeschlagene Mensch
Depression – Geschichte und gesellschaftliche Bedeutung einer Diagnose
WESTFÄLISCHES DAMPFBOOT

Charlotte Jurk

Der niedergeschlagene Mensch

Depression. Geschichte und gesellschaftliche Bedeutung einer Diagnose

2008 - 215 S. - € 24,90
ISBN 978-3-89691-751-5

Sigmund Freud beschrieb zu Beginn des 20. Jahrhunderts noch die Melancholie. Heute scheint sie so gut wie verschwunden. Stattdessen hat die Diagnose „Depression" eine bemerkenswerte Karriere gemacht. Alle Welt ist sich schnell einig, sie zur Volkskrankheit zu erklären und eine breite Behandlungsbedürftigkeit vieler für eine Aufgabe notwendiger Selbstsorge zu halten.

Die neue Niedergeschlagenheit wird zur massenhaften Stoffwechselstörung, der chemisch-medikamentös zu Leibe gerückt werden soll.

Charlotte Jurk kehrt diese Selbstverständlichkeiten, die sich unwidersprochen durchgesetzt haben, gegen den Strich. Wie kommt es zu dieser Medikalisierung und was ist das Menschenbild einer Gesellschaft, die Depression als „Preis für den Fortschritt" hinnimmt? Ihr Buch arbeitet heraus: Der psychiatrisch behandlungsbedürftige Mensch passt in eine neue Zeit, in der die Bewertung psychischer Qualität zu einem entscheidenden Merkmal sozialer Zugehörigkeit geworden ist. Das Leiden an den sozialen Verwerfungen der Moderne wird in der Depressionsdiagnose zum individuellan Versagen uminterpretiert.

www.dampfboot-verlag.de info@dampfboot-verlag.de

Die Leere war weg![1]

Psychoanalytische Anmerkungen zum Rotenburger Kannibalismus-Fall

Hans-Volker Werthmann

1. Einleitung

Den besonderen Fall, mit dem ich mich beschäftigen werde, möchte ich unter das allgemeinere Thema stellen, ob sich das Unfassbare begreifbar machen lässt, was mit Verstehen und Begreifen gemeint sein kann, und welche Hindernisse sich dem Verstehen und Begreifen entgegenstellen.

Ich möchte voranschicken, dass ich mich nicht oder fast nicht mit den forensischen Aspekten des Falles beschäftigen werde: Ich werde mich auch mit Fragen der Therapie oder der Prävention von Straftätern nicht befassen.

Mein Anliegen wird es heute sein, einiges von der *Psychodynamik* des Rotenburger Vorgangs nachzuzeichnen und es in Beziehung zur Entdeckungsgeschichte einer psychodynamischen Konfiguration zu setzen, welche sich im Laufe von etwa 20 Jahren in der Zeit von ca. 1897 bis 1916 ereignet und dazu geführt hat, dass der Ausdruck kannibalistische Phase als Terminus in die psychoanalytische Theorie der psychischen Entwicklung des Menschen eingegangen ist.

Dass man über den Rotenburger Kannibalismus-Fall überhaupt psychoanalytisch nachdenken kann, ist der Besonderheit zu verdanken, dass der betroffene Angeklagte, Herr M., im Unterschied zu anderen aus der Kriminalgeschichte bekannten Kannibalen sehr auskunftsfreudig und auch auskunftsfähig war. Dies geht jedenfalls übereinstimmend aus den Gerichtsdokumenten und den zahlreichen Gerichtsreportagen hervor, die meine einzige Quelle sind. Denn die Gutachten der beiden forensischen Psychiater sowie die Urteilsbegründung, aus denen man sicher noch mehr erfahren könnte, sind leider nicht freigegeben. Die Mitteilungen über die mündlichen Äußerungen und auch über Details des Geschehens, sowie über die Aussagen des Angeklagten und auch biografische Einzelheiten sind allerdings nicht nur sehr zahlreich aus der Presse sowie im Internet zugänglich, sondern stimmen in den für mich wichtigen Inhalten auch so weitgehend überein, dass ich es wagen kann, sie sozusagen als Protokollaussagen zu benutzen.

2. Fallbeschreibung

Zunächst werde ich den Fall in groben Zügen umreißen.

Einem Internet-Besucher war aufgefallen, dass in einem Chatroom über das Schlachten und Essen von Menschen in einer Weise geredet worden war, dass sich der Verdacht eines Verbrechens ergab. Die auf die Spur gesetzte Polizei ermittelte, dass Herr M. in einer Internet-Subkultur, die sich derartigen Fantasien hingab, nach Partnern gesucht hatte, die den Wunsch hatten, gegessen zu werden. Er fand einen Ingenieur, Herrn B. aus Berlin, der Herrn M. in seinem einsamen Haus in Rotenburg-Wüstenfeld besuchte. Dieser stimmte dem Begehren des Herrn M. zu, weil es ja mit dem seinigen übereinstimmte. Er hatte dabei noch den besonderen Wunsch, dass sein Penis abgeschnitten werden sollte. Die beiden Männer kamen sich näher, verbrachten wohl auch eine gemeinsame Liebesnacht miteinander, aber dann zögerte der Partner und wollte von seiner Zustimmung Abstand nehmen. Herr M. willfahrte dem und fuhr ihn zum Bahnhof nach Kassel, aber dort besann sich der Partner wieder. Jedenfalls fuhren sie wieder zurück. Zunächst wurde der Penis des Partners abgeschnitten und die beiden versuchten, ihn in der Pfanne zu braten. Schließlich konnte er gemeinsam verzehrt werden. Der blutende und schwächer werdende Partner, der Beruhigungs- und Schmerzmittel zu sich genommen hatte, legte sich nieder und wurde schließlich von Herrn M. mit einem Messer getötet.

Herr M. hat ihn anschließend in einem speziell vorbereiteten Schlachtraum zerlegt und die essbaren Teile im Kühlschrank verwahrt. Höhepunkte für sein Erleben wurden für ihn einsame Festmahle, bei denen das Fleischgericht in schöner Garnierung aufgetragen und – wie es heißt – bei Kerzenschein und gutem Rotwein verzehrt wurde.

Das Schlachtgeschehen selbst war von Herrn M. mit Video aufgenommen worden. Die Aufnahmen wurden im Gerichtssaal vorgeführt, unter Ausschluss der Öffentlichkeit. Wichtig für die Urteilsfindung wurde, dass Herr M. sich diese Videos angeschaut und dabei sexuelle Lust genossen hatte.

Jetzt streife ich einen forensischen Aspekt, der zu einer wissenschaftlichen Frage überleitet.

Schon im Vorfeld des Prozesses war eine heiße Diskussion unter Juristen darüber entbrannt, um was für ein Vergehen es sich hier eigentlich gehandelt hatte, denn Kannibalismus wird im Strafgesetzbuch nicht erwähnt, woraus man schließen könnte, dass das Verzehren von Menschenfleisch nicht eigentlich verboten ist. Es wäre dann vielleicht noch Störung der Totenruhe oder Verächtlichmachung eines Verstorbenen infrage gekommen. Der Angeklagte selbst war der Ansicht, dass er auf Verlangen getötet oder Beihilfe zum Selbstmord geleistet habe. Die Staatsanwaltschaft plädierte auf Mord, aber Mord verlangt, dass aus niedrigen Beweggründen getötet worden sei, von denen eines die Befriedigung des Geschlechtstriebes ist. Somit stellte sich für das Gericht die Frage, ob Herr M. zur Befriedigung seines Geschlechtstriebes getötet hat. Es kam schließlich zu dem Urteil, dies sei nicht der Fall gewesen. Das Gericht begründete dies damit, dass Herr M. zwar beim Betrachten der Videos masturbiert habe, man könne aber nicht daraus schließen, dass er getötet habe, *um* dann beim Betrachten der Videos einen Orgasmus erleben zu können. Alles andere sei um zu viele Ecken herum gedacht.

Die beiden forensischen Psychiater hatten als Gutachter Herrn M. zwar das Vorliegen einer schweren Persönlichkeitsstörung bescheinigt und das Tatgeschehen selbst als einen Akt im Rahmen einer Perversion aufgefasst, gleichzeitig aber ausgesagt, dass Herr M. im Sinne des Gesetzes voll verantwortlich gehandelt habe.

Somit wurde Herr M. verurteilt und zwar nicht wegen Mordes, sondern wegen Totschlags, zu acht Jahren Gefängnis.

In der zweiten Instanz hat eine Schwurgerichtskammer des Frankfurter Landgerichtes im Mai 2006 anders entschieden und den Angeklagten wegen Mordes verurteilt. Soweit ich erkennen kann, hat Herr M. beim Frankfurter Prozess keine anderen Aussagen gemacht als in Kassel. Die veränderte rechtliche Würdigung ist in unserem Zusammenhang nicht von Interesse.

Was verbindet die juristische Diskussion mit der wissenschaftlich-fachlichen?

Die Juristen quälen sich offenbar mit einer Frage ab, über die auch unter Psychiatern und Psychologen, darüber hinaus aber ganz generell in unserem kulturellen Selbstverständnis, erstaunlicherweise keine Einigkeit besteht, nämlich, was ist eigentlich Sexualität, und wie weit erstreckt sie sich in anderes Erleben hinein, das nicht auf den ersten Blick als sexuelles erscheint? Wenn man den Orgasmus zum Kriterium, zur Bedingung sine qua non, für sexuelles Erleben macht, dann fallen eine große Anzahl von Erlebens- und Verhaltensweisen – insbesondere aus dem Bereich der Perversionen – nicht mehr unter den Begriff der Sexualität. Es zerreißt ein Zusammenhang, der unter einer anderen Perspektive, nämlich der von Freud sogenannten Psychosexualität, erkennbar wird. Was darunter zu verstehen ist, hatte er in den vor jetzt 100 Jahren erschienen *Drei Abhandlungen zur Sexualtheorie* zu erklären versucht.

3. Einige biografische Details

Herr M. ist 1964 als Sohn einer 40-jährigen Mutter geboren worden, die in dritter Ehe mit einem 19 Jahre jüngeren Mann verheiratet war. In seiner Kindheit lebte in der Familie noch ein sechs Jahre älterer Bruder, der schon das Haus verlassen hatte, als der Vater sich von der Mutter trennte. Herr M. war damals neun Jahre alt.

Er ist also in einem in der Generationenfolge sehr ungewöhnlich strukturierten Elternhaus und schließlich vaterlos aufgewachsen. Die Mutter scheint den Jungen sehr stark an sich gebunden zu haben, möglicherweise aufgrund ihrer eigenen Enttäuschungen in einer ihn und die Männerwelt entwertenden Weise.

Über seine Kindheit und Schulzeit ist in den Berichten nichts irgendwie besonders Auffälliges zu finden, was die äußere Biografie betrifft.

Herr M. hat sich als junger Mann für zwölf Jahre bei der Bundeswehr verpflichtet, wo er eine gute Karriere machte, mit seinen Vorgesetzten, Kameraden und Untergebenen gut zurecht kam, beliebt war und als Oberfeldwebel seinen Dienst beendete. Aus dieser Zeit wird als auffällig berichtet, dass er auf Ausflügen seiner Truppe seine Mutter mitgenommen habe, die dann in seiner Nähe im Hotel übernachtete. Noch seltsamer ist die Geschichte, er habe sich einmal mit einer Frau zu einem Rendezvous verabredet und sei dort mit seiner Mutter im Auto erschienen, was die Dame veranlasst haben soll, den Kontakt schnell wieder abzubrechen, was Herr M. seinerseits nicht verstanden habe. Nach seiner Dienstzeit bei der Bundeswehr habe er eine gute und einträgliche Arbeitsposition gefunden.

Beziehungen zu Frauen hat er anscheinend kaum gehabt, obwohl er selbst sich vor Gericht als »sexuell normal« darzustellen versuchte. Dass er gelegentliche homosexuelle Erlebnisse gehabt hat, geht schon aus seiner Beziehung zu seinem Opfer hervor, jedoch wurde nichts darüber bekannt, dass es in seinem Leben längere befriedigende Beziehungen dieser Art gegeben hätte.

Sonst ist aus seinem Leben nur beschrieben worden, dass er ein unauffälliger, freundlicher, hilfsbereiter, netter Zeitgenosse und Nachbar war.

Obwohl wir eine Biografie mit einem unglücklichen Beginn vor uns haben, und obwohl wir wissen, dass aus gestörten Familien oft psychische Fehlentwicklungen entstehen können, haben wir nichts in der Hand, was auf gerade diese Entwicklung schließen lassen könnte.

4. Subjektives Erleben

Ganz anders verhält es sich hingegen mit den Angaben, die Herr M. zu seiner psychischen Entwicklung machen konnte.

Über seine Kindheitsgefühle habe er berichtet: »Ich fühlte mich total allein. Zuerst war der Vater weg, dann mein Bruder. Später ist meine Oma gestorben. Ich hab mir vorgestellt, dass einer bei mir sein soll, der mich nicht mehr verlässt. Schon als kleiner Junge träumte ich davon, Klassenkameraden zu schlachten«.

In seiner Einsamkeit habe er sich einen Begleiter erfunden, eine Art Bruder, für den er einen eigenen Namen – »Frankie« – hatte. Mit diesem Bruder führte er Zwiegespräche. – Diese Fantasiebeziehung habe sich allmählich ausgebreitet und mit sadistischen Fantasien verbunden.

In einer Reportage des »Stern«, der Herrn M. interviewen konnte, heißt es:

> »Armin ist etwa zwölf Jahre alt, als er das erste Mal in der Fantasie einen Klassenkameraden zerstückelt und verspeist. Der wird mich nie wieder verlassen, denkt er, endlich habe ich jemanden, der immer bei mir ist. Der Junge habe beim Gedanken an Menschenfleisch Nähe, Geborgenheit und Sicherheit empfunden, vermutet der Psychiater, der für die Staatsanwaltschaft in Kassel das Gutachten erstellte.«

Später hat sich M. selbst Geschichten ausgedacht und sie aufgeschrieben. Eine davon heißt: »Der Strichjunge«. Es ist die detaillierte Beschreibung einer Tötung. M. habe sie unter seinem Tarnnamen »Frankie« aufgeschrieben:

> »Der Stricher sagte: Ich habe nur Dich und ich will auch nur Dich, lass mich ein Teil von Dir werden. Ich sagte: Das geht nicht, es sei denn, ich esse Dich auf. Er sagte: Dann schlachte mich, außer Dir interessiert sich sowieso keiner für mich. Ich entgegnete: Aber ich liebe Dich doch! Er sagte: Gerade deshalb musst Du es machen,

> oder ich bringe mich um. Ich spürte ein unheimliches Gefühl in mir, es war, als verbinden sich unsere Seelen.«

Die Gutachter haben die Relevanz dieser Introjektionsfantasien bestätigt. Angeklagter wie Opfer hätten sich gegenseitig instrumentalisiert, um sich seit ihrer Pubertät gehegte, sexuell aufgeladene Fantasien zu erfüllen, so der Experte. Für M., der als kleiner Junge vom Vater verlassen wurde, habe menschliches Fleisch den Charakter eines Fetischs bekommen. Über das Aufessen eines sympathischen Mannes habe er sich seinen Wunsch nach einer engen Bindung, nach ungefährdeter Nähe erfüllen wollen. »Der andere muss in ihm sein, um bei ihm zu sein.« Obwohl er sich seit seiner Jugend beim Gedanken an das Verspeisen von Menschenfleisch selbst befriedigt habe, sei es ihm bei der Bluttat im März 2001 nicht in erster Linie um den sexuellen Kick gegangen. »Das war nur sekundär mit Lust besetzt.«

Es sei ein unbeschreibliches Gefühl gewesen, habe M. hinterher der Polizei gesagt. Eine Mischung aus Hass, Wut, Macht und Glück. Er habe sich gehasst, weil er es wirklich getan hat. Er habe B. gehasst, der tatsächlich gekommen war. Er sei wütend auf seine perversen Fantasien gewesen, berauscht von seiner Macht über den toten Körper, und so unendlich glücklich, dass sein Lebenstraum in Erfüllung gegangen sei. Es sei für ihn, als hätte er B. geheiratet. Mehr noch: eine übersinnliche Verschmelzung. Dass er dafür ins Gefängnis kommen könnte, sei ihm entgangen.

Er sehe B. oft vor sich, habe er der Polizei gesagt. In Gedanken fasse er dessen Körper an. Seitdem der Freund in ihm sei, sei er psychisch viel stabiler geworden. Er fühle sich nicht mehr allein, die innere Leere sei wie weggeblasen. Er habe sogar das Gefühl, einige Fähigkeiten von B. übernommen zu haben. Der konnte zum Beispiel gut Englisch sprechen. Und M. glaubt, er spreche jetzt deutlich besser Englisch als früher.

5. Psychodynamische Beschreibung

Wir können nun die Elemente des subjektiven Erlebens, wie Herr M. sie gegenüber dem Gericht und der Presse offenbart hat, zu einer psychodynamischen Figur zusammenstellen.

Am Anfang steht ein Verlusterleben. Herr M. macht es konkret am Verschwinden des Vaters und des Bruders fest. Wir werden aber zurückhaltend darin sein, dies als die wirklichen Ursachen oder Ausgangspunkte des Verlusterlebens zu verstehen. Denn wir wissen ja, dass Herr M. nur sein bewusstes Erleben wiedergeben kann. Es könnte durchaus sein, dass es noch Verluste anderer Art gab, auch frühere, die er weder erinnern noch benennen kann. Es darf uns genügen, dass er selbst ein Verlusterleben an den Anfang seiner Entwicklung zum Kannibalen stellt. Dieser Verlust wird subjektiv als Einsamkeitsgefühl erlebt und so, als ob ihm in seinem Inneren etwas fehle.

Er fantasiert zunächst eine Begleitfigur, was wir aus der Entwicklungspsychologie gut kennen und bei vielen Kindern beobachten. Diese Begleitfigur befindet sich in seiner Vorstellung sozusagen noch außen, d. h. er sieht sie in seiner Fantasie in der Außenwelt, zum Beispiel neben sich selbst herlaufend und mit ihm sprechend. Wir werden hier auf die wichtige Dialektik von psychischem Außen und psychischem Innen aufmerken müssen. Als Fantasiegestalt, die sich im psychischen Außen zu befinden scheint, reicht der Begleiter offenbar nicht aus, um seinem Wunsch nach einer nahen, Sicherheit spendenden Beziehung genügend zu entsprechen.

Die Fantasie verbindet sich daher mit der Vorstellung, jemanden sozusagen konkret und unverlierbar »in sich hinein« zu bekommen. Dies geschieht auf dem Wege des Schlachtens und Essens. Es hat sich eine kannibalistische Fantasie formiert.

Die innige Verbindung zwischen einem Deprivationserleben und einem darauf reagierenden Liebeswunsch, der als kannibalistischer in Erscheinung tritt, zeigt sich für mein Empfinden besonders gut in der von ihm selbst erfundenen Geschichte vom Strichjungen.

Es liegt auf der Hand, dass die beiden dort vorkommenden Figuren, nämlich der Stricher und die Ich-Person zwei Teilaspekte des Autors widerspiegeln. Der Stricher verkörpert seine depravierte Seite, er ist arm, ausgestoßen und kann als entwertetes Sexualobjekt dienen. Er unterstreicht seine Einsamkeit indem er sagt: Außer Dir interessiert sich sowieso keiner für mich. Er möchte ein Teil des anderen werden, und es treibt ihn sogar zum Selbstmord, wenn er es nicht werden könnte. Die Ich-Person verkörpert die gewaltsam inkorporierende und zerstörende Seite. Beide Teilpersonen versichern sich gegenseitig ihrer Liebe. Und die Ich-Person spürt ein unheimliches Gefühl in sich, »es war, als verbinden sich unsere Seelen«. Deutlich genug ist hier ausgedrückt, dass es sich um eine Liebesgeschichte handelt und um eine Verschmelzungssehnsucht, die wahrscheinlich der stärkste Ausdruck des Liebesgefühls überhaupt ist.

Als es Jahre später nach dem Niederschreiben dieser Szene endlich zu dem ersehnten Akt kommt, erlebt Herr M. dies als Erfüllung. Er habe ein unbeschreibliches Glücksgefühl erlebt, aber mehr noch, der Akt der Einverleibung war für einen Moment lang gelungen. Herr M. spürte den Gegessenen jetzt wirklich in sich, gleichsam wie eine noch lebendige Person.

Das Liebes-Objekt wird nun tatsächlich so empfunden, als ob es im Inneren weiterexistiert. Es überträgt sogar einige seiner Eigenschaften auf das Subjekt. Herr M. kann plötzlich besser Englisch sprechen, weil Herr B. das auch konnte.

Beinahe beiläufig taucht in den Berichten ein Satz auf, den ich als Motto für meinen Beitrag gewählt habe: »Die innere Leere sei wie weggeblasen« gewesen.«

Wovon spricht Herr M. hier? Das Gefühl der inneren Leere ist ein häufiges Symptom depressiver Zustände. Es ist immer quälend und steigert sich manchmal bis zum höllischen Schmerz, der die Patienten sogar im Behandlungszimmer des Psychotherapeuten verzweifelt schreien lässt. Nicht nur weinen, denn das Weinen hat meist noch eine Beziehung zu einem Trauererleben, bei dem das Verlorene noch nicht ganz verschwunden ist, sondern Sehnsuchtsreste hinterlassen hat. Bei der Leere sind auch diese Reste verschwunden, es bleibt nur seelische Qual übrig.

Wie intensiv Herr M. dieses Leeregefühl erlebt hat und ob es nicht sogar der subjektiv erlebbare treibende Motor seiner Entwicklung zum Kannibalen gewesen ist, wissen wir nicht. Er hat sich selbst ja nicht als depressiven Kranken gesehen, und wir wissen ja zur Genüge, dass viele Menschen ihre eigenen kranken Zustände nicht erkennen.

Jedenfalls war das Erleben des Herrn M. nach der Tat für eine gewisse Zeit ein glückliches und in Teilen wahrscheinlich sogar ein manisch überhöhtes. Die Inkorporation führt jedoch nicht zu einem stabilen Ergebnis. Nach einiger Zeit ist die Leere wieder da, der Kreislauf beginnt von Neuem. Dies gilt für alle Perversionen mit Krankheitswert. Aber es gilt auch für viele andere depressive Zustände mit Leereerleben, die z.B. mit Süchten, Zwängen, selbstverletzendem Verhalten usw. bekämpft werden.

Betrachten wir den gesamten psychodynamischen Spannungsbogen noch einmal und fragen wir uns: Was will Herr M. eigentlich? Will er sich den Magen mit Fleisch füllen, weil er hungrig ist, wie seinerzeit die über den Anden abgestürzte Sportmannschaft, die sich durch Kannibalismus rettete? Wir haben keinen Anlass anzunehmen, dass Herr M. in diesem Sinne hungrig war.

Will er unbedingt wissen, wie Menschenfleisch schmeckt? Dies war eine seiner Selbsterklärungen, die er gegenüber dem Gericht oder den Reportern äußerte. Wir brauchen ihm diese Antwort nicht unbedingt abzunehmen und können sie für eine Rationalisierung halten. Wenn jemand auf eine Frage nicht antworten kann, weil er sein Handeln selbst nicht versteht, dann greift er zu einer Antwort, die er und andere Menschen für irgendwie plausibel halten können.

Nein, Herr M. sagt klar und deutlich, was er will! Er will die Anwesenheit eines anderen Menschen in sich spüren, nicht in seinem Magen, sondern in seinem seelischen Innenraum. Es muss ein Liebesobjekt sein, d.h. er muss die Person lieben können und sich von ihr geliebt fühlen, weil nur so diese geliebte Person die Leere in seinem Inneren auffüllen kann. Diese Aussage stammt nicht von mir. Sondern die Gutachter bestätigen Herrn M. ausdrücklich, dass er richtig und wahrhaftig aussagt, was er – sozusagen in Wirklichkeit – gewollt hat. Er will diese Person als Teil von sich in seinem Inneren spüren und mit ihr verschmelzen. In der

Verschmelzung wird er selbst zu einem geliebten Wesen, und wir können vielleicht vermuten, dass er damit überhaupt erst psychisch zu existieren beginnt.

Ich wende mich jetzt einer weiteren Frage zu, die sich bei meiner Darstellung zwangsläufig stellen muss. Wie kann man von einem Liebeserlebnis sprechen, wie kann dieses Liebeserlebnis seine Erfüllung in einem psychischen Verschmelzungsvorgang finden, wenn das Liebesobjekt ein Mensch ist, den Herr M. kaum kennt und ihn persönlich überhaupt erst am Tattag zum ersten Mal gesehen hat?

In unserem Fall ist das »Realobjekt«, also die wirklich anwesende Person, Herr B. Das Realobjekt muss zunächst idealisiert werden, damit es verwendet werden kann. Ist eine Person äußerlich nicht akzeptabel, z. B. weil sie zu dick ist – als so ungeeignet hat Herr M. andere Bewerber des Gegessenwerdens eingeschätzt –, dann kann Herr M. dieses Objekt nicht mehr lieben und also auch nicht essen. Obwohl Herr M. Herrn B. bislang nur E-Mail kannte und ihn erst am Tattag persönlich kennenlernte, konnte er ihn lieben lernen und anschließend inkorporieren. – Aber was für ein »Objekt« hat er damit zu verinnerlichen versucht? Es handelt sich offenbar um noch etwas anderes, was hinter diesem austauschbaren Realobjekt steht. In der Psychoanalyse ist in diesem Zusammenhang vom frühen Objekt, vom symbiotischen oder fusionären Objekt oder vom mütterlichen Objekt die Rede. Ist damit die Mutter von Herrn M. gemeint, also die verstorbene Frau M.? Natürlich nicht, denn diese Frau M. ist wiederum ein »Realobjekt«. Es muss sich also um ein schwer fassbares Gegenüber handeln, das in archaischer Weise als gut empfunden wird, von dem sich das Subjekt aber getrennt fühlt.

Wir werden gleich sehen, dass Freud und seine Nachfolger als früheste menschliche Seelentätigkeit den Versuch auffassen, als gut Empfundenes in das psychische Innere hineinzunehmen und als schlecht Empfundenes auszustoßen. Aber es handelt sich nicht um Gegenstände oder Personen, die man mit Namen nennen könnte.

Wir haben davon gesprochen, was Herr M. gewollt und ersehnt hat. Aber was ist in Wirklichkeit geschehen? Wir könnten sagen, dass Herr M. einen psychischen Akt mit einem Realakt verwechselt hat. Wir könnten auch sagen, dass er nicht in der Lage war, zu symbolisieren und dass sich ihm das drängende psychische Hungererleben in seinem Inneren konkretistisch in eine Art reales Hungererleben im Außen verwandelt hat. Alle diese Ausdrücke bedeuten dasselbe. Man könnte demnach auch sagen, dass Herr M. einem tragischen Irrtum zum Opfer gefallen ist, einer Verwechslung. Eben weil es eine Verwechslung ist, kann der Versuch auch nicht gelingen.

Wie kommt es zur Umwandlung eines körperlichen Vorgangs in einen psychischen und eines psychischen in einen körperlichen? Dies ist eines der Rätsel, auf das Freud und seine Nachfolger gestoßen sind. Man kann vielleicht nicht sagen, dass dieses Rätsel heute allgemeinverbindlich aufgeklärt sei, aber die Manifestationen von Verlagerungen des psychischen Innen nach außen in Projektionen, Konkretisierungen und Konkretismen sind überhaupt die häufigsten Manöver des Menschen in schweren psychotischen Erkrankungen, psychosomatischen Krankheiten und Neurosen bis hin zu den unzähligen Erscheinungen der Kultur, des sozialen Lebens und der Politik. Psychoanalytiker sind in ihrem Beruf unentwegt damit beschäftigt, die Hin- und Her-Übersetzungen in Bewegung zu bringen und Unterscheidungen zu ermöglichen, was eine Sisyphos-Arbeit ist.

6. Wie kommt der Ausdruck »Kannibalismus« in die Psychoanalyse?

Wir erinnern uns daran, dass der 1856 geborene Neuropathologe Dr. Sigmund Freud, nachdem er sich 1885 in Wien niedergelassen hatte, sich zunehmend mit den sogenannten Neurosen beschäftigt hatte. Zunächst vermutete er, dass die Verursachung von Neurosen in Traumatisierungen liegt. Den Entdeckungen französischer Forscher und seines Freundes Josef Breuer folgend versuchte er, diese Traumata durch Erinnerung in Hypnose aufzudecken und wiederzubeleben. Durch Verzicht auf die Hypnose entwickelte er die psychoanalytische Methode, indem er den Patienten ermutigte, seinen freien Einfällen zu folgen. Er stieß dabei immer mehr auf sexuelle Traumen und glaubte, dass Neurosen durch sexuellen Missbrauch in der Kindheit, der verdrängt und vergessen wurde, entstehen. Nur langsam kam er auf den Befund, dass auch im Kind frühe sexuelle Regungen zu vermuten sind, die es in Konflikt bringen. Er hatte selbst große Schwierigkeiten damit. Sein Biograf Ernest Jones (1960, S. 378) schreibt dazu:

> »Freud betrachtete also ungefähr fünf Jahre lang Kinder als unschuldige Opfer inzestuös gerichteter Sexualstrebungen und gelangte nur sehr langsam – und zweifellos gegen beträchtlichen inneren Widerstand – zur Erkenntnis, dass es eine infantile Sexualität gibt. Solang als möglich beschränkte er sie auf ein späteres Alter, von dem aus die Phantasien auf die frühere Zeit zurückprojiziert würden, und bis an sein Lebensende zog er es vor, das erste Lebensjahr als einen geheimnisvollen Zustand zu betrachten, der eher durch kaum wahrnehmbare Regungen als durch aktive Triebe und Phantasien gekennzeichnet war.«

Aus Freuds Briefwechsel mit Wilhelm Fließ – seinem damaligen wissenschaftlichen Gesprächspartner – können wir entnehmen, dass er sich an immer frühere Erinnerungen herantastete. So schrieb er am 3. Januar 1897: »Es rückt mir jetzt alles mehr in die erste Lebensepoche bis zu drei Jahren« (Freud 1950, S. 158). Im selben Jahr scheint sich ihm das Schema der erogenen Zonen mit den Schwerpunkten oral und anal gebildet zu haben, denn er schreibt am 14.11.1897 an Fließ (ebd., S. 198): »Die Zonen nun, welche beim normalen und reifen Menschen sexuelle Entbindung nicht mehr produzieren, müssen Afterregion und Mund-Rachengegend sein.« In diesem Zitat hat er schon die Unterscheidung zwischen reifer und perverser Sexualität gemacht, die später für ihn so bedeutsam wird.

Um 1900 herum, als seine *Traumdeutung* veröffentlicht wird, hat er wohl auch seine Sexualtheorie fertig im Kopf, veröffentlicht sie aber erst 1905 unter dem Titel *Drei Abhandlungen zur Sexualtheorie*. Er hat sie in den folgenden Auflagen mehrfach verändert.

Die sogenannte »infantile Sexualität« untersucht er anhand eines Kompasses, dem Lusterleben. Er versucht zu zeigen, dass schon das Lutschen des Kindes am Daumen die Erlebnisqualität einer Lustsuche an sich hat und damit der späteren Möglichkeit entspricht bzw. sie vorbereitet, sexuelle Lust durch Betätigung des Mundes zu empfinden. Das Kind könne an ganz unterschiedlichen Zonen seines Körpers Lustquellen entdecken und sie autoerotisch, d. h. selbstbefriedigend nutzen. Diese universale Lustmöglichkeit, von ihm als »polymorphe Perversität« bezeichnet, schränke sich im Laufe der Entwicklung in der Regel ein, sodass schließlich das Zentrum des Lusterlebens in der zweckentsprechenden Betätigung der Sexualorgane gefunden wird. Allerdings zeigt die Vielfalt der sexuellen Erlebnismöglichkeiten, besonders aber die der sogenannten Perversionen, dass alle Elemente der frühen polymorphen Sexualität erhalten bleiben können und als versprengte Einzelteile entweder sich der genitalen Sexualität hinzugesellen oder sie, in den Extremvarianten, ersetzen.

Eine vollständige Konzeption der oralen Phase findet sich erst in der dritten Auflage der »Abhandlungen« von 1915. Hier taucht zum ersten Mal ein Hinweis auf eine kannibalistische Erlebnisform auf:

> »Eine erste solche prägenitale Stufe der Sexualorganisation ist die orale, oder, wenn wir wollen, kannibalische. Die Sexualität ist hier von der Nahrungsaufnahme noch nicht gesondert, Gegensätze innerhalb derselben nicht differenziert. Das Objekt der einen Tätigkeit ist auch das der anderen, das Sexualziel besteht in der Einverleibung des Objektes, dem Vorbild dessen, was später als Identifizierung eine so bedeutsame Rolle spielen wird« (1905, S. 98).

Was hier und in den weiteren Ausarbeitungen gemeint ist, müssen wir uns noch einmal klarzumachen versuchen. Denn hier geht es nicht mehr nur um das Lusterleben, sondern um Grundfunktionen der menschlichen Psyche, ja sogar um die Entstehung des Psychischen überhaupt.

Freud stellte sich vor, dass es eine sehr elementare, archaische Erlebnisweise der Psyche gibt. Sie funktioniert sozusagen nach einem Hinein-Heraus-Mechanismus. In einen als »Innen« körperhaft erlebten Raum, der gleichwohl Beginn eines psychischen Binnenraumes ist, kann und muss alles, was gut ist, heraus muss alles, was schlecht ist. Der früheste Körperort, an dem das überhaupt erlebt werden kann, ist der Mund. Es gibt in diesem Stadium quasi überhaupt nur den Mund. Das Besondere und gleichzeitig nach wie vor schwer Fassbare an seiner Konzeption ist aber, dass es sich hier nicht um eine einfache Reflexfunktion handelt, sondern gleichzeitig um eine elementare Form des Erlebens, den ersten Modus einer Beziehungsaufnahme zur Welt. Aus diesem Modell wurde später die Vermutung entwickelt, dass dieses elementare Herein-Heraus die Unterscheidung zwischen Innen und Außen überhaupt erst ermöglicht und damit die Außenwelt überhaupt erst entstehen lässt. Das hört sich wahrscheinlich reichlich mysteriös an, aber man denke an das Problem von Innen und Außen, das wir anhand des Erlebens von Herrn M. kennengelernt haben.

Wenn, so geht der Entwurf jetzt weiter, die Mutterbrust und deren Milch das erste ist, was dem Kind als etwas Gutes begegnet, dann entspricht der beschriebene Akt des Hineinnehmens dem Bild eines kannibalistischen Aktes. Da dieser Akt aber gleichzeitig als ein zerstörerischer Akt empfunden wird, ist er von Ängsten und Schuldgefühlen begleitet.

Man könnte nun diese Theorie einer oral-kannibalistischen Libido-Stufe als eine unbegründete und willkürliche Schreibtischspekulation auffassen. Gibt es eine Art Beweismethode? Hier dürfen wir uns daran erinnern, dass Freud selbst die Psychoanalyse nicht in erster Linie als eine Therapieform definierte, sondern als eine Forschungsmethode.

Als solche erfordert sie einen Beweisgang. Er besteht aus einer generellen Arbeitshypothese und deren schrittweiser Ausfüllung. Die Arbeitshypothese lautet in etwa: Jeder psychische Zustand muss einen Vorläufer haben, oder: Jeder neurotische Krankheitszustand muss sich im konkreten Einzelfall auf seine Entstehungsgeschichte zurückführen lassen, anhand eines Entwicklungsmodells, das auf diesem Wege immer mehr verfeinert wird. (In Klammern dürfen wir hier anmerken, dass dies ein elementares darwinistisches Forschungsprogramm ist, das Freud als Anhänger Darwins auf die Psychologie überträgt. Es ist als solches etwa dem Forschungsprogramm der Paläoontologie oder der Evolutionsbiologie vollkommen analog.) Die Arbeitsaufgabe ist also, die psychischen Zustände in ihrer Genese so weit wie möglich zurückzuverfolgen. Dies geschieht in der konkreten Arbeit am Patienten, an dessen Erinnerungen, aber auch an Verknüpfungen seiner Assoziationen untereinander, unabhängig davon, ob sie sich einer zeitlichen Struktur fügen. So groß und vielfältig die Schwierigkeiten hier sein mögen, es gilt jedenfalls – trotz weitverbreiteter gegenteiliger Ansichten – dass Willkür und wildes Spekulieren nicht erlaubt sind.

Freud hatte für seine Rekonstruktion von elementaren psychischen Entwicklungsprozessen zwar seine guten Gründe, die in seiner Empirie verankert waren, was ihm trotzdem fehlte, war Fallmaterial, das frühe kannibalistische Fantasien unverstellt zeigte.

Diesen Mangel beklagte auch ein anderer psychoanalytischer Forscher. Es handelt sich um Karl Abraham (1877–1925). Abraham war Psychiater und verbrachte seine Lehrjahre am Zürcher Burghölzli, wo seine Vorgesetzten Eugen Bleuler, einer der Gründerväter der Psychiatrie, und Carl Gustav Jung als dortiger Oberarzt, waren. Im Jahre 1907 trat er mit Sigmund Freud in Verbindung und wurde im Laufe der Zeit einer seiner engsten Anhänger und Mitarbeiter. Neben seinen gesammelten Werken, die 1969–1971 von Johannes Cremerius herausgegeben wurden, zeugt sein Briefwechsel mit Freud (1907–1926) von einer Persönlichkeit, die bei aller Verehrung des Meisters doch selbständig und unabhängig in fachlichen und vereinspolitischen Urteilen blieb, oft in respektvoller Opposition zu Freud.

Karl Abraham ließ sich im Jahre 1910 in Berlin als Psychiater nieder. Er arbeitete aber mit seinen Patienten fast ausschließlich psychoanalytisch, wodurch er in der Geschichte zum ersten vollberuflichen Psychoanalytiker überhaupt gilt. Für unseren Zusammenhang ist wichtig, dass Abraham für seine Behandlungen schwere psychiatrische Fälle akzeptierte, also Schizophrene, unter der damaligen Bleuler'schen Bezeichnung dementia praecox, und manisch-depressive. Er wurde zum ersten Erforscher schwerer depressiver Zustände und stieß dabei auf kannibalistische Fantasien, die er als Bestandteil einer oralen Psychodynamik erkannte und schließlich als eine besondere kannibalistische Subphase in die psychoanalytische Entwicklungspsychologie einbaute.

Es könnte etwa um 1912/1913 gewesen sein, als Abraham auf einen erwachsenen Patienten stieß, der seinen Erwartungen entsprach. (Denn als die Arbeit 1916 erschien war Abraham als Militärarzt im Krieg. Die Arbeit selbst hatte er drei Jahre vorher, also 1913, angekündigt). Abraham berichtet zunächst, dass das Trinken von Milch für diesen Patienten nicht nur ein besonderes Bedürfnis war, sondern dass es für sein Erleben auch eine merkwürdige Lustkomponente mit sich brachte, die der Patient selbst als sexuelle Befriedigung empfand. Er hatte eine Methode gefunden, an seiner eigenen Zunge wie an einer Art Mutterbrust zu saugen und bezeichnete sein mit dem Milchsaugen verbundenes orgiastisches Erleben als »Mundpollutionen«. Andere geläufigere Formen der sexuellen Befriedigung kannte er zwar auch, sie seien ihm aber erschienen, wie etwas erst später Hinzugekommenes. Abraham fährt dann fort (1969, S. 92):

»Seine Assoziationen glitten vom Milchsaugen zwanglos hinüber auf die entwicklungsgeschichtlich spätere Form der Nahrungsaufnahme, auf das Essen. Der Patient brachte in diesem Zusammenhang eine Reminiszenz, an welche sich dann weitere wichtige Einfälle anschlossen. Als kleinem Knaben sei ihm die Vorstellung, jemanden lieb zu haben, gleichbedeutend gewesen mit der Vorstellung, etwas Gutes zu essen. Er habe seit seiner Kindheit *»kannibalistische Vorstellungen«.* – Abraham fügt hier ein, dass der Ausdruck »kannibalistische Vorstellungen« vom Patienten selbst stammte. – Diese (k. V.) ließen sich auf assoziativem Wege zunächst bis in das vierte Lebensjahr zurückverfolgen. In diesem Alter – die Richtigkeit der zeitlichen Angabe ließ sich bestätigen – hatte er eine Pflegerin gehabt, der er sehr zugetan war. Sie war es, die im Mittelpunkt der kannibalistischen Fantasien stand. Der Patient wünschte sich noch in späterer Zeit oft, in sie hineinzubeißen und sie »mit Haut, Haaren und Kleidern zu verschlingen«. Eine weitere Assoziation besagte, dass der Geschmack des Fleisches ihn an denjenigen der Milch erinnere. Beides sei »fett und süß«. Wie er manchmal ein plötzliches Verlangen nach Milch verspüre, so auch nach Fleisch. *Es komme ihm vor, als suche er Ersatz für Menschenfleisch.* Von hier aus führte die assoziative Bahn weiter zu der Fantasie, in die weibliche Brust zu beißen. Hier war die unmittelbare Verknüpfung von Fleisch und Milch gegeben. …«

Abraham diskutiert diesen Fall sehr sorgfältig. Der Leser bemerkt aber an dem plötzlich affektiveren Ton des sonst sehr nüchternen Abraham, wie es ihn vor Begeisterung über seinen Fund fast aus seinem Analytiker-Sessel hebt. Er schreibt in seiner Zusammenfassung unter anderem (ebd., S. 93):

> »Dem Objekt gegenüber, welches die Wunschphantasien des Patienten auf sich gezogen hat, besteht das Verlangen nach Einverleibung. (Vom Patienten selbst als kannibalische Regung bezeichnet.) Das sind aber die gleichen Merkmale, welche Freud dem frühesten Stadium der Libido-Entwicklung im Kindesalter zuzusprechen genötigt war. – Die Übereinstimmung ist vollkommen, überrascht aber denjenigen nicht, der aus eigener psychoanalytischer Arbeit erkannt hat, wie sehr die Theorien Freuds aus der unmittelbaren Beobachtung hervorgehen und wie weit sie von weltfremder Spekulation entfernt sind. […] Das überaus Krasse der Erscheinungen eines solchen Falles eröffnet uns das Verständnis verwandter Phänomene, wenn sie uns bei anderen Personen in geringerer Ausprägung oder in stärkerer Verhüllung wiederbegegnen.«

Im weiteren Verlauf seiner Forschungen fand Abraham, dass die kannibalistischen Fantasien oft Bestandteile der Psychodynamik schwerer Depressionen sind. »Bei den melancholischen Depressionszuständen scheint mir nun die Libido bis auf die früheste uns bekannte Entwicklungsstufe zu regredieren. Das soll besagen: der melancholisch Verstimmte richtet in seinem Unbewußten auf sein Sexualobjekt den Wunsch der Einverleibung. In der Tiefe seines Unbewußten findet sich die Tendenz, das Objekt zu verschlingen, zu vernichten« (ebd., S. 109).

Die Korrespondenz zwischen Freud und Abraham lässt erkennen, dass Abraham die Massivität der Inkorporationswünsche in depressiven Verläufen als seinen eigenen originären Fund betrachtete. Als er im März 1915 zum ersten Mal das Manuskript von Freuds Arbeit »Trauer und Melancholie« in die Hände bekommt, schreibt er einen aufgeregten Brief an Freud, in welchem er beinahe mit dem Meister einen Prioritätsstreit anzettelt (Freud-Abraham 1965, S. 206, 31.03.1915). Freud antwortet ihm: »Ihre Bemerkungen über die Melancholie waren mir sehr wertvoll, ich habe unbedenklich davon in meinem Aufsatz eingetragen, was ich brauchen konnte« (ebd., S. 211, 04.05.1915).

Als Freuds Arbeit dann endlich in Buchform gedruckt erscheint, schreibt Abraham an ihn: »Dass sich meine »Einverleibungs-Phantasie« in den weiteren Rahmen Ihrer Theorie aufnehmen ließ, habe ich mit Freude konstatiert« (ebd., S. 258, 16.04.1918).

Mit diesem erneuten dezenten Hinweis Abrahams auf seinen eigenen Anteil an Freuds Theoriebildung können wir es bewenden lassen. Freuds Arbeit »Trauer und Melancholie« (1916, G.W. X) ist jedenfalls Höhepunkt einer äußerst fruchtbaren Arbeitsperiode. In ihr finden wir nicht nur die Grundlagen eines psychodynamischen Verständnisses depressiver Verläufe, sondern auch die Anfänge dessen, was später Objektbeziehungspsychologie heißen wird und darüber hinaus ein wesentlicher Beitrag zu einer übergreifenden psychoanalytischen Anthropologie ist.

Auch Karl Abraham, der den Ersten Weltkrieg vom ersten bis zum letzten Tag als Militärarzt verbringen musste, hatte danach noch eine sehr fruchtbare Arbeitsperiode, die er 1924 mit einer für die weitere Geschichte der Psychoanalyse äußerst folgenreichen Arbeit mit dem Titel »Versuch einer Entwicklungsgeschichte der Libido auf Grund der Psychoanalyse seelischer Störungen« krönte (Abraham 1969).

Leider starb er bald darauf im Alter von nur 48 Jahren. Heute trägt das Berliner Institut der Deutschen Psychoanalytischen Vereinigung seinen Namen.

7. Passiver Kannibalismus

Über den Partner von Herrn M., Herrn B., wissen wir fast nichts. In nüchternem Juristendeutsch lesen wir über ihn aus dem Revisionsentscheid des Bundesgerichtshofes vom 22. April 2005:

> »B. litt an einer progredienten Form des sexuellen Masochismus (DSM-IV: 300.83; ICD 10: F65.5). Er knüpfte die Vorstellung des höchsten Lustempfindens an eine Penisamputation. Der dabei erwartete sexuelle Höhepunkt besetzte das Bewusstsein des B. dermaßen, dass danach für ihn nichts mehr eine Rolle spielen sollte und sein Tod dem erwarteten ›ultimativen Hochgefühl‹ folgen konnte. Die natürliche Einsichts- und Willensfähigkeit des B. war durch seine krankhafte seelische Störung in Form des extremen sexuellen Masochismus dergestalt eingeschränkt, dass er die Tragweite seines späteren Entschlusses, sich töten und schlachten zu lassen, nicht vollends rational überblickte.«

Diese Formulierungen unterstellen, dass es dem B. nur auf die Penisamputation ankam, wobei das Geschlachtetwerden in Kauf genommen wurde. Aus dem bekannt gewordenen Geschehen scheint es jedoch auch denkbar, dass B. zwei gleichrangige Wünsche hatte, den nach der Amputation und den nach dem Sterben im Sinne von endgültigem Verschwinden, dem Wunsch, nicht mehr da zu sein.

Den Wunsch nach einer Penis-Amputation gibt es auch ohne den Wunsch zu sterben, und zwar keineswegs selten. – Aus den Kulturwissenschaften wissen wir sogar, dass es Religionsformen gegeben hat und vielleicht auch noch gibt, zu deren Ritualen eine Selbstkastration im Sinne eines Opfers an die Muttergöttin gehört, wie etwa bei der aus der Antike bekannten Kybele-Verehrung. – Die Skopzen waren eine russische christliche Sekte des 18. und 19. Jahrhunderts, deren Mitglieder eine rituelle Genitalverstümmlung vornahmen, wodurch »die Fleischlichkeit des Menschen überwunden werden sollte und der Gläubige dem Himmel näherkam« (Wikipedia). – Ähnlich soll eine hinduistische Gruppe, die »Hijra« benannt ist, sich auch jetzt noch einer rituellen Kastration und Penektomie unterziehen oder sie wenigstens anstreben: Nur dann gelten sie als ganz von der Göttin angenommen und fähig wirksam zu segnen und ggf. zu verfluchen (Wikipedia). Solche Selbstkastrationen finden natürlich immer in ekstatischen Ausnahmezuständen statt, die in ritueller Weise hergestellt werden. In schwächerer Form finden wir eine reichhaltige Symbolik von Kastration und Selbstkastration, von den vielfältigen Beschneidungsgewohnheiten bis zur Tonsur des Mönchs und der Ehelosigkeit des Priesters. Daraus ist zu schließen, dass der im Genitalorgan unmittelbar erlebte Sexualtrieb als Hindernis für die Vereinigung mit dem Göttlichen, in schwächerer Form ausgedrückt, als Antagonist des Geistigen empfunden wird. Dies scheint eine der psychischen Grundbefindlichkeiten der menschlichen Existenz zu sein.

Wir werden, wie gesagt, die Vermutung nicht zurückweisen dürfen, dass es Herrn B. keineswegs nur um die Kastration, sondern durchaus auf das Geschlachtet- und Gegessenwerden ankam, im Sinne einer Vorstellung – nicht von Selbstmord, das ist etwas anderes – sondern einer Hoffnung auf ein endgültiges Verschwinden, ein Sichauflösen in einem Zustand manischen Triumphes über alle Hindernisse.

Wie so etwas möglich ist, können wir einem Parallelfall entnehmen, den ich in einem Buch des forensischen Psychiaters Marneros (2000) gefunden habe.

Christian, so nennt ihn Marneros, hat im Alter von 28 Jahren ein 14-jähriges Mädchen ermordet, zerstückelt und Teile davon zu essen versucht. Zu seinem forensischen Psychiater, der ihn zu begutachten und das Gericht zu beraten hatte, konnte er eine gute und vertrauensvolle Beziehung herstellen, sodass Marneros relativ viel über ihn erzählen konnte.

Christian stammte aus einer einfachen Familie, die in einem kleinen Dorf lebte. Sein Vater war Handwerker. An die Mutter hat Christian nur wenige Erinnerungen. Er weiß, dass sie Alkoholikerin war und auch, dass sie deswegen in einem Psychiatrischen Landeskrankenhaus behandelt wurde. Er hatte miterlebt, wie der Vater sie zornig verprügelte, wenn er die leeren Flaschen entdeckte. In der letzten Zeit vor ihrem Tod war die Mutter oft betrunken. Die Ausbrüche des Vaters häuften sich und wurden immer stürmischer. Christian hörte mit, wie er in seiner Wut die betrunkene Mutter schlug. Er bekam auch mit, dass die Mutter im betrunkenen Zustand häufig einnässte. Sein Vater reagierte auf das Einnässen der Mutter rabiat. Er hatte einen Bruder und eine Schwester. Der Bruder ist mittlerweile am Alkoholismus verstorben.

Christian war ein sehr ängstliches Kind. Er hatte Angst vor der Dunkelheit, vor Krach und Alleinsein. Vom Kindergarten bis zur Lehre wurde Christian benachteiligt und gehänselt. Er beschrieb sich selbst als schüchtern und zurückhaltend, als jemanden der sich immer als Außenseiter fühlte. Nach der Schule machte er eine Lehre als Baufacharbeiter, arbeitete in diesem Beruf, hatte aber auch viele kurzzeitige Jobs.

Im Gefängnis hat Christian an seinen Psychiater einen langen Brief geschrieben. Er klingt in einigen Passagen etwas verworren und enthält Brüche und Lücken. Ich denke, dass die darin zum Ausdruck kommenden Verwirrungen auf Christians psychische Schwierigkeiten zurückgehen, dass aber trotzdem ein äußerst eindrucksvolles menschliches Dokument zustande kommt (Marneros 2000, S. 108ff.).

Er erinnert sich an seine Vergangenheit wie an einen Albtraum. Am 7. Juli 1984, als er aus der Schule kam, lief ihm seine Schwester entgegen.

> »Weinend sagte sie zu mir: ›Du kannst jetzt nicht herein, Mutter ist etwas passiert.‹ Nach einer Weile kam sie zu mir herein und sagte mir, dass meine Mutter tot sei. – Wie versteinert saß ich auf meinem Stuhl. Dann kamen zwei Männer in schwarzem Anzug mit einem Sarg. Nun stellte ich mich ans Fenster, denn ich wollte meine Mutter noch ein einziges Mal sehen. Nach einiger Zeit kamen diese zwei Männer mit dem Sarg wieder heraus und an dem Fenster vorbei, wo ich stand. Ich wollte nur ihr Gesicht noch einmal sehen, doch es war halt ein schwarzer Kasten, ohne Fenster. Nach einiger Zeit kam die Urne zu uns. Wo ich die Urne sah, waren meine Gedanken: »Dort soll meine Mutter sein? Niemals, das gibt's gar nicht, vielleicht ist sie gar nicht tot. Meinen Vater frug ich nicht.«

Nun schildert Christian detailliert die Beerdigungsszene, bei der er das Kreuz tragen musste und schrecklich weinte.

> »Und wo sie dann zu Grabe getragen wurde und jeder Erde drauf warf, wurde mir klar, dies kleine Ding, dort ist meine Mutter drin. So schwor ich mir, niemals, niemals möchte ich in so einen Sarg und schon gar nicht in eine Urne. Warum überhaupt so etwas trauriges, lieber möchte ich von wilden Tieren gefressen werden. So gibt es mich nicht mehr und meine Verwandten brauchen nicht zu heulen. – In mir brach eine Welt zusammen und in jedem Film, den ich sah, stellte ich mir vor, halt von solchen Tieren wie im Film waren, gefressen zu werden oder wie ein Indianer im Krieg zu sterben wie auf einem Schlachtfeld.«

Marneros fügt hinzu (ebd., S. 105): »Seine Gedanken beim Abtransport seiner Mutter berichtete er als ein Schlüsselerlebnis: Ich möchte nie in einen Sarg kommen. Ich werde auch nie da reinkommen. Ich werde alles tun, um das zu vermeiden.«

Aus dem Bericht von Marneros lassen sich zwei Entwicklungsstränge seiner Fantasien vermuten. In der einen, die bereits vor dem Tod der Mutter begonnen hat, findet er sexuellen Lustgewinn bei der Vorstellung, die er auch geschickt inszeniert, dass er von Mädchen angespuckt wird. Dies erweiterte sich zur lustvollen Vorstellung von Gebissenwerden. Im 11. bis 12. Lebensjahr, habe er angefangen, Lust aus der Beschäftigung mit Urin und Fäkalien zu gewinnen.

Der andere Strang entwickelt sich aus dem Wunsch, gefressen zu werden. Sie kulminieren in der Fantasie, dass sich ein Mädchen mit seinem Anus auf sein Gesicht setzt, sodass er erstickt.

> »Anschließend sollte mich das Mädchen zerstückeln, meine Organe und mein Fleisch durch einen Fleischwolf drehen, meine Knochen bis zur Auflösung kochen und aus dem gehackten Fleisch Frikadellen oder Ähnliches mit Gewürzen und anderen Zutaten zubereiten. Danach sollte mich die ganze Familie des Mädchens essen. Diese Fantasien waren mit hoher sexueller Erregung und anschließender Selbstbefriedigung verbunden. Natürlich wusste ich, dass auch dies meine letzte sexuelle Erregung sein würde, falls die Fantasien Realität würden, aber sie war die angestrebte und sehnsüchtig erwünschte Krönung und Vollendung meiner sexuellen Erlebnisse.«

Obwohl diese beiden Fantasiestränge zusammenhingen und sich miteinander vermischten, lag der Schwerpunkt auf der Absicht, geschlachtet zu werden. Christian hat große Anstrengungen unternommen, um zum Ziele zu gelangen. So hat er energisch versucht, als Organspender akzeptiert zu werden. Er hat sich mehrfach an Kliniken und an Arztpraxen gewandt und sogar versucht, seine Organe im Ausland zu verkaufen. Als Grund für seinen Wunsch hat er immer angegeben, dass er Geld braucht. In seinem näheren Umfeld hat er es anscheinend zustande gebracht, seine Frau, aber auch andere Menschen davon zu überzeugen, dass das Szenario seiner Tötung und Schlachtung ein nachvollziehbarer realer und berechtigter Wunsch sei.

Schließlich hatte er eine Familie gefunden, die bereit war, die von ihm geplante Schlachtung genau nach seiner Anweisung durchzuführen. Das Datum sei schon bestimmt gewesen. Voller Spannung und Aufregung erwartete er diesen Tag. Aber die Familie machte zu seiner großen Enttäuschung einen Rückzieher.

Ein halbes Jahr später fuhr er mit seiner Frau erneut zu dieser Familie. In diesem Zeitraum hatten sich seine Fantasien vom Passiven ins Aktive gekehrt. Er fantasierte nun, ein Mädchen zu erstechen, zu zerfleischen und zu essen. Dazu fand er leider die Gelegenheit. Er versuchte, von der Leiche zu essen. Zusammen mit seiner Frau hat er dann die Leiche in einen See geworfen.

Ein Teilaspekt dieses Geschehens scheint mir eine Besonderheit zu sein. Christian hat seine Fantasien nicht für sich behalten, sondern sie anderen Menschen mitgeteilt. Dadurch haben sich Gruppenprozesse in Bewegung setzen lassen. Die Gruppe erscheint dann als Ganzes als eine perverse oder verrückte Gruppe. Dies ist aber leider kein ganz seltenes Geschehen. Wir wissen, dass so etwas auch in politischen oder religiösen Großgruppen vorkommt.

Das traumatische Kernerlebnis Christians scheint der Tod seiner Mutter zu sein, den er in einer ganz besonderen Weise verarbeitet hat. Er ist nämlich für mein Verständnis in dem Augenblick, in dem er den Sarg und später die Urne sah, durch einen Identifikationsvorgang in einen klaustrophobischen Zustand geraten, welcher Kernbestandteil seiner Pathologie ist.

Was heißt das?

Als er den Sarg sieht, sagt er sich, da ist die Mutter drin. Er ist aber auch gleichzeitig selbst im Sarg, denn der dazugehörige Gedanke lautet: Da will ich nie hinein. Dieser Gedanke erfordert aber als Voraussetzung die Vorstellung, sich in einem geschlossenen Raum ohne Ausweg zu befinden und diesen Zustand als vollkommen unerträglich zu erleben. Genau dies passiert manchen Menschen im Bus, im Fahrstuhl oder in einem Raum, in welchem Türen und Fenster geschlossen sind.

Dass es sich bei Christian um eine rasende Angst handelt, die ihn keinen Moment verlässt, offenbart sich in dem langen Brief, den er an Marneros schreibt (s. o.), als er schon verurteilt im Maßregelvollzug sitzt. Auch dort entwickelt er pausenlos Fantasie-Szenarien, die verhindern sollen, dass er in einen Sarg kommt. Man bedenke, dass es ein gesunder Mann um die 30 ist, von dem wir sprechen. Er schreibt:

> »Folglich soll halt nichts, aber auch gar nichts überbleiben von mir, sodass halt auch kein Grab entsteht von mir. Ich stelle mir vor, meinen gesamten Organismus der Medizin zur Verfügung zu stellen. […] Es sollten, soweit dies möglich ist, so viel wie nur möglich Organe gespendet werden, die den jugendlichen Frauen ab dem 16. Lebensjahr bis hinauf zu den 50-jährigen Frauen [zur Verfügung stehen].«

Er möchte einen Notar mit diesem Wunsch beauftragen, beklagt aber, dass dies niemand verstehen wird. Er schreibt:

> »Nun wird egal wie sauber und ausdrucksvoll ich dies auch schreiben würde, er [der Notar], aber auch Richter und Staatanwalt würden denken, ich habe nicht alle Löffel im Schrank. Und warum!!! Weil keiner von denen verstehen kann und so recht auch wird, dass man halt hinter sich und der Welt verschließen möchte, also den Christian es nicht mehr gibt.«

Wie weit in diesen Wunsch Reue, Schuld- und Schamgefühle fließen, wissen wir nicht. Aber es ist interessant, dass er sich vorstellt, in einen Frauenkörper sozusagen zurückzukehren. Hier haben wir es im Hintergrund vielleicht mit der Verschmelzungsfantasie zu tun, die Herrn M. auf andere Weise beherrscht haben.

Die Tragik des psychopathologischen Geschehens können wir darin sehen, dass sowohl die aktiv kannibalischen als auch die passiv kannibalischen Fantasien unserer Protagonisten sexualisiert worden sind. Das, was dem Menschen Entsetzen bereitet, wird umgewandelt in eine sexuell erregende Vorstellung. Dies ist im psychoanalytischen Verständnis ein Abwehrvorgang. Das Trauma, das sich in der Psyche unendlich wiederholt, wird mit sexueller Erregung besetzt und dadurch scheinbar gebändigt, drängt dafür aber zu ständiger sexueller Erregung und Handlung.

Daraus entsteht eine Täuschung. Für den betreffenden Menschen selbst wie auch für Außenstehende, beispielsweise für das Gericht, entsteht der Eindruck, als ginge es um die Befriedigung des Geschlechtstriebes. Dass dieser Geschlechtstrieb in solchen Fällen aber eine ganz andere Funktion hat, nämlich gegen die Depression anzukämpfen oder die Qual des Traumas in Schach zu halten, ist nicht ohne Weiteres sichtbar. Die Wiederholungsgefahr ergibt sich gerade daraus, dass der Grundkonflikt, das Grundtrauma, nicht bewältigt ist.

Die schreckliche Tat eines Sexualverbrechens ist in diesem Sinne oft eine psychische Katastrophe, weil die gewaltige Dynamik des Konfliktes nicht mehr beherrschbar geworden ist. Leider müssen wir vermuten, dass die Ursachen solcher katastrophischen Entwicklungen oft in vorangehenden sehr viel früheren Katastrophen zu suchen sind. Unsere beiden Protagonisten bieten viele Anhaltspunkte für eine derartige Vermutung.

Unterhalb der Schwelle der schweren krankhaften Entgleisungen, von denen wir gesprochen haben, sind sadomasochistische aktive und passive kannibalistische Vorstellungen und Praktiken sehr verbreitet.

Rollenspiele, in denen es um Schlachten und Geschlachtetwerden geht, gehören zum Repertoire nicht nur des bekannten dienstleistenden Gewerbes, sondern auch vieler sogenannter SM-Gruppen, die sich im Internet heute mühelos zusammenfinden. Üblicherweise gibt es dort aber eine wichtige Vorsichtsmaßnahme. Jeder Teilnehmer hat die Möglichkeit, den sadomasochistischen Ablauf durch ein vereinbartes Codewort sofort zu stoppen.

Der Vampir ist eine weitere Figur dieser Szenerie. Er ist eine offenbar auch die breiten Massen faszinierende Erscheinung, denn es vergeht kaum eine Woche, in der er nicht im Fernsehen in den sogenannten Horrorfilmen auftritt. Es gibt ihn aber auch verwirklicht. Ich habe z.B. im Internet das Interview eines forensischen Forschers mit einer Vampir-Frau gefunden, die sehr deutlich beschreibt, wie sie vom Geruch und Geschmack des Blutes fasziniert ist, das sie durch die Haut des Partners oder der Partnerin hindurch spürt, und wie die Vorstellung von der Mischung des Blutes eine Verschmelzungsfantasie evoziert.

Die ungeheure Vielfalt der subkulturellen Erscheinungen auf diesem Gebiet legt folgende Vermutung nahe: Die modernen Medien und das Internet haben diese Erscheinungen in dieser Vielfalt wahrscheinlich nicht erzeugt, sondern nur sichtbar gemacht. Sie sind womöglich keine Neubildung, sondern waren schon immer vorhanden. Schwerer war es früher nur, sich als Einzelperson zu outen und Gleichgesinnte zu finden.

In Bezug auf den Kannibalismus ist in der Literatur oft gefragt worden, wo kommt er vor und wo kommt er her. Ein Ergebnis war, dass kannibalische Gelüste sich als Projektion auf Fremde und auf Feinde eignen. Der andere ist der Böse. Manche Autoren meinen, dass es den Kannibalismus praktisch überhaupt nirgends gäbe oder gegeben habe.

Eine andere Fragestellung lautet, ob der Kannibalismus vielleicht zu einer überwundenen Etappe in der Frühgeschichte der Menschheit gehört. Jeder hat schon in den Zeitschriften darüber gelesen, dass die Anthropologen in uralten Felshöhlen Menschenknochen mit Messer- und Schabspuren gefunden haben. Auch Sigmund Freud hat solche Gedanken erwogen. Sie setzen voraus, dass der Mensch sich allmählich zu einem höher zivilisierten Wesen entwickelt habe. An solchen Hoffnungen sind wir ärmer geworden, vor allem durch die Erfahrung der jüngeren Neuzeit, dass die dünne Zivilisationsdecke sich von einem Moment auf den nächsten in Nichts auflösen kann.

Daraus folgt, dass Erscheinungen wie der Kannibalismus stets gegenwärtig sind, und sich in grausigen Einzelereignissen wie auch in verdeckten Formen manifestieren können. Diese Erscheinungen können auch jederzeit in Gruppen wirksam werden und politische oder religiöse Formen annehmen, wovon manche heutige Subkulturen nicht weit entfernt sind. Wenn dies nicht so offensichtlich ist, dann liegt einer der Gründe in dem einzeln wie kollektiv seltenem Auftreten. Es ist ähnlich wie mit den Einschlägen größerer Meteoriten auf unserem Planeten. Es passiert erdzeitgeschichtlich sehr oft, aber in menschlich-historischem Maßstab selten.

8. Freud und Abraham lassen grüßen!

Unser Ausflug in die Entstehungsgeschichte der Psychoanalyse und die Auffassung von einer frühen oral-kannibalistischen Phase lässt es hoffentlich verständlicher erscheinen, warum der Rotenburger Kannibalismusfall den Psychoanalytiker faszinieren kann.

Es ist nicht das grausige Geschehen, welches die Gerichte beschäftigt, sondern es ist die Selbstaussage des betroffenen Menschen, welche die von Freud und Abraham gefundene psychodynamische Konfiguration in aller zu wünschenden Deutlichkeit und Vollständigkeit wiedergibt. In einer psychoanalytischen Behandlungsstunde könnte es sich nicht besser darstellen. Es ist aus einer neutralen wissenschaftlichen Perspektive gesehen sogar ein großer Vorteil, dass sich die unglückliche Erlebniswelt des Herrn M. aller Vermutung nach spontan aus ihm selbst heraus entwickelt hat.

Im vergangenen Jahr tauchte ein bisher noch nicht bekanntes besonders schönes Exemplar des Archaeopteryx auf. Die Freude der Paläoontologen können wir uns vorstellen: endlich mal nicht nur irgendwelche Bröckchen und zerstreute, schlecht erkennbare Einzelteile, sondern ein nahezu vollständiges Exemplar gefunden zu haben.

Es ist für uns unmittelbar evident, wenn die Paläoontologen ihren Fund als Beweisstück ihrer bisherigen Vermutungen präsentieren.

Gilt das auch für einen psychoanalytischen Fund? Ich bin jedenfalls der Meinung, dass Herr M. unfreiwillig und unabsichtlich die Richtigkeit der Erkenntnisse von Freud und Abraham erneut bestätigt hat.

Soweit ich sehen kann, bietet die Psychoanalyse und besonders ihre Triebtheorie die einzige wissenschaftliche Erkenntnisgrundlage für die Psychologie schwerer psychopathologischer Zustände. Ich finde es interessant, dass in den jetzt mehr als 100 Jahren kein alternativer psychologischer Erklärungsansatz seriös in Erscheinung getreten und diskutiert worden ist. Der Psychoanalyse ist dies freilich nicht gedankt worden. An den psychologischen Fachbereichen haben sich vielmehr diejenigen durchgesetzt, die jedes psychologische Verstehen ausdrücklich ablehnen.

Das bringt uns zu unserem übergreifenden Thema »Das Unfassbare begreifbar machen«. Was heißt begreifen? Herr M. hat seine Geschichte erzählt, aber hat er sie auch begriffen? Das ist sehr zu bezweifeln. Einfaches Erinnern ist bestimmt noch kein Begreifen. Das intellektuelle Nachvollziehen der Freud-Abraham'schen-Konzeptionen, ist auch noch kein Begreifen. Zum Verstehen und Begreifen im Sinne der Psychoanalyse gehört das erleidende Durcharbeiten sowie die Verwandlung und Integrierung in reifere Erlebnis- und Erkenntnisstrukturen.

Dem Erfassen und Begreifen von pathologischen psychischen Vorgängen stehen mächtige Hindernisse im Wege. Schwer fassbar ist zum Beispiel, dass ein normal intelligenter erwachsener Mensch in Teilen seiner Psyche so funktionieren soll, wie wir es bei einem kleinen Kind im Alter von einem Jahr oder sogar weniger vermuten dürfen. Schwer erträglich ist aber vor allem die affektive Gewalt, die von archaischen psychischen Erlebnissen ausgeht. In unserem Fall werden die meisten Menschen Entsetzen, Abscheu und Ekel empfinden. Dies versperrt automatisch den Zugang zu eigenen kannibalistischen Erlebnisanteilen, die beispielsweise in stark abgeschwächter Form im Liebesleben Platz greifen können und dort auch verbalen Ausdruck finden. Für Kinder allerdings ist die Beschäftigung mit lust- wie angstvollen Vorstellungen vom Fressen und Gefressenwerden noch normal, was sich z. B. in vielen Märchen ausdrückt. Man denke z. B. an die kannibalistischen Fantasien in Sendaks *Wo die wilden Kerle wohnen*. – Ein anderes Hindernis ist die Unanschaulichkeit früher psychischer Vorgänge, also aus einer Zeit, in der sich eine mentale Struktur überhaupt erst herausbildet. Ich darf hier auf einen hochinteressanten Autor hinweisen, der überdies kein Psychoanalytiker sondern empirischer Psychologe ist. Norbert Bischof, emeritierter Psychologie-Professor der Universität Zürich, hat 1996 ein Buch mit dem Titel *Das Kraftfeld der Mythen – Signale aus der Zeit, in der wir die Welt erschaffen haben* vorgelegt, indem er zeigt, dass kosmogonische Mythen – also Mythen über die Entstehung der Welt wie z. B. in der Genesis – aus ganz verschiedenen Kulturen, nicht einfach als falsche Welterklärungen aufgefasst werden dürfen, sondern etwas davon wiedergeben, wie das allmählich entstehende erlebende Ich sich aus einem unkonturierten medialen Hintergrund abzuheben beginnt. Dieser Prozess kann nicht erinnert werden, hinterlässt aber Spuren, die in Mythen, Ritualen und Religionen kultiviert werden. Diese wiederum bilden die Brücke zwischen der stets gefährdeten inneren Struktur des Menschen und den äußeren kulturellen Instanzen, die diese innere Struktur von außen stützen können. Man denke hier z. B. an die Thematik der Theophagie, des Gott-Essens, welche auch im Zentrum der christlichen Religion steht. Wenn wir Freud und Abraham folgen, ist der fantasierte Akt der kannibalistischen Inkorporation der mentale Ausgangsort aller folgenden Identifikationsprozesse. Was also in der einen Perspektive den Menschen zum perversen Menschenfresser machen kann, bildet auf der anderen Seite die Grundlage seiner psychischen Existenz.

Wenn wir die affektiven Widerstände angesprochen haben, die uns am Erfassen und Begreifen hindern können, dann muss noch auf einen weiteren Autor hingewiesen werden. Alfred Gerlach hat in seinem Buch *Die Tigerkuh – Ethnopsychoanalytische Erkundungen* ein Kapitel über die Verdrängung des Kannibalismus geschrieben. Er wendet sich darin besonders an seine psychoanalytischen und ethnologischen Kollegen und zeigt auf, dass auch sie oft dem affektiven Gegendruck nicht widerstehen können, der aus der Verleugnung der Triebnatur des Menschen kommt. Sie können dann nicht mehr erkennen, was sich im Material ihrer Patienten zeigt, aber auch nicht, in welch verdeckten Formen sich in der Gesellschaft kannibalistische Fantasien melden oder sogar durchsetzen.

Wer aber die von Freud entdeckte Triebnatur des Menschen nicht in Rechnung stellt, der hat – vor 100 Jahren genau so wie heute – keine Chance, einen Zugang zur menschlichen Psyche in Gesundheit und Krankheit zu finden.

Literatur

Abraham, K. (1916): Untersuchungen über die früheste prägenitale Entwicklungsstufe der Libido. In: Abraham, K.: »Psychoanalytische Studien zur Charakterbildung. Frankfurt/M. (S. Fischer), 1969.

Abraham, K. (1924): Versuch einer Entwicklungsgeschichte der Libido auf Grund der Psychoanalyse seelischer Störungen. In: Abraham, K.: »Psychoanalytische Studien zur Charakterbildung«. Frankfurt/M. (S. Fischer), 1969.

Bischof, N. (1996): Das Kraftfeld der Mythen. Signale aus der Zeit, in der wir die Welt erschaffen haben. München, Zürich (Piper).

Freud, S. (1905): Drei Abhandlungen zur Sexualtheorie. Reprint der Erstausgabe nach 100 Jahren. Mit einem Nachwort von Reimut Reiche. Frankfurt (S. Fischer) (dsgl.: Gesammelte Werke V).

Freud, S. (1916): Trauer und Melancholie. G. W. X.

Freud, S. (1950): Aus den Anfängen der Psychoanalyse. Briefe an Wilhelm Fließ. Frankfurt/M. (S. Fischer).

Freud, Sigmund – Karl Abraham (1965): Briefe 1907–1926. Frankfurt/M. (S. Fischer).

Gerlach, A. (2000): Die Verdrängung des Kannibalismus – und seine Wiederkehr in Sexualität und Kultur. In: Gerlach, A.: Die Tigerkuh. Ethnopsychoanalytische Erkundungen. Gießen (Psychosozial-Verlag).

Jones, E. (1960): Das Leben und Werk von Sigmund Freud, Bd. I. Bern, Stuttgart (Hans Huber).

Marneros, A. (2000): Sexualmörder: eine erklärende Erzählung. Bonn (Edition Das Narrenschiff im Psychiatrie-Verlag), 2. Aufl.

Anmerkungen

1 Eine verkürzte Fassung ist unter demselben Titel erschienen in: Psyche – Z Psychoanal 60, 2006, 763–775.

Neu bei Paranus

Jaako Seikkula
und Tom Erik Arnkil

Dialoge im Netzwerk

Neue Beratungskonzepte für die psychosoziale Praxis

Übersetzt von Gernot Hess

Mit einem Vorwort von Yrjö O. Alanen und einer Einleitung von Gernot Hess und Volkmar Aderhold

Paraus goes Wissenschaft

Stellen Sie sich vor: Ein Mensch kommt in den Krisendienst oder die psychiatrische Klinik und innerhalb von 24 Stunden wird sein komplettes „Netzwerk" – Angehörige, Freunde, Arbeitgeber, alle, die kommen wollen – zu einem Gespräch mit dem Behandlerteam eingeladen, um in einem „Offenen Dialog" gemeinsam herauszufinden, was zu verstehen und was zu tun ist.
In Deutschland sicher (noch) unvorstellbar – in Finnland gängige Praxis. Dieses dort seit Jahren erprobte Vorgehen erhöht nicht nur die Behandlungserfolge, sondern vermindert die Zahl der Erkrankungen – unglaublich, aber wahr und belegt. Unter anderem in diesem Buch.
Seikkula und Arnkil beschreiben ausführlich die Konzepte des „Offenen Dialogs" sowie des „Antizipatorischen Dialogs", der dann mit Gewinn und Erfolg eingesetzt wird, wenn verschiedene Helferteams sich zusammen mit den betroffenen Familien aus Zuständigkeitsgerangel und Sackgassen befreien wollen.

ISBN 978-3-926200-95-2 · 224 Seiten · 19,– €
Im Buchhandel oder direkt beim **Paranus Verlag**
Postfach 1264 · 24502 Neumünster · Telefon (0 43 21) 20 04-5 00
www.paranus.de · verlag@paranus.de

Das Konzept der Reflexiven Kompetenz. Ein Beitrag zum Verständnis der Entstehung von Gewaltbereitschaft

Ellen Reinke

Teil I: Die Entstehung von Kriminalität und Gewaltbereitschaft durch Hemmung der Mentalisierung

Zur Einordnung

Das Konzept der Reflexiven Kompetenz (RK)[1] ist eine Operationalisierung von wesentlichen Kriterien, die Aufschluss geben über die metakognitiven geistigen Kompetenzen des Subjekts. Es steht im Rahmen der Mentalisierungs-Theorie von Peter Fonagy[2] und dient der empirischen Forschung wie der diagnostischen Einordnung von Probanden auf einer 9-stufigen Skala, die die Ausprägungsgrade der RK festhält. Das Konzept leistet eine Verbindung zwischen Psychoanalyse und Bindungstheorie, für die Fonagy mit seinem Ansatz steht. Als einer der zahlreichen Anwendungsbereiche aus seiner Forschung[3] wird in diesem Teil exemplarisch der Nutzen des Ansatzes für die Analyse und das Verstehen fremdpsychischer Prozesse bei kriminellem und gewaltbereitem Handeln herausgestellt werden, ausgehend von den folgenden Thesen Fonagys:

- Kriminelles und gewaltbereites Verhalten geht mit einer Schädigung bzw. Einschränkung und Hemmung der Mentalisierung bzw. der Fähigkeit dazu einher.
- Mit einer Verbesserung der Mentalisierungsfähigkeit kann ein Beitrag zur Prävention und Rehabilitation im Bereich des kriminellen und gewaltbereiten Handelns geleistet werden.
- Die Ermittlung der Reflexiven Kompetenz bei kriminellen und gewaltbereiten Subjekten bietet empirische Ansätze zur Differenzialdiagnostik sowie der präventiven und rehabilitativen Intervention und stellt damit auf der individuellen wie auf der sozialen und kriminalpolitischen Ebene ein in der Praxis leicht einsetzbares Interventionsinstrument zur Verfügung

Der individuelle Ausprägungsgrad der Reflexiven Kompetenz wird über das Erwachsenen-Bindungs-Interview (AAI, EBI) ermittelt, welches transkribiert und nach Markierung der kriterienrelevanten Passagen ausgewertet wird. Das Interview[4] enthält Fragen zu zwischenmenschlichen Beziehungen, sowie einige Pflichtfragen, die den Interviewten zur Reflexiven Kompetenz auffordern. Entsprechend dem bindungstheoretischen Ansatz Bowlbys kommt dabei Fragen zum Erleben und zur Verarbeitung von Trennung, Verlust und anderen belastenden bis traumatisierenden Lebensereignissen besondere Bedeutung zu. Dies erweist sich als ausgesprochen günstig für Untersuchungen bzw. Diagnostik im Anwendungsbereich kriminellen und gewaltbereiten Handelns. Die Gruppe der gewaltbereiten Subjekte ist aus bindungstheoretischer Sicht als Extremgruppe zu bezeichnen, mit stark erhöhtem Anteil an den Wertungen D (unresolved trauma and/or loss). Zu erwarten sind daher vermehrt Wertungen in folgenden Bereichen: -1 (negative RK); 0–1 (abwesende RK); 2–3 (fragliche/niedrige RK)

Im Bereich unserer Anwendung ist die negative RK oft mit aggressiver Zurückweisung verbunden. Hier ein erstes Beispiel: Frage: »Warum glauben Sie, dass sich Ihre Eltern so verhalten haben?« Antwort: »Woher soll ich das wissen, Sie sind doch der verdammte Psychologe« (Levinson/Fonagy 2004).

Das Interview bietet durch die zu RK auffordernden Fragen und den Umgang damit selbst bereits eine Form der Intervention, die eine Weiterentwicklung Reflexiver Kompetenz fördern kann. Es kann daher im Bereich der Intervention als Ausgangspunkt für eine fördernde Entwicklung eingesetzt werden, beispielsweise indem man sich in einer zweiten Sitzung das Tonband passagenweise zusammen mit dem Interviewten anhört und mit ihm über seine Aussagen reflektiert bzw. »verhandelt«.

Für den Ausprägungsgrad der Reflexiven Kompetenz ist es dabei ausschlaggebend, inwieweit der Interviewte bereit und in der Lage ist, seinem eigenen und dem Handeln anderer innere Beweggründe und Gefühle zu unterstellen. Es wird untersucht, ob er sein eigenes und das Handeln anderer als Konsequenz innerer Prozesse verstehen kann, oder sich zumindest bemüht, ein solches Verstehen zu gewinnen. Die Auswertung geschieht anhand des Vorhandenseins, Fehlens und der Qualität der Kriterien für Reflexive Kompetenz in der Narration des Interviewten für die verschiedenen relevanten Bereiche. Für das uns interessierende Thema sind dabei wie erwähnt die Bereiche von großer Bedeutung, die sich auf das Erleben von Trennung, Verlust und (Entwicklungs-)Schädigungen beziehen.

Entsprechend eigener Erfahrung im Bereich der Soziotherapie und Psychotherapie mit Delinquenten (Reinke 1997) und in Übereinstimmung mit der o. g. These Fonagys ist die Entwicklung von RK bei kriminellen und gewaltbereiten Subjekten im Bereich der Repräsentanz emotionaler Beziehungen und Bindungen stark belastet, eine Emotions-Kognitions-Kopplung (Emrich 2002; Gehde/Emrich 1998) ist nicht gelungen. Hiermit korreliert, dass die Reflexive Kompetenz nicht oder nur sehr eingeschränkt ausgebildet ist. Fonagy stellt daher die Hemmung der Mentalisierung als erklärenden Faktor in den Mittelpunkt (Taubner 2007, 2008).

Fonagys Mentalisierungstheorie bietet dabei insbesondere durch ihre Operationalisierung im Konzept der Reflexiven Kompetenz für den Forscher und Praktiker einige Vorteile, die nicht zuletzt durch ihre interdisziplinäre Anschlussfähigkeit von unmittelbarem Interesse sind. Des Weiteren ist die hohe Praktikabilität sowohl in der Forschung als auch in der Praxis hervorzuheben. Die RK-Auswertung ist manualisiert (Fonagy et al. 1996[5]) und – je nach Vorbildung – bei entsprechender Schulung relativ einfach durchführbar. Die zugrunde liegende Theorie ist jedoch keineswegs durchgängig neu und lässt sich im Vergleich bzw. in Abgrenzung aktueller psychoanalytischer, psychologischer und philosophischer Diskurse verorten, wozu wir vor allem in Teil II unserer vorliegenden Arbeit einen Beitrag leisten möchten.

Vorläufig kann festgehalten werden: Im Rahmen der Psychoanalyse ist sie einzuordnen in die Theorie der Bildung psychischer Repräsentanzen durch die Interaktion des Subjekts mit seinen relevanten Bezugspersonen, die wiederum im Sinne Lorenzers (1972) nicht ohne ihre soziale Einbindung bzw. deren Mangel, also als Gesellschaftssubjekte zu sehen sind. Sie ist also eine Repräsentanzen- und eine Objektbeziehungstheorie mit entwicklungspsychoanalytischen und sozialisationstheoretischen Perspektiven. In Erweiterung der Objektbeziehungstheorie hebt Fonagy hervor, dass die Mutter, bevor das Kind eine Repräsentanz des Erlebens mit der Mutter entwickeln kann, bereits eine Vorstellung von ihrem Kind als denkendes und fühlendes Wesen hat, mit eigenen Wünschen und Absichten. Hier betont Fonagy einen Aspekt, den wir aus der Sozialisationstheorie Lorenzers (1972) kennen: Das Kind ist in dieser Beziehung ein aktives Wesen von Anfang an.

Die Bedeutung des Konzeptes der Reflexiven Kompetenz und der Mentalisierungstheorie für das Verständnis kriminellen Verhaltens

In den Mittelpunkt des Teils I stellen wir wie erwähnt eine erste Klärung des Konzepts, sowie unsere Überlegungen zur Anwendung von Fonagys Mentalisierungstheorie auf das Verstehen und die Analyse von kriminellem und gewaltbereitem Verhalten und gehen auf einige unserer neueren Forschungsergebnisse ein. An geeigneter Stelle werde ich meine eigene

Forschung im Rahmen der Soziotherapie und Psychotherapie mit Delinquenten heranziehen (Reinke 1997).

Reflexive Kompetenz definiert Fonagy als Ausdruck einer *Entwicklungsleistung*, die im Rahmen enger emotionaler zwischenmenschlicher Beziehungen in den ersten fünf Jahren der Persönlichkeitsentwicklung grundgelegt wird. Er versteht sie als eine *meta*kognitive Kompetenz, da sie von der Grundlegung durch das affektive Erleben ausgeht. Er vertritt die Ansicht, dass die Wahrnehmung einer psychischen Absicht für das Verständnis der Handlung des Objekts von den frühesten Entwicklungsstufen unabdingbar ist und dass der Säugling zwischen sozialen und anderen Objekten unterscheiden kann. »Wir glauben nicht, dass der Verstand irgendwann auftaucht, wie das manche Entwicklungspsychologen glauben, sondern dass er sich in seiner Komplexität entwickelt« (Fonagy et al. 1993, S. 251):

Diese Entwicklung erlaubt es dem Subjekt, eine reiche innere Welt von Vorstellungen, »mentalen« Repräsentanzen, in Bezug auf das Selbst und den Anderen zu entwickeln, hierüber zu reflektieren, und sein von Absichthaftigkeit – Intentionalität – getragenes Handeln darauf zu begründen. Diese Entwicklungsleistung ist anlagebegründet. Mit diesem Begriff meint Fonagy in Analogie zur Entwicklung der Basisaffekte, dass die Entwicklung von RK auf einer biologischen Bereitstellung aufbauen kann, die sich erst nachgeburtlich im Rahmen der zwischenmenschlichen Erfahrungen differenziert. Sie findet ihren jeweiligen Ausprägungsgrad und ihre Verfügbarkeit für das Subjekt durch diese Beziehung zu einem erwachsenen Gesellschaftssubjekt, in der Regel Mutter und Vater, soweit diese als ausreichend gute Objekte vorhanden sind und selbst über ausreichend gute Reflexive Kompetenz verfügen. Da diese Kompetenz unter noch zu nennenden Bedingungen lebenslang weiterentwickelt werden kann, finden wir hier den Ansatzpunkt für Frühprävention, z.B. bei belasteten, sozial deprivierten und/oder sehr jungen Müttern, Ansätze für Prävention bei jugendlichen Delinquenten (Taubner 2007, 2008), sowie für präventive und therapeutische Interventionen.

Fonagys Kernsatz lautet: *Indem die Mutter eine innere Vorstellung vom Kind als einem unabhängigen Subjekt mit eigenen Wünschen und Vorstellungen an das Kind heranträgt, ermöglicht sie dem Kind, sich in dieser mütterlichen Vorstellung zu erkennen und daraus eigene psychische Strukturen aufzubauen.*

Unter entwicklungspsychologischer Perspektive ist es also zunächst die bemutternde Bezugsperson, die im Rahmen ihrer eigenen RK dem Kleinkind prinzipiell und zunächst kontrafaktisch RK unterstellt, indem sie das Verhalten bzw. die Gestik des Kindes unter dieser Perspektive zu deuten und verstehen trachtet. Wie das folgende Beispiel zeigt, geht sie dabei notwendig über das sichtbare Verhalten des Kindes hinaus, sie macht sich ein inneres Bild von den Wünschen, Erwartungen und Absichten – Intentionen – des Kindes. Fonagy nennt dies eine *metakognitive Fähigkeit* (Fonagy 2000).

Beispiel

> »Ein Kind von elf Monaten sitzt in seinem Hochstuhl und zeigt auf ein Glas Wasser; die Mutter bückt sich und reicht ihm eine Verpackung aus Silberfolie. Das mag einen Beobachter verwirren; dennoch hat die Mutter *in Übereinstimmung mit den Erwartungen des Kindes* [Hervorhebung von mir, E.R.] gehandelt. Sie hatte beobachtet, dass das Kind zuvor mit der Verpackung aus Silberfolie gespielt und diese dann fallen gelassen hatte. Damit verlor das Kind sie aus dem Blickfeld und deutet nun auf etwas ebenfalls Glänzendes, um seinen Wunsch auszudrücken. Die Reaktion, die die Mutter in diesem Zusammenhang gezeigt hat, kann als Stärkung seines Bewusstseins für seine eigene innere Befindlichkeit angesehen werden« (Fonagy 2000, S. 42).

Fonagys Beispiel zeigt uns, dass im Rahmen einer genügend guten, normalen Entwicklung die Mutter wie ein Erkenntnis suchender Forscher an das Verstehen des Fremdpsychischen herangeht. Sie unterstellt dem Kind Absichthaftigkeit, deutet seine Gesten und stellt sie in einen Zusammenhang mit dem vorherigen Erleben und Verhalten ihres Kindes. Dabei berücksichtigt sie die Beziehung zwischen sich und dem Kind, das sich mit seiner Absichthaftigkeit an sie wendet, also in diesem Alter bereits eine Vorstellung von der Beziehung zwischen beiden hat. Die sich entwickelnde RK ist damit eine Kompetenz des »Denkens in Beziehung *zwischen* Selbst und Anderen«, nicht nur über die Absichthaftigkeit des Anderen, wie dies z. B. in der auf G. H. Meads Theorie des Symbolischen Interaktionismus und einigen interaktionistischen psychoanalytischen Theorien angenommen wird. Insofern steht Fonagys Ansatz der Sozialisationstheorie Lorenzers (1972) recht nahe, ohne dass jedoch auf sie Bezug genommen würde.

Die Absichthaftigkeit – Intentionalität – des Kindes richtet sich also auf das Beziehungsgeschehen, nicht nur auf eine Vorstellung über die Absicht der Mutter. Wir würden daher Fonagys Begriff der Intentionalität nur beschränkt auf seinen diesbezüglichen Referenzautor Daniel Dennett (s. Teil II) zurückführen, sondern sehen hier eher theoretische und methodische Bezüge zu Lorenzers Begriff des Szenischen Verstehens (Lorenzer 1970).

Das Beispiel zeigt auch, wie die mütterliche Bezugsperson dabei über das Beobachten hinausgeht und sich von ihrem Denken und Fühlen in Bezug auf die Erwartungen des Kindes leiten lässt. Indem und soweit sie die Intention ihres Kindes zutreffend erkennt, fühlt dieses sich in seinem sich entwickelnden Selbstsein verstanden und gewinnt die Grundlagen für den Aufbau eigener reflexiver Kompetenzen.[6]

Wo diese Bereitschaft und Fähigkeit der frühen Bezugspersonen selbst gehemmt ist oder weitgehend fehlt, wie in der Regel in den Lebensgeschichten von kriminellen und gewaltbereiten Subjekten, ist es daher stringent, eine negative, fehlende oder niedrige Ausprägung der Reflexiven Kompetenz zu erwarten. Das Kind ist dann behindert in der Fähigkeit, sich selbst und andere als Subjekte mit eigenen Wünschen, Absichten und Zielen zu repräsentieren und sein Handeln wie sein Weltverständnis daran zu orientieren. Es setzt sich nicht in eine Beziehung zum Anderen. Beziehungen bzw. Bindungen können nicht wertgeschätzt werden, ja sie werden als bedrohlich erlebt und mit spezifischen Abwehrleistungen kontrolliert (Fonagy et al. 1993; Reinke 1977, 1997). Diese ungünstigen Bedingungen liegen in der Regel in solchen Fällen bereits in der frühesten Kindheit vor, in der das präreflektierte Selbst des Kindes noch schwach und nicht zur eigenen Affektregulierung fähig ist. »In all diesen Fällen wird das Kind des teilhabenden Verständnisses beraubt, das das primitive präreflektierte Selbst schützt« (Fonagy et al. 1993, S. 255).

Eine Fähigkeit zur Wertschätzung von Beziehungen setzt das verlässliche Vorhandensein nicht nur eines mütterlichen, sondern auch eines väterlichen Objekts voraus, letzteres in dem Sinne, dass es die Erweiterung des Denkens von dyadischen zu triadischen Beziehungen ermöglicht (Fonagy/Target 2003, Teil III).

Zunächst ist die Möglichkeit zur Entwicklung einer dyadischen Beziehung zum Vater bzw. väterlichen Objekt hierfür eine der Voraussetzungen:

> »Die dritte Person, das zweite Objekt des Kindes, kann es bei der Entwicklung einer Repräsentanz der dyadischen Erfahrung fördern, welche sich mit seinem gegenwärtigen Erfahrungen in Übereinstimmung bringen lässt und somit als eine Repräsentation der Beziehungserfahrung verinnerlicht werden kann, die das Kind als wirklich und für sich passend erkennt« (Target/Fonagy 2003, S. 94).

Durch diesen Prozess bildet sich die Repräsentation einer Beziehung, eine *Repräsentation zweiter Ordnung*. Voraussetzung ist nicht nur, dass eine Beziehung zwischen Kind und Vater existiert, sondern ebenfalls, dass die Beziehung zum Vater auch bei der Mutter eine zutreffende Repräsentanz findet (ebd., Lorenzer 1972; Grieser 1998). Dieses Konzept einer Repräsentation höherer oder zweiter Ordnung ist in der Psychoanalyse und auch in der Neuropsychologie nicht neu. Wir finden es z. B. bereits bei Lurija (1973; Reinke 2001). Lurija betont besonders den Aspekt der Hierarchieumkehr nach der Bildung höherer Repräsentationen, d. h. dass diese symbolisch organisiert sind und die Auswahl wie die Beurteilung der Absichten und Wahrnehmungen des Subjekts übernehmen. In der Theorie Fonagys dürfte dies seinem Begriff des reflexiven Selbst entsprechen.

Diese Fähigkeit der Mutter und die Bereitschaft des Vaters schaffen die Grundlagen für die Entwicklung des Selbst als »Ort« der Repräsentanzen zweiter Ordnung von Selbst und Welt.

Gerade dieses zweite, später die Triangulierung ermöglichende Objekt, fehlt jedoch in der Regel in der frühen Lebensumwelt gewaltbereiter Subjekte. Dies hat weitreichende Folgen für die Entwicklung von RK. Ohne diese inneren Repräsentanzen zweiter Ordnung bleibt das Subjekt beständig auf ein wachsam-feindseliges Abtasten der Umwelt angewiesen (Köhler 1998, 2000), um seine Unsicherheit bezüglich der Absichten anderer zu kontrollieren. Das erkennt man u. a. an der übermäßigen Wachsamkeit, mit der dem Verhalten der Bezugspersonen begegnet wird. Diese Wachsamkeit bindet die gesamten Aufmerksamkeitsressourcen des Subjekts, sodass ihm für das erforderliche Abgleichen der eigenen mit den Repräsentanzen der anderen nicht genügend Ressourcen bleiben. Wie Lotte Köhler (2000) darlegt, kommt es durch die Abwehr unerträglicher Erregungszustände bei der Gedächtnisbildung zur Dissoziation, d. h. zum Herbeiführen eines veränderten Bewusstseinszustandes. Freud hat diesen Prozess in seinem ersten Modell des Psychischen, dem Affekt-Trauma-Modell, beschrieben (Reinke 2002; Sandler et al. 1997). Die Enkodierung der Erinnerungsinhalte geschieht dann nicht auf dem symbolischen Niveau, sondern im primitiven, sensomotorischen Bereich. Das Wiederauftauchen dieser Erinnerungen geschieht nach dem »Ähnlichkeitsprinzip«. Die Dissoziation schützt einerseits durch »Regression« vom höheren Bewusstseinzustand (higher order consciousness) zum primären Bewusstsein (Edelman, bei Köhler 2000); sie entzieht andererseits den traumatischen Vorgang dem reflexionsfähigen Selbst (Köhler, ebd.). Für Köhler ist aber nicht die entscheidende Frage, in welchem Gedächtnissystem (dem anoetischen Gedächtnis, s. Perry, bei Köhler 2000), sondern in welchem Bewusstseinszustand die Erinnerungsinhalte niedergelegt werden, d. h., sie sind unbewusst. Den möglichen Erfolg einer Traumatherapie/Psychotherapie sieht sie daher in der Mitteilung und sprachlichen Anteilnahme in der zwischenmenschlichen Beziehung, die zunächst als eine korrigierende emotionale Beziehungserfahrung wirkt (Alexander/French 1949; Reinke 1997). Hierauf baut die sprachliche Interaktion auf, die »Schaffung einer Narration [...], die geteilt und verstanden werden kann, hilft zur Fortentwicklung von der anoetischen zur noetischen und autonoetischen Verfassung des Bewusstseins« (Köhler.).

Auch aus dieser Perspektive Köhlers zum Traumagedächtnis muss die vollständige Repräsentation innerer Befindlichkeiten scheitern. In extremen Fällen kommt es zur skizzierten aggressiven Zurückweisung von RK, da dieses »Ansinnen« nur als Bedrohung wahrgenommen werden kann. Indem also Fonagy die Bedeutung von mütterlichem *und* väterlichem Objekt betont, hebt er seinen Ansatz von der allzu einfachen Zentrierung auf das Versagen des mütterlichen Objekts ab, wie sie in einigen Theorien zur Entwicklung früher Störungen zu finden ist und befindet sich in Übereinstimmung mit den o. g. Erkenntnissen.

Hypothesen zur Reflexiven Kompetenz bei kriminellen und gewaltbereiten Subjekten

Zusammenfassend stellen wir die Bedingungen bei der normalen und der geschädigten Entwicklung im Einzelnen nebeneinander:

Normale Entwicklung: »Reflexive Kompetenz ist eine *Entwicklungsleistung*, die im Rahmen enger emotionaler zwischenmenschlicher Beziehungen in den ersten fünf Jahren der Persönlichkeitsentwicklung grundgelegt wird«:

➢ Hypothese bei kriminellen und gewaltbereiten Subjekten: Wir finden in der Regel einen erheblichen Mangel an engen (im Sinne von verlässlichen) emotionalen Beziehungen in der frühen Entwicklung.[7]

Normale Entwicklung: »Sie erlaubt dem Subjekt, eine reiche innere Welt von Vorstellungen, »mentalen« bzw. geistigen Repräsentanzen in Bezug auf das Selbst und den Anderen zu entwickeln, über diese Beziehung zu reflektieren, und sein von *Intentionalität* getragenes Handeln darauf zu begründen«:

- Hypothese bei kriminellen und gewaltbereiten Subjekten: Wir finden in der Regel eine verarmte, »dichotomische« Welt von Vorstellungen (Reinke 1997), die die Welt einteilt in Gewinner und Verlierer, Täter und Opfer. Dies entspricht dem Stadium gespaltener Selbst- und Objektrepräsentanzen (Volkan 1976, 1978; Kernberg 1975 etc.). In schweren Fällen finden wir Unfähigkeit zu RK, das genannte Vermeiden von RK bis zur aggressiven Ablehnung in Bezug auf innere Vorstellungen; die Reflexionsfähigkeit ist auf formale, kognitive Prozesse eingeschränkt und kann im Bereich von Gefühlen ganz fehlen bzw. fehlgehen (Reinke 1997, Mosaikpersönlichkeit; Krause 1997, 1998 traumatischer Affekt, s.u.); in Bezug auf die Absichthaftigkeit des anderen wird Schädigung erwartet, die Absicht des eigenen Handelns, z.B. Gewalt gegen andere, wird folglich als Schutz, Verteidigung etc. erlebt bzw. gerechtfertigt.
- Normale Entwicklung: »Diese Entwicklungsleistung ist anlage*begründet* und findet ihren jeweiligen Grad der Ausprägung und Verfügbarkeit für das Subjekt durch die Beziehung zu einem erwachsenen Gesellschaftssubjekt, in der Regel Mutter und Vater, soweit diese selbst ausreichend über Reflexive Kompetenz verfügen«:
- Hypothese bei kriminellen und gewaltbereiten Subjekten: Wir finden, dass die frühen Bezugspersonen und der soziale Rahmen systematisch versagt haben bzw. ein Muster an Inkonsistenz zeigten, das es dem Subjekt nicht erlaubte, sich ein verlässliches Bild davon zu machen, was wann und warum mit ihm geschieht.

Entsprechend den Annahmen und Forschungsergebnissen Fonagys finden sich bei gewaltbereiten und kriminellen Subjekten in der Regel die o.g. Voraussetzungen für eine normale Entwicklung nicht, die eine normale Entwicklung der Mentalisierungsfähigkeit ermöglichen würden: Die relevanten Bezugspersonen bringen aufgrund ihrer eigenen Mentalisierungshemmung in die Beziehung zum Kind keine oder keine ausreichende eigene Vorstellung von diesem als einem unabhängigen Subjekt mit eigenen Wünschen, Vorstellungen und Absichten ein. Es fehlt bei ihnen die Repräsentation der Beziehung *als Beziehung*. Es fehlt damit auch die Anerkennung *des Anderen*, die es dem Kind ermöglicht hätte, sich in dieser mütterlichen Vorstellung zu erkennen und daraus eigene psychische Strukturen aufzubauen (Reinke 2003).

In Kurzfassung: Woher kommt das Konzept?

Bevor wir die Möglichkeiten des Konzepts RK und seine Beurteilung über die RK-Skala im Anwendungsbereich kriminelles und gewaltbereites Handeln weiter ausführen, erscheint es uns sinnvoll, einige Quellen zu nennen und kurz auf sie einzugehen, die Fonagy selbst für seinen Ansatz heranzieht. Es handelt sich um:

- die Bindungstheorie John Bowlbys und die psychologische Bindungsforschung mit ihren empirischen Forschungsmethoden (Fremde Situations-Test, Adult Attachment Interview); das Konzept der »inneren Arbeitsmodelle« (Bowlby)
- die Konzepte »mentalisation – démentalisation« aus der französischen psychoanalytisch-psychosomatischen Forschung von Pierre Marty, einzuordnen in die psychoanalytischen Repräsentanzen-Theorien
- das Konzept der »Intentionalität« nach Daniel Dennett, ausgehend von der zentralen Begriffsfassung Brentanos und eingeordnet in den US-amerikanischen kognitionswissenschaftlichen Entwurf einer »theory of mind«. Dieses Konzept werden wir genauer in Teil II betrachten.

Bindungsforschung: AAI, Bindungsstatus, Feinfühligkeitswertung

Eine Quelle des Konzepts finden wir damit in John Bowlbys Bindungstheorie und dessen Konzept der inneren Arbeitsmodelle. Im Rahmen der auf Bowlbys Bindungstheorie zurückgehenden empirisch-psychologischen Bindungsforschung haben George/Kaplan/Main (1985) ein fragengeleitetes Interview als Instrument zur Messung von mütterlicher/elterlicher Feinfühligkeit vorgelegt. Feinfühligkeit wird in der Bindungstheorie als die Variable angesehen, die entscheidend für die Entwicklung von Bindungssicherheit beim Kind ist. Mangelt es an der elterlichen Feinfühligkeit für die innerliche Befindlichkeit des Kindes, so entwickelt es weniger sichere bis unsichere Bindungsqualitäten. In der Bindungstheorie wird davon ausgegangen, dass es sich bei der Entwicklung der kindlichen Bindungsqualität um einen transgenerationellen Prozess handelt. Das Instrument wird sowohl in der Grundlagenforschung wie in den verschiedensten Anwendungsbereichen intensiv genutzt (Spangler/Zimmermann 1995). Da es vor allem auch Fonagys Verdienst und Absicht ist, Psychoanalyse und Bindungstheorie miteinander zu verbinden, gehen wir in den folgenden Abschnitten kurz auf diesen Bereich ein.

Im Rahmen der Psychologie schließen Bindungstheorie wie auch der Ansatz Fonagys an alle Theorien des *psychological mindedness* an, also an die Annahme, dass Menschen sich ihrer selbst und anderer versichern, indem sie auf ihr inneres – geistiges, psychisches – Erleben rekurrieren, also das menschliche Verhalten nicht als bloßen Ausdruck äußerer Verhältnisse konzipieren, wie dies der strenge Behaviorismus tat. Aus dieser Perspektive ist es stringent, einen interdisziplinären Diskurs gerade mit der Bindungstheorie zu führen. Dies ist auch naheliegend aufgrund der Geschichte der Bindungstheorie und ihres Gründungsvaters John Bowlby, der, ausgehend von der Psychoanalyse und seiner Praxis mit Kindern und jugendlichen Delinquenten (Bowlby 1944), die Bindungsbedürfnisse des Kindes als vernachlässigten Aspekt der damaligen Psychoanalyse und die Bedeutung der Trennung von der Anwesenheit der verlässlichen Bindungsperson hervorhob. Darüber hinaus erweiterte er seine Überlegungen über die Freud'sche Psychoanalyse hinaus in folgende Bereiche (Bowlby 1958):

- ➢ In Bezug auf die interdisziplinäre Forschung und die Frage nach Forschungsmethoden rekurrierte er auf die Vergleichende Verhaltensforschung sensu Konrad Lorenz, mit ihren Methoden der genauen Beobachtung und der beobachtenden Teilnahme.
- ➢ In Bezug auf die Kinderanalyse bezog er sich auf Melanie Klein und Anna Freud mit der Fragestellung: »Wie entwickeln Mutter und Kind ihre hoch besetzte Beziehung?«, die er als Voraussetzung für die Entwicklung der inneren Arbeitsmodelle ansah.
- ➢ In Bezug auf die Frage, wie Kinder Einsicht in die kognitive Welt entwickeln, rekurrierte er auf die genetische Entwicklungstheorie Jean Piagets (ebd., S. 38).
- ➢ In Bezug auf das Verhältnis von innerer Strukturbildung und äußeren Objekten betonte er die Bedeutung der realen Objekte und die Einbindung des Erlebens in reale Ereignisse für die Entwicklung der inneren Arbeitsmodelle.

Bei genauerer Lektüre von Bowlbys Texten treten die in der wissenschaftlichen Diskussion oft hervorgeholten Abgrenzungen und Vorwürfe gegen die Psychoanalyse und einige ihrer Vertreter allerdings eher in den Hintergrund, insofern Bowlby wie die Psychoanalyse zentrale Grundannahmen teilen. Hierzu gehört, dass Bowlby den Konflikt als *conditio humana* begreift und die Bedeutung der frühkindlichen Beziehungen – in seiner Diktion Bindungen – ebenso hervorhebt, wie dies die Psychoanalyse tut. Er anerkennt auch Freuds Verdienst, das Grundlegende der menschlichen Konflikthaftigkeit als erster wissenschaftlich untersucht zu haben (ebd., S. 19).

Zusammenfassend lassen sich Bowlbys zentrale Aussagen wie folgt formulieren:

- ➢ Neben triebbestimmten Bedürfnissen des Kleinkindes gibt es von Anfang an ein Bindungsbedürfnis, das ebenso fundamental ist. Das Bindungsbedürfnis hängt eng zusammen mit dem Aufbau von Selbstkontrolle und Selbststeuerung in der dyadischen Beziehung mit der primären Bezugsperson.
- ➢ Der Fokus liegt mehr auf der »realen« Beziehung und berücksichtigt die Frage nach der Entwicklung der kognitiven wie der emotionalen Aspekte.

Die Bindungstheorie geht davon aus, dass durch die Unreife des Säuglings bei der Regulierung seiner körperlichen und psychischen Befindlichkeiten das sog. Bindungssystem aktiviert wird, d. h., dass der Säugling aktiv von der primären Bezugsperson deren zunächst stellvertretende Regulierung erwartet bzw. »fordert«. Nur dann, wenn die Bindungsperson, in der Regel die Mutter, diese Aufgabe feinfühlig und »gut genug« (Winnicott) erfüllt, kann das Kind genügend Kapazität entwickeln, um ebenfalls aktiv die Welt um es herum zu erkunden. D. h., dass es zur Aktivierung des sog. Explorationssystems kommt.

Die Bindungstheorie macht also folgende Annahmen, die sich mit dem psychoanalytischen Denken weitgehend verbinden lassen:

- Menschliche Säuglinge und Kleinkinder sind zunächst nicht zur eigenen Regulierung von inneren Befindlichkeiten physiologischer, affektiver u. a. Art fähig.
- Die primäre Bezugsperson übernimmt die Aufgabe der Regulierung und schützt den Säugling hierdurch vor Erregungsüberflutung (over-arousal, peak affects).
- Wenn ein Säugling/Kleinkind in einen Zustand von Erregungsüberflutung gerät, kommt es zu einer ungenügenden Ausbildung der neuronalen Prozesse, die eine Affektregulierung und aktives Erkundungsverhalten sowie die Ausbildung von psychisch-mentalen Erwartungsstrukturen begleiten.
- Wenn einem Säugling jedoch im Zusammenhang mit Erregungszuständen die regulierende Präsenz der Mutter zur Verfügung stand, wird er bei späteren Erregungszuständen in Gegenwart der Mutter vertrauensvoll davon ausgehen, dass er keine Überflutung (disorganization) zu befürchten hat und zunehmend in der Lage sein, Erregungszustände entwicklungsfördernd zu nutzen; dies führt zu einem Gleichgewicht auf einer höheren Erregungsebene, d. h. der Säugling ist zunehmend in der Lage, immer höhere Erregungsquanten zu gestalten.

Spätere empirische Untersuchungen (ausgehend von Ainsworth 1970) haben eine Klassifikation des normalen Bindungsverhaltens ergeben:

- Ein Kind, dem eine feinfühlige Bindungsperson zur Verfügung steht, entwickelt eine sichere Bindung, erlebt Beziehung als bereichernd und sucht vertrauensvoll die körperliche Nähe und die Hilfe seiner Bindungsperson.
- Ein Kind, dem die primäre Bezugsperson nur teilweise zur Regulierung von Erregungszuständen zur Verfügung steht, wird eine unsichere Bindung zu ihr entwickeln; es neigt dazu, bei Erregungszuständen durch Überkontrolle des Affekts zu reagieren; dies betrifft auch die übermäßige Kontrolle/Vermeidung der entwicklungsfördernden »positive emotions« (Shapiro/Emde 1991). Darunter ist eine mit der Mutter geteilte positive Gefühls(hoch)stimmung (peak affect) zu verstehen, in der der Säugling besonders aufnahmefähig ist. Es gibt zwei Formen der unsicheren Bindungsqualität: unsicher-vermeidend und unsicher-ambivalent.
- Ein Kind, dem die primäre Bezugsperson zur Regulierung von Erregungszuständen nur ungenügend zur Verfügung steht, zeigt ein desorganisiertes, ungerichtetes Bindungsverhalten und hat ständig mit der Gefahr von Erregungsüberflutung zu kämpfen. Während solches Bindungsverhalten bei den drei normalen Bindungsrepräsentanzen in Krisensituationen wie Krankheit, Verlust, etc. bisweilen vorkommen kann, ist es bei Risikogruppen das vorherrschende Bindungsverhalten.

Nach der Bindungstheorie schlagen sich die Erfahrungen mit der Bindungsperson in inneren Arbeitsmodellen (inner working models, Bowlby), also geistigen Repräsentanzen, nieder, die relativ zeitstabil sind und die Erwartungen der Subjekte an andere sowie ihr Verhalten steuern. Da diese Bindungsqualitäten psychologisch-empirisch durch Verhaltensbeobachtungen und deren Klassifizierung gefunden wurden, entwickelte sich die Bindungsforschung lange Zeit isoliert von der Psychoanalyse, deren Weiterentwicklung unter der Perspektive der Objektbeziehungstheorie und eigener Beobachtungsmethoden (Spitz, Mahler) wenig rezipiert wurde. Diese *splendid isolation* beruhte auf Gegenseitigkeit und führte zu Abgrenzungen und gegenseitigen Entwertungen, die inzwischen, nicht zuletzt dank Fonagy, L. Köhler und K. & K. Grossmann, als historisch betrachtet werden können.

Dabei ist jedoch festzuhalten, dass der Schwerpunkt des Interesses in der Psychologie lange Zeit auch in der Bindungsforschung den kognitiven geistigen Prozessen galt, wie sich das z.B. in kognitiv-behavioralen Theorien, aber auch im AAI findet. Erst in jüngster Zeit wird das Verhältnis von Kognition und Affekt oder Emotion reflektiert.

Die Bindungstheorie nimmt also eine besondere Stellung ein unter den psychologischen Theorien in Bezug auf Fonagys Theorie der Mentalisierung, vor allem gilt dies für seine Operationalisierung im Konzept der Reflexiven Kompetenz. Wie wir dargelegt haben, geht Fonagy für die Konzeption des EBI vom Adult Attachment Interview (AAI) aus, entwickelte jedoch entsprechend seiner metakognitiven Grundannahmen als Psychoanalytiker eine eigene Kriterienformulierung und Auswertung. Wir halten außerdem fest, dass die Auswertung den Schwerpunkt auf die kognitiven Fähigkeiten des Subjekts, zusammen mit konsistenten lebensgeschichtlichen, also selbst erlebten Beispielen legt. Mehr als für den psychoanalytischen Forscher ergeben sich hieraus für den psychoanalytischen Kliniker gewisse Einschränkungen des Verstehens, wenn er sich streng an das Fonagy'sche Manual hält. In unserer eigenen Forschung und Diagnostik mit dem Konzept der Reflexiven Kompetenz haben wir diesem Mangel Rechnung getragen, indem wir in der Regel eine zweite Auswertung nach dem Lorenzer'schen Konzept des Szenischen Verstehens vornehmen. Die Beziehung zwischen den gefundenen Skalenwerten der RK und den tatsächlichen Erlebens- und Handlungskompetenzen der Subjekte kann unseres Erachtens allein durch das Konzept der RK nicht befriedigend aufgeklärt werden. Sowohl für die Forschung wie für die Klinik/Diagnostik sind wir daher zu dem Ergebnis gekommen, dass das Konzept der Reflexiven Kompetenz zu erweitern wäre durch die Einbeziehung der psychoanalytischen Abwehrtheorie. Dies halten wir insbesondere für jede im weitesten Sinne klinische Anwendung für unverzichtbar (s.a. Taubner 2007, 2008).

Pierre Marty: *»mentalisation« als Geistbildung*

Den Begriff »mentalisation« übernimmt Fonagy nach eigener Aussage von dem französischen Psychoanalytiker und Psychosomatiker Pierre Marty (1996), der auf mehreren Ebenen die repräsentationalen psychischen Tätigkeiten und Vorstellungen der Subjekte begrifflich fasst. Pierre Marty hat auf dem Hintergrund der französischen psychosomatischen Theorie ab 1961 die psychische Entwicklung insbesondere bei psychosomatisch Kranken im Rahmen des Begriffspaares *»mentalisation – démentalisation«* konzeptualisiert.

Mentalisation umschreibt Marty als »le travail de la pensée sur elle même«, Denken über das Denken. Unter *démentalisation* fasst er eine Entwicklungsstörung aufgrund von unverarbeitbar hoher Erregung, die zu einem traumatischen Zusammenbruch der Abwehrmöglichkeiten des Subjekts führt. Er nimmt in die repräsentationalen Perspektive damit eine (trieb-)ökonomische Perspektive hinein und postuliert, dass der Ausprägungsgrad und die Verfügung über *mentalisation* sowohl zwischen den Individuen variiert, als auch bei jedem einzelnen Individuum in Abhängigkeit von seinen Konflikten und den Erfahrungen mit den frühen Bezugspersonen. Insofern ist hier bereits das Konzept der RK vorbereitet. Er betrachtet die Quantität, die Qualität und die Dynamik dieser Geistesbildung bzw. psychischen Repräsentation höherer Ordnung.

Fonagy und seine Forschergruppe haben anhand der beiden Konzepte zur Bindungsklassifikation und *mentalisation* Kriterien erarbeitet, die auf die zentrale Variable Reflexive Kompetenz verweisen und damit eine Operationalisierung erreicht. Sie haben sich das Ziel gesetzt, die Erkenntnisse der Psychoanalyse und der Bindungsforschung zu vernetzen und die psychoanalytische Entwicklungstheorie mittels empirisch-psychologischer Methoden zu überprüfen, die jedoch auch konstruktvalide psychoanalytische Konzepte abbilden.

Sie haben das AAI in der Form des Erwachsenen-Bindungs-Interviews (EBI) als Erhebungsinstrument übernommen, kritisieren jedoch, dass die Variable »Feinfühligkeit« nur einen sehr geringen Teil der Varianz der infrage stehenden psychischen bzw. geistigen Prozesse erfasst. Daher die Notwendigkeit, theoriegeleitete Kriterien herauszuarbeiten, die diese nach ihrem Ansatz zentrale Fähigkeit der Reflexive Kompetenz (*reflexive function*) erfassen.

Die Hauptkriterien sind:[8]

- A: Das Wissen um die *Art* innerpsychischer Prozesse. Z.B. das Wissen um die Begrenztheit von Einsicht, um die Verborgenheit bzw. Nichtbeobachtbarkeit, um die Möglichkeit, dass innerpsychische Prozesse der Abwehr dienen können, etc.
- B: Das ausdrückliche Bemühen, die dem eigenen und dem fremden Verhalten zugrunde liegenden innerpsychischen Prozesse des *Fühlens und Denkens* herauszuarbeiten, zu benennen und Beispiele aus dem eigenen Erleben zu erzählen. Hierher gehören u.a. die Anerkennung unterschiedlicher Perspektiven, die Fähigkeit, innerpsychische Prozesse bei sich selbst und anderen genau zuordnen zu können, etc.
- C: Die Anerkennung des Entwicklungsaspekts von innerpsychischen Fähigkeiten des Denkens und Fühlens. Hier z.B. die Fähigkeit, eine intergenerationelle Perspektive einnehmen zu können, die Fähigkeit, bei Schlussfolgerungen in Bezug auf das Fühlen und Denken anderer die eigenen Gefühle zu berücksichtigen, die Reflexion darüber, dass man sein frühes Erleben im Lichte gegenwärtiger Erfahrung anders beurteilt, etc.
- D: Die Fähigkeit, innerpsychische Befindlichkeiten des Interviewers im Gespräch zu berücksichtigen. Dies schließt ein, dass die Interviewsituation als eine Situation mit einem Fremden gesehen wird, bei dem man kein Wissen über die eigene Befindlichkeit voraussetzen kann, der durch gegebenenfalls schmerzliche oder erschütternde Erzählungen emotional betroffen sein kann, und dem eigenständiges Denken zugesprochen wird.

Darüber hinaus haben Fonagy und Mitarbeiter eine eigene, manualisierte Auswertungsmethode entwickelt. Die Auswertung geschieht also nicht nach der Skala des AAI, sondern anhand der genannten Kriterien, auf der sog. Reflexive-Kompetenz-Skala (9-stufig). Zur Schulung und Selbstschulung steht ein ca. 50-seitiges Manual zur Verfügung.[9] In der Forschung sollte zur Sicherstellung der Inter-Rater-Reliabilität eine Schulung erfolgen, ersatzweise die Wertung des Ausprägungsgrades der RK durch unabhängige geschulte Rater.

Fonagy ordnet das Konzept der Reflexiven Kompetenz durch die Entwicklung der Kriterien und die Auswertung nach der RK-Skala in die psychoanalytische Repräsentanzentheorie ein.

Statt des Begriffs der psychischen Repräsentanzen schlägt Fonagy jedoch wie erläutert die Verwendung des Begriffs Mentalisierung vor: »Der Kürze halber will ich die spezifische Fähigkeit, bewusste oder unbewusste seelische Zustände bei einem selbst und bei anderen wahrzunehmen, als die Fähigkeit zur ›Mentalisierung‹ bezeichnen« (1998, S. 205).

Peter Fonagy übernimmt das Konzept der Mentalisierung ab 1994 und stellt die Reflexive Kompetenz als zentrale erklärende Variable in diesen Kontext. Fonagy und seine Forschergruppe greifen aus Martys Konzept der *mentalisation* allerdings lediglich die *Entwicklungsperspektive* heraus, unter Vernachlässigung der ökonomischen und der dynamischen Perspektive. Das Interesse gilt vordringlich der Entwicklungslinie und der Frage nach dem *Grad* der individuellen Ausprägung dieser Kompetenz im Rahmen der psychoanalytischen Repräsentanzentheorie und der Bindungstheorie. Die durchaus angelegte Möglichkeit, die psychoanalytische Abwehrtheorie mit in die Auswertung einzubeziehen, wird vernachlässigt. Dies hat noch zu diskutierende Folgen für die Reichweite des Ansatzes.

Intentionalität – Absichthaftigkeit

Reflexive Kompetenz ist also ein Konstrukt zur theoretischen Begründung und empirischen Erfassung/Beurteilung der geistigen/mentalen Fähigkeiten des Selbst. Es erlaubt Aussagen darüber, inwieweit ein Subjekt seine eigenen Handlungen als intentional, also absichthaft, versteht und diese Fähigkeit auch anderen zuschreibt. Dies setzt die Entwicklung des Selbst als einer Repräsentation höherer Ordnung voraus, welche über die Fähigkeit zum sprachsymbolischen Denken – triadische Perspektive – verfügt.

Damit gewinnt der Begriff der Absichthaftigkeit, Intentionalität, zentrale Bedeutung, und es ist von Interesse, das Verständnis dieses Begriffs bei Fonagy zu klären, wofür wir auf die Diskussion seines Referenzautors Daniel Dennett in Teil II dieses Beitragsverweisen.

RK und Gewaltkriminalität

RK und soziale Kompetenz

Fonagy und Target sehen die Fähigkeit, zwischenmenschliche Beziehungen unter der Perspektive geistiger – kognitiver *und* emotionaler – Prozesse zu verstehen, als grundlegend für die Entwicklung der Persönlichkeit und vor allem ihrer *sozialen Kompetenzen* an. Neben ihren Untersuchungen zur normalen Entwicklung hat diese Annahme vor allem Bedeutung für die Analyse und das Verstehen, gegebenenfalls die Intervention im Bereich von »abweichendem Verhalten«, also im Bereich von schweren psychischen Erkrankungen und dem des kriminellen und gewaltbereiten Handelns. Durch die erwähnte Operationalisierungsmöglichkeit des Konzepts Mentalisierung im Rahmen der RK dient ihr Ansatz sowohl der Grundlagenforschung als auch der Diagnostik und Intervention, ja der Prävention in diesem Bereich, der grundsätzlich als interdisziplinäres Forschungsfeld anzusehen ist und in dem die Psychoanalyse gegenwärtig wenig Relevanz hat. Der Ansatz eröffnet daher die Chance, spezifische Erkenntnisse der Psychoanalyse, die über die kognitiv-behaviorale, vorherrschende Orientierung in diesem Forschungs- und Anwendungsfeld hinausgehen, zu vermitteln.

Wichtig in ihrer Konzeptionalisierung ist daher vor allem ihre Auffassung des *Verhältnisses* von Emotion und Mentalisierung. Entwicklungspsychologisch betrachtet ist eine frühe, genügend gute Affektregulierung in der Beziehung zwischen Mutter und Kleinkind (Reinke 2001) Grundlage für die geistige Entwicklung. Die Regulierung von Affekten im Rahmen früher Beziehungen betrachten die Autoren daher zutreffend als ein »Vorspiel« für die Ausbildung der RK.

Sobald die RK sich jedoch einmal ausgebildet hat, mittels der Repräsentation von Beziehungen, über die reflektiert werden kann, haben wir eine Repräsentation zweiter Ordnung. Daher geht es, wie Fonagy postuliert, dann nicht mehr nur um Affektregulierung, sondern um *Selbst*regulierung. Hier wird die Orientierung an der psychoanalytischen Repräsentanzentheorie relevant, die Fonagy in die psychoanalytische Strukturtheorie einordnet.

Ihre Theorie müsste demnach vollständig »Theorie der Affektregulierung und Mentalisierung« heißen (s.a. Dietrich 2002). Sie formulieren damit einerseits eine Theorie über die repräsentationale Natur des Geistes, andererseits der Vorbedingungen im Rahmen der Affektregulierung und der Beziehung zwischen beiden als einer *Repräsentation höherer Ordnung,* die sie das Selbst nennen.

Die Wurzeln von Gewaltbereitschaft und Kriminalität sehen die Autoren in fehlender oder mangelnder RK und sprechen von einer *Hemmung* der Mentalisierung, folglich der RK (Fonagy 2003).

Diese Hemmung resultiert in der Unfähigkeit, sich psychische und psychosoziale Intentionen bei sich selbst und anderen vorstellen zu können, als Folge einer tief greifenden *Hemmung* und/oder *Entwicklungsstörung* der psychischen Prozesse, die dieser Fähigkeit zugrunde liegen.

Durch die Entwicklungshemmung der Reflexiven Kompetenz sind folgende psychische bzw. mentale Fähigkeiten nicht oder nur sehr gering entwickelt:

- ➢ die Fähigkeit das Verhalten und die Handlungsweisen bei sich selbst und anderen vorherzusehen (Zeitperspektive, Zukunftsperspektive) (s.a. Reinke 1977b),
- ➢ die Fähigkeit zur Unterscheidung von innerer und äußerer Realität,
- ➢ die Fähigkeit zur Gegenseitigkeit in der zwischenmenschlichen Verständigung,

➢ die Fähigkeit zur Selbstreflexion, d.h. zur Anwendung der Reflexiven Kompetenz auf das Selbst.[10]

RK und Aggression

Im Rahmen ihrer Studien zu gewaltbereitem Handeln und RK haben Fonagy et al. mehrere theoretische Überlegungen und empirische Studien zu Aggression, frühkindlicher psychischer und emotionaler Misshandlung und Gewalt durchgeführt und ausgewertet. Aggression sehen Fonagy et al. (1993) als eine Form der Abwehr, »Verteidigung gegen Drohungen gegen das psychische Selbst[11] [...]. Langfristig kann Aggression zu einem organisierenden Einfluss bei der Konstruktion des Selbst werden; pathologische Destruktivität nimmt dann den Platz emotionaler Verbundenheit und Sorge für den anderen ein« (1993, S. 247). Im Zusammenhang mit unserem Thema ist daher ein bestimmtes Schicksal des Aggressionsaffekts gemeint, wodurch aus einem beziehungsregulierenden normalen Affekt ein pathologischer Affekt wird, mittels dessen die Wiederholung beschädigender Beziehungserfahrungen abgewehrt wird (Krause 1997, 1998). Fonagy spricht von einer »pathologischen Manifestation der Aggression« (ebd.). Wie deutlich wird, vertreten sie damit keine Aggressions-Frustrations-These, sondern sehen Destruktion als Abwehrprozess im Rahmen der Erlebnis- und Beziehungsqualitäten des Subjekts und der Tatsache, dass Aggression nicht von sich aus als pathologisch oder als bloß reaktiv angesehen werden kann, sondern Teil eines gesunden psychischen Zustands ist. Wo jedoch »der Versuch des Kindes, sein psychisches Selbst zu schützen, fehlgeschlagen ist, kommt es zu einer pathologischen Verschmelzung der Selbststruktur und der Abwehr (Aggression), wobei die Aggression unauflöslich mit der Selbststruktur verknüpft wird« (ebd., S. 255). Der Preis dieser Abwehr (Reinke 1977), die wie jede Abwehr schlimmere Beschädigungen verhindert und damit für das Subjekt auch eine Leistung darstellt, ist allerdings für die Persönlichkeitsentwicklung hoch und untergräbt die soziale Handlungsfähigkeit des Subjekts.

Auf dem Hintergrund ihrer Theorie der Aggression postulieren Fonagy und Target: »dass Aggression zwar biologischen Ursprungs ist, aber als Reaktion auf wahrgenommene Bedrohung des psychischen Selbst auftritt« (2003, S. 320).

Die nachgeburtlichen Entwicklungsschicksale des Basisaffekts Aggression müssen daher besondere Beachtung finden:

> »Überwältigt von unerträglicher von innen und außen kommender Aggression sucht das Individuum verzweifelt Schutz in einer regressiven Verschmelzung mit dem Objekt, einem ›rettenden Elternteil‹, der jedoch in der Realität oder in der Phantasie auch der geistige Träger seiner sadistischen Wünsche und leider auch allzuoft der tatsächliche Verursacher seiner Qualen ist. Das Aufgeben der Möglichkeit der sekundären Repräsentation (seelischer Zustände) wird im Extremfall zu einer adaptiven Maßnahme, wenn es die lebensnotwendige Spaltung herbeiführt« (2002, S. 650f.).

Die Entstehung der RK-Hemmung auf der Ebene der Affektregulierung stellen sie konsequenterweise und in Übereinstimmung mit der Psychoanalyse wie der Bindungstheorie in den transgenerationellen Kontext. Demnach sind die erwachsenen Bezugspersonen mit fehlender oder mangelnder RK nicht zuverlässig in der Lage, sich eine innere Vorstellung von den existenziellen affektiven Zuständen des Säuglings zu machen.

Damit sind sie auch nicht in der Lage, zwischen den unterschiedlichen Affektlagen des Säuglings/Kleinkindes zu unterscheiden. Die *Affektabstimmung* misslingt. Statt sich eine ausreichend zutreffende Vorstellung von der kindlichen Affektlage zu machen, reagieren die Bezugspersonen auf der Grundlage ihres eigenen Affekts, beispielsweise aggressiv auf eine als bedrohlich erlebte Forderung des Kindes. Da die Affektspiegelung misslingt, kann sie nicht mehr als Basis für die Entwicklung der inneren repräsentationalen Welt dienen. Dies führt zur »Verwechslung« beim Erkennen von eigenen und fremden Affekten, insbesondere beim Erkennen von Affektausdruck (Krause 1997, 1998), wie beim Verkennen von Trauer als Wut.

Hypothesen über die Konsequenzen der Mentalisierungshemmung

Zusammenfassend lassen sich die Hypothesen von Fonagy in Bezug auf die Hemmung der Mentalisierung wie folgt formulieren:

1. Es entwickelt sich beim Kind nur ein fragiles Selbst; ein integriertes Selbst (reflexives Selbst) im Sinne einer höheren Repräsentation ist nicht vorhanden. Reflexion auf die Absichten anderer oder die Art der Beziehung zu ihnen wird als bedrohliche Zumutung erlebt und muss zurückgewiesen werden, oder hat sich nur auf einfachstem Niveau entwickelt. Zu ihrem Schutz machen sich diese Kinder und späteren Erwachsenen lieber keine Vorstellung von der inneren Befindlichkeit der nicht oder wenig fürsorglichen Objekte, wie unser Beispiel am Anfang dieses Beitrags illustriert.
2. Ihre eigenen Aggressionsäußerungen treten regressiv in den Dienst der Abweisung von Schädigungen, dienen also dem Selbstschutz angesichts der tatsächlichen und projizierten Aggression vonseiten des Objekts. Die eigene Aggression, auch wo sie das Gegenüber schädigt, wird als gerechtfertigt und begründet erlebt.
3. Selbstausdruck und Aggression werden pathologisch miteinander verknüpft.
4. Die Unfähigkeit, sich in den Seelenzustand des anderen (als fühlend und denkend) hineinzuversetzen, hebt die Aggressionshemmung auf (2003, S. 321).

Hier wäre anzumerken, dass die Schicksale, wie sie lt. Fonagy die später zu kriminellem und gewaltförmigem Handeln bereiten Subjekte erlitten haben, für diese nicht spezifisch sind und folglich mit dieser Aggressionstheorie nur unzureichend erklärt werden können. Mit anderen Worten: Aggression in Form von Gewalt gegen andere ist keinesfalls eine Zwangsfolge dieser Schicksale, wie wir aus unserer eigenen Forschung wissen. Vielmehr finden wir in der Praxis und der Forschung zahlreiche Mischungsverhältnisse zwischen täterbereitem und opferbereitem, also gewaltfreiem Handeln (Reinke 1977, 1997; Taubner 2008). Diese Annahme verkennt also, dass auch bei solcherart geschädigten Entwicklungsverläufen die Freiheitsgrade des Handelns nicht verschwinden. Vielmehr müsste man mit Habermas festhalten, dass *Handlungen* normalerweise das Ergebnis einer komplexen Verkettung von Intentionen und Überlegungen sind, die Ziele und alternative Mittel im Lichte von Gelegenheiten, Ressourcen und Hindernissen abwägen

Handlungen haben also Freiheitsgrade innerhalb des von Gelegenheiten, Ressourcen und Hindernissen gegebenen Handlungs- bzw. Freiheitsspielraums. Aus psychoanalytischer Sicht ist dem hinzuzufügen, dass diese Gelegenheiten, Ressourcen und Hindernisse im Rahmen einer »Hermeneutik des Leibes« (Lorenzer) zu analysieren wären, und das heißt z. B. auch, dass die je spezifischen Umstände, vor allem auch die soziale Codierung der Geschlechtsidentität, mit entscheidend dafür ist, ob ein solcherart geschädigtes Subjekt sich im Laufe seines Lebens als (Gewalt-)Täter oder als Opfer verwirklicht. Gerade hier finden wir in der Forschung noch immer eine deutlich geschlechtsspezifische Verteilung zwischen opferbereitem und gewaltbereitem Handeln. Neben dieser geschlechtsspezifischen Perspektive sind des Weiteren die kulturellen und normativen Bedingungen der Gesellschaft zu berücksichtigen, in der die Subjekte leben, sodass jede psychoanalytische Theorie der Entwicklung von kriminellem und gewaltbereitem Handeln interdisziplinär anzulegen ist, um ihre Erklärungskraft für das resultierende dissoziale Syndrom zu entfalten (Reinke 1997).

Ausgehend davon, dass keine ausreichende Affektregulierung und -differenzierung stattfindet, muss man streng genommen bei diesen Schicksalen des Aggressionsaffekts von Destruktion, Wut oder Hass reden, wie dies Fonagy et al. auch tun. Es ist jedoch auch der neuroentwicklungspsychologische Aspekt zu berücksichtigen, denn entsprechend den psychischen Entwicklungs- und Mentalisierungshemmungen ergeben sich suboptimale Bedingungen für die nachgeburtliche Hirnentwicklung. Eine Emotions-Kognitions-Kopplung (Gehde/Emrich 1998) kann nicht stattfinden. Die Affektreaktion wird in diesem Fall nicht mehr in den Rahmen metakognitiv moderierten zwischenmenschlichen Handelns gestellt, sondern dient der Abwehr einer vom Individuum als Vernichtungsdrohung erlebten Situation und führt zu Projektion und Externalisierung. Wie bereits erwähnt, nennt Krause (1997, 1998) die sich solcherart defizitär entwickelnden Affekte traumatische Affekte. Beim traumatischen Affekt wird dieser nicht mehr als *inneres* Erleben erkannt, sondern das innere Bedrohungserlebnis wird als *Angriff auf das Subjekt von außen* wahrgenommen. Handeln und Verhalten zielen darauf ab, den so erlebten Angriff abzuwehren, oft auch ihm zuvorzukommen (Präventivschlag). Kognitiv wird die eigene destruktive Tat ebenfalls durch die (existenzielle) Gefährdung der eigenen Person durch andere gerechtfertigt. Die Gut-Böse-Spaltung wird nicht aufgehoben bzw. regressiv wieder aufgenommen, wie Kernberg postuliert. Im Rahmen dieser primitiven gespaltenen Objekt- und Selbstrepräsentanzen werden sowohl auf der Objekt- wie auf der Subjektseite die »Täter«- wie die »Opfer«-Anteile repräsentiert. D. h., es kommt zu einer *doppelten Identifizierung* (Kernberg 2001, S. 55f.) mit zwei vollkommen entgegengesetzten Selbst- und Objektrepräsentanzen, einer idealisierenden und einer verfolgenden Repräsentanz, wobei er postuliert, dass sowohl in diesen (Teil-)Selbstwie Objektrepräsentanzen »Täter« und »Opfer« repräsentiert sind.

Durch die Fortdauer der traumatischen Situation/Bedingungen von Spitzenaffektzuständen (peak affect states) kommt es nicht zur entwicklungsgemäßen Verschmelzung der Teilrepräsentanzen. Da die Biografien von gewaltbereiten Subjekten auch im weiteren Verlauf kaum korrigierende emotionale Beziehungserfahrungen (Alexander 1949) aufweisen und die sozialen Lebensumstände meist defizitär bleiben, verfestigt sich diese Abwehrstrategie (Reinke 1977a). Phänomenologisch betrachtet führt dies im späteren Leben zum Verhalten als »Täter« (Ausagieren der destruktiven Wut), bzw. Verhalten als »Opfer« (Ausagieren des frühen Opfererlebens). Wie bereits erwähnt, finden wir in der Praxis zahlreiche Mischformen (Taubner 2007, 2008)

Weiterführend wäre hier also ein Rekurs auf die Aggressionstheorie Otto Kernbergs, die im Rahmen des Konzepts der »Doppelten Identifizierung« diesen Umständen Rechnung trägt. Wie ich dargelegt habe (Reinke 1997), und wie an anderer Stelle auch Fonagy und Levinson anerkennen, kann jedoch eine psychoanalytische Repräsentanzentheorie allein nicht ausreichen, um zwischen Subjekten mit schweren Persönlichkeitsstörungen und solchen mit gewaltbereitem Handeln zu unterscheiden, bzw. zwischen Subjekten mit schweren Persönlichkeitsstörungen und Kriminalität:

> »Yet personality disorder cannot be a unique cause of criminality since the vast majority of PD individuals do not engage in criminal behaviour. The question is, what differentiates PD which leads to criminality from PD that does not. [...] Lack of robust capacity to envision mental states in others might remove a critical barrier which would normally inhibit behaviour that implies the rights of others and makes such individuals more liable to cause harm« (Levinson/Fonagy 2004, S. 229).

Wir sind der Überzeugung, dass die Antwort auf die obige Frage nach der Differenzierung nicht durch psychoanalytische Erkenntnisse allein gefunden werden kann. Wir stehen hier einer Problemlage in einem Forschungs- und Anwendungsbereich gegenüber, bei der die Psychoanalyse in besonderer Weise Offenheit für die Erkenntnisse von und den Diskurs mit anderen Disziplinen zeigen muss. Für eine solche Haltung ist der Ansatz Fonagys ein erfreuliches Beispiel.

Wertungen auf der RK-Skala

In diesem Abschnitt wollen wir nun einige Ergebnisse aus einer Studie mit adoleszenten Gewaltstraftätern aus unserem Institut mitteilen (Taubner 2007, 2008a, b).

Auf der 9-stufigen Skala befinden sich bei den untersuchten Individuen mit Gewaltbereitschaft und Gewaltkriminalität die meisten Wertungen im unteren Drittel. Dies gilt jedoch nur eingeschränkt für jugendliche Delinquenten, wie die Dissertation von Svenja Taubner aus unserem Institut zeigt. Hier ist zu sagen, dass die Ergebnisse der Bremer Wissenschaftlerin auf den krimi-

nalpolitisch wesentlichen Umstand aufmerksam machen, dass wir bei jugendlichen Delinquenten ein Zeitfenster finden, in dem RK noch ausgeprägt genug ist, um auch von niederschwelligen Interventionen günstige Prognosen erwarten zu können. Dieser Vorteil gilt zumindest für einen erheblichen Teil der jugendlichen Dissozialen. Er verliert sich nach unseren Erfahrungen im Soziotherapieprojekt mit Delinquenten (Reinke 1997) mit fortschreitender Kriminalisierung und Marginalisierung der betroffenen Subjekte. Dort finden wir in Übereinstimmung mit den empirischen Untersuchungen von Fonagy und Levinson (2004) eine Prävalenz negativer und niedriger Skalenwerte. Im Vergleich zur Gruppe psychiatrischer Patienten fanden sie eine erheblich eingeschränkte Fähigkeit zur RK, die im Bereich der folgenden Wertungen liegt:
-1: aggressive Zurückweisung von RK
1: fehlende, aber nicht zurückgewiesene RK
3: fragliche oder niedrige RK.

Die Kriterien für durchschnittliche bis hohe RK (s. Anhang »Kriterien«) finden sich also lediglich bei der Wertung 3, »fragliche oder niedrige RK«, jedoch auch dort nur in Form einfacher Vorstellungen. Zur Einschätzung dieser niedrigen bis negativen RK werden im Manual folgende Anhaltspunkte für die Auswertung der Narrativen gegeben, für die wir weiter unten Beispiele aus der Forschung von Taubner bereitstellen werden:

- Zurückweisung von RK (aggressiv, ausweichend)
- unintegrierte, bizarre, unangemessene RK
- Verleugnung von RK
- Verzerrung oder egozentrische Verwendung von RK zur Selbstbestätigung, -erhaltung, -rechtfertigung
- naive oder einfache Formen von RK
- theoretisierende oder hyperaktive Formen von RK.

> »We suggest that prisoners represent a developmental path of psychopathology, characterised by a disavowal of attachment related experiences as well as the capacity to think about them, which has developed in partial response to severe childhood trauma. The subsequent impairment of RF removes a critical barrier that might normally inhibit offending, and leaves them more liable to act, especially in violent ways« (ebd.).

Der Fragebogen ist so aufgebaut, dass bei einigen Fragen direkt zur Reflexiven Kompetenz aufgefordert wird. Diese Fragen sind Pflichtfragen, das heißt, dass sie immer eine Wertung erhalten müssen. Inhaltlich beziehen sie sich insbesondere auf die Bereiche Trauer, Verlust und Zurückweisung/Schädigung. Solche Fragen, die über die Verarbeitung schmerzlicher und beschädigender lebensgeschichtlicher Erlebnisse Auskunft bringen sollen, werden als besonders trennscharf betrachtet.

Einige Beispiele zu den o. g. Einschätzungen anhand einer Pflichtfrage aus dem EBI-Fragebogen mögen dies nun illustrieren (Taubner 2007):[12] Als Lesehilfe möchten wir noch anmerken: Im ersten Beispiel »-1 negative RK« weicht der Proband zunächst der Aufforderung zur RK durch »Nichtverstehen« aus, er lenkt ab. Schließlich kommt es zur aggressiven Zurückweisung von RK in Bezug auf die Beziehung zum Freund. Das zweite Beispiel, »bizarr«, bezieht sich auf die Frage nach seinen Absichten bezüglich zukünftiger Straftaten. Die Unterstreichungen in den Transkripten betreffen die im engeren Sinne gewerteten Passagen.

-1 Negative RK

Feindselig

I: hm hmhm. dann sagen Sie mir doch mal drei Worte die die Beziehung zu [Freundname] beschreiben.
B: gute?
I: es müssen keine guten Worte sein, es können auch böse Worte sein.
B: äh, wie meinen Sie jetzt mit drei Stück?
I: drei Wie-Worte, wie die Beziehung ist. so

ähnlich wie Sie das mit Ihrer Mutter und Ihrem Vater gemacht haben, da haben Sie streng gesagt, normal, gut und so.

B: ja er ist, er ist nicht meine Vater meine Mutter, ich kann zu ihm sagen was er will.

I: richtig. da können Sie ein bisschen offener reden vielleicht.

B: ja ach ne, kann ich auch sagen was ich möchte.

I: das hätten Sie vorher auch sagen können, weil Ihre Eltern werden das nicht hören was Sie hier gesagt haben.

B. meine Eltern werden das nicht hören ne?

I: nein.

B: ich hab ich keinen Bock drauf. immer das gleiche. was soll ich denn sagen ey. – zu Freundname – keine Ahnung.

Bizarr

B: weil ich, ich werde niemals erwischt, ich kann das schon jetzt so sagen. ich werde nur; wo ich, wo ich klein war, wo ich zehn Jahre alt war, haben die mich erwischt, da war ich, da war ich dumm. aber wenn ich immer, immer höre »Polizei« dann haue ich immer ab, weil dann gucke ich nicht nach hinten, ich gucke niemals nach hinten, ich gucke immer nach vorne, immer nach vorne, ich gucke /, wie ein Computer ist mein Kopf. so, ich kenne mich gut aus in der [Stadtteil1, Stadtteil2, Stadtteil3] überall kenne ich mich gut aus, Hauptbahnhof, ich weiß überall gute Verstecke so, nicht so Gebüsch oder so was so, aber ich habe immer so gute Verstecke und so. und meine Kopf weiß das auch so, weil wenn ich laufe dann weiß ich auch wohin und und wo ich laufe, wo die Polizei nicht kommt und so

Unintegriert

I: hm hmhm. – und als nächstes is' dann ja Ihre Großmutter verstorben können Sie da mal erzählen wie die Umstände dieses Todes waren ?

B: ähm – da war ich ja schon 'n büschen älter, da ist mein:[15 Jahre], da, da is' sie sie war bei meiner Tante, glaub ich dass das meine Tante war, ja ich glaub meine Tante, und:, sie wollte da übernachten, war auch etwas 'ne kräftigere Person, und sie is' denn im Sessel, eingeschlafen, und dann is' sie halt so verstorben.

I: und war das denn unerwartet ?

B: – ähm – sie war kräftig ich, also kräftig gebaut. ich denke wohl mal dass, Fettleibigkeit Venen verstopft – keine Ahnung. S- sie, also so wie ich das glaub ich noch mitgekriegt haben soll oder so sie soll einfach so eingeschlafen sein oder so. also sie soll jetzt nich' am Tage, und denn so umgekippt sein. is' ja auch voll selten der Fall wenn eine Person einfach so umkippt.

I: ich meine ob das irgendwie, die Familie überrascht hat oder, ob man ge- schon damit gerechnet hat dass sie bald verst- also sterben würde ?

B: nee. das gl- nee das glau- nein. hmhm-. also, also da war sie ja noch ganz fit.

I: also war es doch überraschend ?

B: ja aber sie war nur 'n büschen, kräftiger gebaut

I: hm hmhm. und wie war das dann für Sie ? wie ha'm Sie da reagiert, als Sie das gehört haben ?

B: – - ich denke wohl mal ich war traurig aber ich weiß es nicht.

I: – - da können Sie sich nich' dran erinnern?

B: hmhm-. ich weiß nur dass sie verstorben is', und: – ja.

I: können Sie sich denn an die Beerdigung erinnern ?

B: – nein das, an der Beerdigung gute Frage. – - nein, kann ich nicht.

I: aber Sie waren ja wahrscheinlich da
B: ich denke wohl mal auch.
I: oder an die Trauerfeier ?
B: – - – - weiß ich nich' da frag ich mal meine Mutter mal zuhause. wenn ich zuhause bin. weil das will ich mal wissen ob ich jetzt, da bin oder,

0 Abwesende RK

I: – - ha'm Sie denn das Gefühl, dass so wie Sie heute als Erwachsener sind, dass das beeinflusst wurde durch das was Sie in Ihrer Kindheit erlebt haben ?
B: – so wie ich jetzt so bin ? – mh – - ich mein nur von den Eltern lernt man ja normalerweise
I: hm hmhm. – wie is' das bei Ihnen! gewesen ?
B: – - – - schwierige Frage. – - – - ich denke! wohl mal – - schon. weil sonst war da ja, keine andere Person, die mir das vielleicht beibringen könnte!. – denk ich, ich würd mal sagen die Eltern. – - würd ich sagen.
I: und wie hat Sie das beeinflusst ? so wie Sie heute sind
B: – - wie meinen Sie das beeinflusst ? wie:
I: Sie ha'm ja gesagt die El- Sie hätten was gelernt von den Eltern, und
B: ja aber, nein nein aber+
I: hatte das 'n Einfluss auf, wie Sie heute sind ?
B: – - also zuerst mal da war ja keine andere Person mehr die mir das ja auch! ja beibringen könnte also, muss! es ja meine Eltern gewesen! sein oder so, aber beeinflusst, mh, ich würd mal sagen joa.
I: und wie ?
B: – - wie – - – - weiß nich'

Hier wurde eine Wertung zwischen -1 und 1 gegeben, weil der Proband einerseits sehr konkretistisch argumentiert (1) andererseits versteht der Interviewte die Frage kaum, was auch ein Hinweis für die Ablehnung von RK und die Existenz mentaler Befindlichkeiten sein könnte (-1).

1 Abwesende RK

Verleugnende Erklärungen

I: gibt's irgendwas an Ihrer Kindheit wo Sie sagen würden, das sind is' 'n Rückschlag gewesen ? – also es hätte hat Sie in Ihrer Entwicklung behindert oder, hat die verlangsamt oder sogar zurückgeworfen ?
B: – - hmhm-. – - eigentlich – - - - - - - ich weiß nich' so, also ich mein wo ich, klein war ne? wo ich Kind k-, nee eigentlich ging alles gut ne?

2 Fragliche RK

Zwischen selbsterhöhender und pseudoanalytischer Erklärung
I: würden Sie sagen, ähm dass es: bestimmte Erlebnisse gibt in Ihrer Kindheit die Sie, zurückgeworfen haben in Ihrer Entwicklung ? so die man als Rückschlage, einschätzen könnte ?
B: nee!. alle ha'm mich weiter vorgeworfen wie's nur sein konnten. als ich mit 14 gekifft habe das *(lacht)* hat mich zurückgeschlagen, sonst wär ich jetzt Arzt. *(lacht)*
I: das sind Rückschlage gewesen ?
B: ja
I: aber ich mein früher, also zwischen 5 und 12, da ha'm Sie ja noch nich' gekifft
B: nee alles ja nur Vorwürfe wie ich ja gesagt hab also+
I: was ?
B: alles nur vor- nach vorne! das hat mich nach vorne geworfen
I: also etwas was Sie beflügelt hat.

B: – nein ich ich rieche da gibt's 'n Wort doch doch Wort! für diesen: na nach vorne geworfen. Das hat meine Entwicklung gefördert.
I: Entwicklungsförderung hm hmhm
B: genau, es hat eher meine Entwicklung gefördert denn eben halt es is', gut wenn man Scheiße gebaut hat, ein Mittel findet um das Kind zu bestrafen und wenn es in dem! Sinne bei mir die Schläge sein müssen wo ich! sagen, muss dass es eigentlich letztendlich nich' gereicht hat denn ich hab immer wieder mal doch! wieder Scheiße gebaut aber *(Klopfen)* eigentlich hat es ganz! schön gut geholfen

RK-Wertung 3: fragliche oder niedrige RK

Zu einer anderen Frage, die RK anspricht und illustrieren kann, noch das folgende Beispiel.

»Was denken Sie, warum haben sich Ihre Eltern so verhalten?«

»Was hab' ich mir da schon den Kopf zerbrochen! Man geht doch so nicht mit einem kleinen Kind um. Ich denk halt, die war sowieso immer nur sauer, der Alte, die Scheißarbeit, und so. Und wir haben's dann halt abgekriegt.«

Dies ist ein Beispiel für Narrative, die reflexiv erscheinen könnten, jedoch über einfache Vorstellungen und Allgemeinplätze nicht hinauskommen. Bei der Nachfrage nach Beispielen aus dem eigenen Erleben erschöpfen sich diese in Verhaltensbeschreibungen, ohne dass ein Bezug auf inneres Erleben genommen wird.

In der Untersuchung von Taubner wurde auch deutlich, dass die o.g. Aussage zu den Besonderheiten bei jugendlichen entgegen erwachsenen Gewalttätern bestätigt werden können. So fanden sich durchaus auch RK-Wertungen über dem Durchschnitt von 5 = normale RK, für die hier abschließend noch Beispiele gegeben werden sollen. Dies kann durchaus als Beleg für die sozialpolitische Notwendigkeit angesehen werden, geeignete Formen der Intervention für diese Gruppe von jugendlichen Gewalttätern zu entwickeln, bevor sich ihre kriminellen Karrieren verfestigen und dieses »Zeitfenster« sich schließt und relativ niederschwellige Interventionen erfolglos bleiben. Die Möglichkeiten zur Veränderung der RK sind zwar im Prinzip lebenslang gegeben, erfordern jedoch dann in personeller wie finanzieller Hinsicht sehr aufwendige Programme, wie wir sie z.B. im Projekt »Soziotherapie mit Delinquenten« implementiert haben (Reinke 1997).

6 Deutliche RK

I: gibt's denn besondere Aspek- Aspekte in deinen Kindheitserlebnissen wo du sagen würdest das is' 'n Rückschlag gewesen ? was hat dich zurückgeworfen in der Entwicklung ?
B: also ich hab äh, viele Freu- Freunde eigentlich gesehen die, abgestürzt sind, das war 'n Rückschlag auf jeden Fall und äh, ja also so mit Bruder das waren, echt, solche Zeiten wo, wo Polizisten bei uns nonstop dann da waren und das und das wollte ich gar nich' sehen und so eigentlich als Jugendlicher und – war auch nich' so, prickelnd so, dass so'n Polizist dann einfach kommt und sagt als kleiner Junge zeig mal deine Taschen zeig mal dies! zeig mal das! und das war ja nich' nur einmal sondern, dauernd so.
I: wie alt warst du da ?
B: war ich sieben, acht
I: hm hmhm
B: und diese, aufwärts und, und war zum Beispiel äh, 'n eine Sache wo ich mich richtig dran erinnern kann und das vergess ich auch nich' das erzähl ich bis heute noch Freunden so, ahm wollt ich

mein' Cousin mein Bruder und so die waren da alle, wollt ich die begrüßen gehen als kleiner Junge ich mit mei'm Ball, in der Hand so, und auf einmal tauchten aus den Gebüschen nich' solche normalen Polizisten sondern solche Einsatzkommandos und alles mögliche und dann hieß es so hinlegen! auf'n Boden. Und ich guck mir das nur noch so an und dann, kam so'n, Riesenpolizist mit so'n, s- ja so diesen Masken und so hinlegen!. und diese kleine Hand so, äh ich auch ? ja du auch und dann leg ich mich hin und, knuddel noch meinen Ball so fest so, richtig vor; ja okay das war so Angst, so dass ich den Ball richtig festgehalten *(lacht)* das is' zum Beispiel so was, nee, muss nich' sein. muss echt nich' sein aber, aber so'n richtiger Rückschlag war das für mich nich'.

I: ich wollt fragen wie hat sich das denn auf dich ausgewirkt ?

B: ach das war für mich gar nich' das dann, ich hab das sofort dann vergessen. Ich hab äh, ja, so richtigen Rückschlag das war mit den, mit den Brüdern eigentlich und mit den Freunden das war echt, Re- Riesenrückschlag und wo ich auch diese Kopplung von meinen Freunden hatte wo ich gesagt habe ey wisst ihr was zieht euer! Leben durch ich zieh mein! Leben durch und, und der! Rückschlag war eigentlich nachher ein, Erfolgsschlag dass ich dann, 'n bisschen die Treppe hochgegangen bin anstatt weiter runterzufallen wie die. – und das war eigentlich mein, ja, Rückschlag hatt ich nich' so Rü- mh:, ja, w- wo, ein Freund von mir an 'ner Überdosis gestorben ist das war, das war dann richtiger Rückschlag da war ich, 16 17 und, und dann sieht man wie wie, wie diese Entwicklung stattgefunden hat so! so so und dann, is' er nachher gestorben. – war auch von mei'm Bruder die sch- äh vielen Freunde und so die waren ja nachher auch weil ich ja als kleiner Junge immer dabei war und so die hab ja nachher dann auch alle kennengelernt und sehr! viele davon sind gestorben und, Knast und, raus rein bis heute noch abhängig und, das is' dann das Traurigste an der ganzen Sache is', man kennt einen, is' äh ja nich' als f- kann ich nich' als Freund bezeichnen aber als Kumpel,

I: hm hmhm

B: und sieht ihn der is', perfekt optimal und diese Entwicklung die er durchführt dass man, sich irgendwie ekelt ihm die Hand zu geben. Und, w- das is' allein das schmerzt ein' dass dass man so was sehen muss dass einer, sich so entwickelt hat dass man s- ihn gar nich' mal die Hand geben will weil man sich ekelt davor und so. und das war echt, das sind so Sachen die man eigentlich, die man nich' so, haben muss so in einer, Erziehung oder in einer normalen Entwicklung von ei'm Menschen. –

7 Hohe RK

I: hm hmhm.- haben Sie denn das Gefühl, dass diese, also es sind ja sehr, traurige Erlebnisse, die Sie da so schildern, also vor allem die Sie mit Ihrem Vater hatten, dass die Sie, äh, behindert haben in Ihrer Entwicklung? oder irgendwie zurückgeworfen haben?

B: – es hat mich immer traurig gemacht. – also zum Beispiel wenn ich nach draußen gegangen bin, hab ich, öfters gesehen, dass Geschwister oder so was – die Väter mit ihren Kinder draußen spielen und mein Vater irgendwie zu Hause sitzt und sein Bier genießt, dass ich nie diese Zuneigung von ihm hatte, dass er einfach was mit mir unternimmt oder irgendwie einfach so ein freundliches Gespräch mit mir hatte. – und was ich von ihm nicht gekriegt hab, hab ich dann von meiner Schwester und meiner Mutter geholt, diese Zuneigung oder diese Liebe oder auch diese Gespräche. –

I: -- also, das hab ich, ich könnte jetzt nicht sagen, ob Sie glauben, dass Sie in Ihrer Entwicklung geschädigt wurden. – durch Ihren Vater.
B: geschädigt nicht, ich hab dadurch vieles erfahren und vieles gelernt – aber geschädigt auch auf eine Art und Weise. so seelisch und das jetzt mit Drogen so gekommen ist, dafür mach' ich ihn auch zum Teil verantwortlich. das habe ich ihm auch so gesagt ins Gesicht.
I: hm hmhm. – haben Sie denn verstanden, warum Ihre Mutter bei Ihrem Vater geblieben ist?
B: habe ich nie verstanden und verstehe ich immer noch nicht. haben oft mit ihr geredet, dass man da jetzt was machen muss, dass kann nicht so weiter, sie hat auch oft gesagt sie macht jetzt was, sie wird jetzt was machen aber drei Tage später ist wieder alles in Ordnung, wird das zur Seite geschoben, bis das dann das nächste Mal kracht.
I: wie erklären Sie sich das denn?
B: -- Mitleid, von meiner Mutter aus.
I: für Ihren Vater?
B: ja.
I: Mitleid weshalb?
B: das sie genau weiß, wenn er jetzt wieder alleine ist, dann wird er sich halt wieder kaputt saufen oder – weiß nicht, er kommt dann nicht zurecht. denk' ich, dass meine Mutter das so denkt aber ich weiß es nicht, ob dass so ist.

Einschätzung der Praktikabilität

Das Konzept der RK und seine Einschätzung mittels EBI und RK-Skala hat sich in Praxis und Forschung als sehr hilfreich erwiesen. Im Bereich jugendliche Gewalttäter zeigen die Ergebnisse von Taubner (2007, 2008) darüber hinaus, dass durch die differenzialdiagnostische Qualität des Konzepts unterschiedliche Gruppen gefunden wurden, die durchaus nicht alle von den gleichen Interventionen profitieren. Die Arbeit bestätigt damit auch die alte Erkenntnis von K. Klüwer, ebenfalls bei jugendlichen Dissozialen (1974), dass die Anwendung von therapeutischen oder anderen Interventionen ohne eine psychoanalytisch begründete Diagnostik wenig sinnvoll ist und in einigen Fällen sogar zu unerwünschten Ergebnissen führt. Klüwer unterscheidet einen Typ I »Sozialisation in der Subgruppe mit guter Bindung und gelungener Anpassung an die Normen der Subgruppe«, der jedoch mit den übergeordneten Rechtsnormen der Gesellschaft in Konflikt kommt; einen Typ II, die »Haltlosen«, mit »Störung der Persönlichkeitsentwicklung, Bindungsstörung, gestörter kognitiver Entwicklung (Zeitbewusstsein, reflexives Bewusstsein), mit ambivalenter bzw. gescheiterter sozialer Anpassung und meist situationsbezogenen Delikten; einen Typ III, die neurotischen Dissozialen mit einem archaischen, überstrengen und nicht integrierten Überich, die zu alloplastischem Agieren – damit zu Delinquenz neigen, um diesem quälenden Konfliktdruck auszuweichen, und schließlich einen Typ IV, die dissoziale Persönlichkeitsstörung aufgrund früher Traumatisierung. Es wäre interessant, an diese Erkenntnisse im Lichte neuerer Ansätze wie der RK anzuknüpfen und sich damit auch für eine differenziertere Betrachtung jugendlicher Gewalttäter einzusetzen.

Das Konzept erweist sich also als gut vermittelbar im interprofessionellen Bereich, und die Wertung der Narrative aus dem Interview ist bei genügend guter Kenntnis der Kriterien durchaus vertretbar, wobei zur Kontrolle insbesondere in der Forschung auf externe zertifizierte Auswerter zurückgegriffen werden muss. In verschiedenen Anwendungsbereichen wie der Praxis von Therapeuten und in Sozialberufen genügt es jedoch nach meiner Erfahrung, die auch Studierende der Psychologie einschließt, zur Nutzung dieses Instruments einen guten Begriff von RK zu haben und die Kriterien zu verstehen, die der Auswertung zugrunde liegen.

Dieses Instrument wird auch bereits von Psychoanalytikern in der Praxis angewandt, die hierdurch eine zweite, durch die Bindungsforschung erweiterte Perspektive neben der psychodynamischen Perspektive für das Verstehen ihres Patienten gewinnen können. (s.a. Brisch 1999)

Eine gute Anwendung findet das Konzept auch in weiteren klinischen und sozialpflegerischen Bereichen, da sich auch Angehörige nichtklinischer Berufe, die sich ansonsten mit psychoanalytischem Denken und Methoden eher schwer tun, hier einarbeiten können.

Im Bereich der Prävention liegen ebenfalls erfreuliche Ergebnisse vor. So ist es im Rahmen der RK-Wertung bei werdenden Müttern möglich, mit niederschwelligen Programmen diese bei einer Verbesserung ihrer RK zu unterstützen (Brisch 1999). Der Teufelskreis einer transgenerationellen Weitergabe der Mentalisierungshemmung kann so durchbrochen werden.

Im Bereich der Arbeit mit Gewalttätern wird man, entsprechend unseren ätiologischen Konzepten, nach eingehender Diagnose, abgestufte Interventionsmöglichkeiten nutzen müssen. Eine Verbesserung der Reflexiven Kompetenz bei schweren Fällen wird man allerdings nur im Rahmen einer psychoanalytisch begründeten intensiven Soziotherapie (Reinke 1997) erwarten können. In diesem Rahmen muss die Voraussetzung geschaffen werden, dass die beschriebenen pathologischen Strukturbildungen sich im Schutz dyadischer Beziehungen verflüssigen können, um neue Entwicklungen zu ermöglichen. Diese alte Überlegung sehen wir auch noch einmal bestätigt durch die Ausführungen von Fonagy et al. (1993) zur pathologischen Verschmelzung von Aggression (im Sinne von Destruktion) und Selbststruktur. Wie wir im Rahmen unseres DFG-Projekts in Frankfurt am Main zeigen konnten, ist hierfür ein schützendes Milieu erforderlich, das regressive Prozesse im Rahmen von *korrigierenden emotionalen Beziehungserfahrungen* (Alexander/French 1949) ermöglicht. Diese »Basistherapie« genannte Phase dauert in der Regel anderthalb Jahre. Ihr schließt sich in der Regel eine ebenso lange Ablösungsphase an, innerhalb derer die soziale Einbindung durch Entwicklung der sozialen Kompetenzen ermöglicht werden kann. Wenn man sich die Langwierigkeit und die erheblichen finanziellen und personellen Kosten eines solchen Ansatzes vergegenwärtigt, so spricht schon die Notwendigkeit eines pfleglichen Umgangs mit gesellschaftlichen Ressourcen für präventive Modelle, insbesondere im Rahmen des günstigen Zeitfensters bei jugendlichen Delinquenten. Hier sehen wir auch die besondere Stärke des Fonagy'schen Ansatzes.

Aus psychoanalytischer Sicht sind jedoch auch ein paar Kritikpunkte festzuhalten, auf die wir im Folgenden eingehen werden. Es ist festzuhalten, dass das Konzept der Reflexiven Kompetenz und seine Operationalisierung methodische und theoretische Grenzen hat. Es zentriert insbesondere durch die formale Auswertung des Interviews um die von Fonagy sogenannten metakognitiven Kompetenzen und erlaubt keine Aussagen im Bereich des dynamisch Unbewussten. Insofern ist es aber auch ein genuines Brückenkonzept zwischen Psychoanalyse und empirischer Psychologie.

Teil II: Die begrifflichen Grundlagen der Mentalisierungs-Theorie und des Konzepts der Reflexiven Kompetenz

Ziel dieses Teils ist es, einige Begriffe zu klären, die uns ein tieferes Verständnis der Reichweite und Grenzen von Fonagys Mentalisierungstheorie näherbringen. Das wird uns ermöglichen, einige Verbesserungsvorschläge zu machen, die für die Forschung, insbesondere jedoch für den klinischen und sozialwissenschaftlichen Anwender, entscheidend sind. Wir wenden uns damit nicht nur an den begriffsanalytisch orientierten Wissenschaftler, sondern ausdrücklich an den Praktiker, der genau wissen will, was er mit der Anwendung einer bestimmten Methode erreichen bzw. erkennen kann, und was nicht. Wir werden dafür einige Wiederholungen in Kauf nehmen, die den wissenschaftstheoretisch versierten Leser stören könnten.

Die grundlegende Frage lautet: Wie können wir Fremdpsychisches verstehen? Der Begriff der Absichthaftigkeit – Intentionalität – bei Dennett, Fonagy und insbesondere Brentano, der neuerdings wieder verstärkt diskutiert wird (z.B. Perler 2002), wird dabei im Mittelpunkt stehen. Des Weiteren werden wir den Begriff der Empirie diskutieren und einiges zu »Objektivität« bzw. »Subjektivismus« sagen.

Fonagy bezieht sich mit seinem Begriff der Intentionalität als einer zentralen Variable der Reflexiven Kompetenz auf einige ältere Schriften des US-amerikanischen analytischen Philosophen und Kognitionsforschers Daniel Dennett (1978, 1996), der in Oxford studiert hat. Dennett zählt sich zu den empirischen Philosophen. Aus diesem Grund vermeidet er weitgehend die übliche philosophische Terminologie, die er für obsolet und irreführend hält. Die Lektüre seiner Werke hat daher etwas verführerisch Einfaches, oder auch einfach Verführerisches, wenn man es unterlässt, sich über die begrifflichen Voraussetzungen Gedanken zu seinen Referenzautoren zu machen. Dies wollen wir zunächst für den Begriff der Empirie bei Dennett und bei Brentano tun.

Unter »Empirie« versteht Dennett ein systematisches methodisches Vorgehen der Beobachtung und Deduktion, das frei zu sein hat von sog. subjektivistischen Spekulationen. Diese sind nach Dennetts Ansatz nicht nur schädlich, sondern nach seiner Auffassung gänzlich unnötig, da wir nur die Aufgabe haben herauszufinden, wie die »Natur« arbeitet, um zutreffende Planungen für unsere Ziele zu machen. Die Zweckmäßigkeit dieser »Arbeitsmethode« hat sich nach Auffassung von Dennett durch die Gesetzmäßigkeiten der Evolution bewiesen, d.h., das »Erfolgreiche« hat sich durchgesetzt, die Anwendung des Werkzeugs ist deshalb *rational*. In diesem Sinne und konsequenterweise unterscheidet Dennett prinzipiell auch nicht zwischen organischen und anorganischen Anwendern. Er diskutiert deshalb in *Kinds of Minds* (1996) die Frage, ob man einem Computer »Geist« absprechen dürfe. Da der Computer rationale Werkzeuge benutzt, um Ziele zu erreichen, besitzt er nach Dennetts Auffassung Intentionalität. Dennett spart allerdings in seiner Argumentation die Frage der menschlichen Sprache noch aus, für diese Auseinandersetzung vertröstet er uns auf später.

Auf den gleichen Argumenten baut Dennetts Empiriebegriff auf. Es ist der herrschende Empiriebegriff des Science-Paradigmas, wie er sich im Laufe des 19. Jahrhundert konsolidiert hat, und den Wolfgang Bonß *Tatsachenblick* (1982) nennt. Demnach sind die Tatsachen, wie sie eben sind (the data speak), und bedürfen zu ihrer Erklärung keiner kommunikativen Verständigung zwischen den erkenntnissuchenden Subjekten. Bonß macht demgegenüber einen anderen Empiriebegriff stark, den der kommunikativ-hermeneutischen Empirie, die nicht ohne die menschliche Sprache zwischen den sich verständigen wollenden Subjekten auskommt. Wir treffen hier auf einen Empiriebegriff, wie er sich auch bei Brentano findet. In seiner Schrift *Psychologie vom empirischen Standpunkt aus* (1874) hat Brentano die Psychologie in einem bestimmten Sinne »empirisch« definiert, der noch ganz dem älteren Verständnis einer kommunikativ-hermeneutischen Empirie entspricht. Freilich hat er auch Grundlagen für den szientistischen Empiriebegriff gelegt, wie ihn Dennett verwendet. In *Deskriptive Psychologie (1982)* formuliert Brentano:

> »Die Psychologie ist eine Wissenschaft vom Seelenleben des Menschen, d.i. von jenem Teil des Lebens, welcher in innerer Wahrnehmung erfasst wurde. Sie sucht die Elemente des menschlichen Bewusstseins und ihre Verbindungsweisen (nach Möglichkeit) erschöpfend zu bestimmen und die Bedingungen anzugeben, mit welchen die einzelnen Erscheinungen ursächlich verknüpft sind« (S. 1).

Die erste Art von Empirie nennt Brentano »reine Psychologie« (ebd.), während er die zweite in die Nähe der Physiologie rückt und als »exakte Wissenschaft« bezeichnet. Bei Brentano finden wir also noch beide Empiriebegriffe gleichberechtigt nebeneinander, während wir bei Dennett lediglich noch auf den szientistischen Empiriebegriff stoßen. Insofern beides »Empirie« heißt, wird in Dennetts Empiriebegriff etwas unkenntlich gemacht, nämlich die Verarmung bzw. Vereinseitigung des Empiriebegriffs, was Bonß (1982) unter »Einübung des Tatsachenblicks« fasst. Beim heutigen, kurzgreifenden Verständnis von »Empirie« (das könnte auch für Dennetts Begriff von »rational« gezeigt werden) müssen wir also einen

Vorgang der »gesellschaftlichen Produktion von Unbewusstheit« (Erdheim, 1982) vermuten, den wir einerseits begriffsgeschichtlich analysieren können, um dem auf die Spur zu kommen, was im gesellschaftlichen Sinne unbewusst gemacht wurde. Über das »Warum« könnte uns nur eine tiefenhermeneutische Kulturanalyse (Lorenzer 1986) Auskunft geben, die den Rahmen dieses Textes allerdings sprengen würde. Hier würde deutlich, dass zwischen »Subjektivismus« und dem methodischen Einsatz von Subjektivität in der Wissenschaft ein Unterschied besteht (Reinke/Horn 1979; Reinke 1981).

Betrachten wir weiter den Begriff »Intentionalität« bei Dennett. In seinem Sinne entspricht Intentionalität keinem »Medium«, das irgendeine Eigenschaft des Subjekts darstellt, sondern der Anwendung eines Werkzeugs, das sich im Laufe der Evolution herausgebildet hat und dessen Anwendung für uns nützlich, damit ebenfalls *rational* ist. Es ist zweckmäßig, dieses Werkzeug anzuwenden, was Dennett ganz naturalistisch versteht, denn nach seiner Überzeugung entspricht ihm eben lediglich eine evolutionsbiologische, und keine psychische Repräsentanz. Dies macht er ganz klar in seiner kleinen Schrift *The Message is: There is no Medium* (1993). Sein Rekurs auf Brentano ist daher mit Vorsicht zu betrachten, was wir im Folgenden in kritischer Absicht tun werden.

Dennett vertritt eine Theorie des Geistes und damit auch eine Mentalisierungstheorie, die er in kritischer Abgrenzung zum vormals herrschenden Behaviorismus entfaltet. Diese Überlegungen gehen auf sein Studium in Oxford bei dem englischen Philosophen Gilbert Ryle zurück. In einer neueren Schrift knüpft Dennett an diese Tradition wieder an, was wir, um Dennett gerecht zu werden, hier kurz erläutern wollen, um nicht den Eindruck zu erwecken, dass wir Dennett lediglich als einseitigen, dem Science-Paradigma verfallenen Denker ansehen (Dennett 2000).

Ryle (1949), der zur Überwindung der herrschenden wissenschaftlichen Doktrin ansetzte – und die damals herrschende Doktrin war der Behaviorismus – beschloss, meta-philosophisch einen Gordischen Knoten »mit der Axt durchzuhacken«. Dieser Knoten kann salopp als »Geistes- *versus* Naturwissenschaften« bezeichnet werden. Ryle suchte, wie vormals Brentano und Freud, nach einer erkenntnistheoretischen Position jenseits dieser Dichotomie. Ryle landete nach kurzer Erwägung, sich dafür das Problem des freien Willens vorzunehmen, beim Konzept des Geistes, »*The Concept of Mind*« (1949) (Ryle 1970, zit. n. Dennett 2000). Weiter berichtet Dennett, dass Ryle von den Denkern des 20. Jahrhunderts lediglich Sigmund Freud kursorisch erwähne, zu dem er nichts Kontroverses zu sagen habe. Dieses Nichtbeschäftigen mit den großen Denkern und großen Doktrinen hat bei Ryle Methode. Er führt keinen Frontenkrieg für oder gegen die eine oder andere Doktrin, sondern eine Art von Guerilla-Krieg gegen geschlossene Theorien überhaupt. Das führt uns mitten in die laufende mind-brain-Debatte, von der Ryle bereits 1949 erkannte, dass es eine Sackgassendebatte ist (s. a. Perler 2006; Reinke 2006). Ryle deklarierte dass, was auch immer wir über die Mechanismen des Gehirns erkennen – und wie unverzichtbar es auch immer sei, dass wir ein Gehirn haben müssen, um einen Geist zu haben –, dies alles wenig zur Erkenntnis des Geistes beiträgt. Ryle entgeht damit, nach Dennett, zwei Fallen, die unser Denken über das Denken bedrohen: die behavioristische oder neurowissenschaftliche Falle des Naturalismus, und die metaphysische oder interaktionistische Falle des Idealismus, die auch manche Psychoanalytiker schon eingefangen hat (Reinke 2006). Dennoch können wir Dennetts Intentionalitätskonzept nur in die naturalistische Perspektive einordnen, und zwar in zweierlei Hinsicht:

1. Durch seinen oben geklärten Empiriebegriff huldigt er einem *methodologischen* Naturalismus (Perler 2003, S. 17ff.), in dem die Kontinuität zwischen Geistes- und Naturwissenschaften auf dem Wege des methodischen Ansatzes geschaffen wird, der ein objektiver im Sinne des Science-Paradigmas zu sein hat – also frei von »subjektivistischen« Verzerrungen.
2. Er huldigt einem *metaphysischen* Naturalismus (ebd.), insofern er, wie oben gezeigt, Rationalität in einem Telos der Natur bzw. Evolution begründet, wobei er sich konse-

quenterweise an anderer Stelle auch als »Teleofunktionalist« (*Consciousness explained,* 1991) bezeichnet.

Wir wollen nun untersuchen, wie dieser Ansatz sich in Bezug auf Fonagys Theorie der Mentalisierung verhält, bzw. welche spezifischen Widersprüche und Einschränkungen sich daraus ergeben.

Einen ersten Widerspruch sehen wir in Dennetts Diktum »The Message is: there is no Medium« und Fonagys Postulat eines reflexiven Selbst. Dieser Widerspruch ergibt sich aus Fonagys kritiklosem Rekurs auf Dennetts Intentionalitätskonzept, das sich vom Brentano'schen auf interessante Weise unterscheidet. Wir werden dazu zwei Punkte diskutieren:

1. die entscheidende Begriffsveränderung, die Dennett am Brentano'schen Intentionalitätskonzept vornimmt, und
2. sein Postulat, dass Intentionalität nicht mehr als ein nützliches Werkzeug sei, das wir aus rationalen Gründen einsetzen, um uns ein Urteil über die Wünsche und Vorstellungen des anderen zu verschaffen (Vorhersagekraft), an dem wir dann unser Handeln ausrichten.

Insofern Ryle, wie oben gesagt, die großen Denker des 20. Jahrhunderts uns nicht namentlich vorführt und auch jedem philosophischen Jargon abhold sei, konnte Dennett bei ihm das Konzept der Intentionalität zwar finden, den Begriff jedoch nicht. Er konnte ebenfalls finden, dass Ryle – unbenamt, selbstverständlich – sich mit Husserls und Brentanos Überlegungen zur Intentionalität auskennt. So landen wir, ausgehend von Fonagys Intentionalitätsbegriff, über Dennett und Ryle wieder bei Brentano. Wir sind auch der Auffassung, dass Fonagy Dennetts Intentionalitätsbegriff »unter der Hand« ergänzt, indem er sensu Psychoanalyse ein reflexives Selbst annimmt. Man könnte daher sagen, dass Fonagy im Gegensatz zu Dennett »nur« einem methodologischen, nicht aber einem metaphysischen Naturalismus huldigt, ohne dass dies allerdings bei ihm explizit gemacht würde.

Dennett jedenfalls stellt dankenswerter Weise klar heraus, dass er sich in seinen Überlegungen zur Intentionalität auf die grundlegenden Überlegungen Brentanos beruft (Dennett 1996). Allerdings nicht in der Art einiger auswendig gelernter Regeln, in der Art des Behauptens und Widerlegens, sondern so, wie er es von Ryle gelernt hat: »by immersing oneself in the practice and letting the method do its work« (Dennett 2000). Wovon geht Dennett nun in Bezug auf Brentano aus und wie darüber hinaus – oder was lässt er vielleicht aus?

Franz Brentano hatte in seiner *Psychologie vom empirischen Standpunkt aus* (1874) Grundlagen für zahlreiche moderne Intentionalitätstheorien vorgeschlagen (Perler 2002) und entwickelte in Bezug auf Intentionalität grob gesagt zwei Thesen:

- die psychologische These:
  geistige Phänomene sind im Gegensatz zu physischen wesentlich *relational*, d.h. auf Objekte gerichtet; es ist das, was bei Dennett »aboutness« heißt.
- die ontologische These:
  diese Objekte sind nicht-materielle »Gegenstände«, also geistige Objekte, die in den geistigen Phänomenen existieren.

In Bezug auf die erste Bestimmung geht Dennett konform, die zweite weist er zurück. Für ihn existiert Intentionalität außerhalb seines Einsatzes als nützliches Werkzeug nicht. Dass der Mensch Intentionalität entwickeln kann, begründet er analog zum Verständnis von Rationalität damit, dass sie nach dem Prinzip der evolutionären Selektion entstanden ist, nach einer Art »Optimierungsprinzip«, wobei »Optimierung« ein Telos der Evolution zu sein scheint. Wahrscheinlich kommt es von dieser Überlegung, dass er sich einen Teleofunktionalisten nennt. Seine Argumentation führt er in *Kinds of Minds* (1996) anhand der Fähigkeit eines Schachcomputers aus, das Werkzeug Intentionalität mit dem Ziel zu verwenden, die Züge des Gegners vorherzusagen und das Spiel damit zu gewinnen. Er möchte mit dieser Operationalisierung der Gefahr einer Mythologisierung des Geistes entgehen und untersucht lediglich die Frage, *wie* und mit welchem *Ziel* das Werkzeug Verwendung findet. Über das *Warum* schweigt er sich aus, während wir selbst das Warum im Zusammenhang mit Intentionalität als unverzichtbare

Frage betrachten möchten. Dieses Aussparen des *Warum* steht in Verbindung mit seinem methodologischen Materialismus, insofern er für die Erforschung des Geistes allein solche »empirischen« Methoden gelten lässt, wie sie auch in der naturwissenschaftlichen Forschung anerkannt sein können. Er versucht damit, das dualistische Wissenschaftsverständnis methodologisch zu überwinden. Diese Argumentation führt er auch durch in *Darwins Dangerous Idea* (1995), vor allem im Kapitel über Bedeutung und Intentionalität. Seinem methodologischen Naturalismus zur Überwindung des Dualismus können wir uns jedoch nicht anschließen, da dieser davon ausgeht, die Realität an sich erkennen zu können. Wir postulieren, dass wir mit den naturwissenschaftlichen Methoden ebenso eine Wirklichkeit erkennen können, wie mit den sozialwissenschaftlichen, was wir an anderer Stelle ausgeführt haben (Reinke 2006) und wir in Bezug auf die Erkenntnismöglichkeit von Realität eher bescheiden bleiben sollten.[13]

Die heutige Diskussion des Erkennens bzw. der Analyse von Psychischem bei Dennett wie auch Fonagy schließt nach unserer Meinung vor allem an die wissenschaftstheoretischen Grundannahmen der Analytischen Philosophie an. Dennett postuliert: Alle psychischen Phänomene besitzen Intentionalität, und kein physikalisches Phänomen besitzt Intentionalität (Dennett 1978, xvii). Aus seinem Rekurs auf Brentano leitet Dennett korrekterweise nicht ab, dass »Neo-Kognitivismus« dualistisch ist. Mentalismus ist nicht zwangsläufig Dualismus (ebd., S. 94), was er auch angesichts des drohenden Reduktionismus durch neurowissenschaftliche Postulate diskutiert. Dennoch ist bei Dennett eine theoretische Basisannahme auszumachen, und zwar in seiner kognitionswissenschaftlichen Grundorientierung. Da die Schriften, in denen er diese Positionen vertritt, älter sind als seine o. g. Ausführungen zu Ryle, wäre es interessant, in einer neubearbeiteten Auflage zu erfahren, ob er in Bezug auf seine vielfach kritisierten methologischen und metaphysischen Naturalismen inzwischen den Kategorienfehler (Ryle) entdeckt hat, den seine Kritiker darin sehen.

Mit den Problemen, die Brentano aufgeworfen hat, ist die kognitionswissenschaftlich orientierte Theorie des Geistes daher nur zum Teil konfrontiert, d. h. Dennett belässt im Begriff der Intentionalität allein die *anima* intellectualis, die bei Brentano nur einen Teil des Begriffs Intentionalität ausmacht (s. u.). Denn entgegen der Dennett'schen Auffassung, dass der Intentionalität über ihren Werkzeugcharakter keine wirkliche Existenz zukommt (»not an intrinsic feature of the agent«; *the message is: there is no medium*) postuliert Brentano zwei Arten von Objekten, physikalische und psychische. Die psychischen Objekte sind im Gegensatz zu den physischen »inexistent«, d. h., sie sind nur existent als psychische. In diesem Sinne haben sie wirkliche Existenz. Weiter argumentiert Brentano, dass nur die psychischen Phänomene *Gegenstand innerer und damit evidenter Wahrnehmung* sind, und schließlich, dass den psychischen Phänomenen *wirkliche Existenz* zukommt, weil und insofern sie nicht auf Physikalisches reduzierbar sind.

Wir fühlen uns hier an die folgende Aussage Freuds erinnert, der als junger Student etwa zu der Zeit, in der Brentanos o. g. Schrift erschien (1874) dessen Hörer er war, und auf dessen Urteilslehre er u. a. seine Theorie der Einsicht in innerpsychische Sinnzusammenhänge aufbaute:

> »Das Unbewusste ist das eigentlich real Psychische, *uns nach seiner inneren Natur so unbekannt wie das Reale der Außenwelt, und uns durch die Daten des Bewusstseins ebenso unvollständig gegeben, wie die Außenwelt durch die Angaben unserer Sinnesorgane*« (Freud, 1900 G. W. II/III, S. 617f.).

Brentano geht in seiner Urteilslehre vor allem davon aus, dass alle psychischen Phänomene entweder selbst *Vorstellungsakte* sind, oder auf solchen beruhen. »Ein Urteilen, Wollen, Verabscheuen, Lieben, usw. ohne zugrundeliegende Vorstellung ist unmöglich« (Stegmüller 1975, S. 16).

In Übereinstimmung mit Brentano geht auch Dennett davon aus, dass Intentionalität nicht als Relation zwischen zwei existierenden *Dingen* aufgefasst werden darf. »Es braucht nur ein Glied, nämlich der psychisch Tätige, zu existieren« (ebd., S. 35). Dieser psychisch Tätige versteht sich »in Relation zu etwas«, in Bezug auf ein Objekt. Hier begegnen wir wieder Dennetts Bestimmung von Intentionalität als »aboutness«. Und genau das alte erkenntnistheoretische Problem, wie es möglich sei, dass das wahrnehmende, erkennende und wollende Subjekt um seine eigenen psychischen Akte und die anderer wissen könne, untersucht ja auch Fonagy – zwar nicht kategorial, aber im Rahmen seiner Entwicklungstheorie und seines Konzepts der Reflexiven Kompetenz. So ist es gemeint, wenn Target und Fonagy davon sprechen, dass Vorstellungen als Vorstellungen über Beziehungen repräsentiert sein müssen, um dem reflektierenden Bewusstsein zugänglich zu sein. Dabei unterscheiden auch sie zwischen bloßer subjektiver Gewissheit und »Wahrheit« oder echter Evidenz, indem sie die intersubjektive Herausbildung Reflexiver Kompetenz betonen und darauf verweisen, dass die Kohärenz des reflexiven Diskurses – die Narration – das Prüf- und Unterscheidungsmerkmal dafür ist. Sie postulieren jedoch wie gesagt im Gegensatz zu Dennett eindeutig die psychische Existenz dieser Vorstellungen über Beziehungen in ihrem Begriff des reflexiven Selbst. Schon aus diesem Grund müsste sich Fonagy von Dennett als seinem Referenzautoren für den Begriff Intentionalität verabschieden.

Kleine Zwischenbilanz

Fassen wir das bisher Gesagte zusammen, so lassen sich in Bezug auf die nichtreduktionistische Verwendung des Intentionalitäts-Konzepts als Gattungsmerkmal des Psychischen oder Mentalen bei Fonagy über Dennett zu Brentano ebenso belegbare Verbindungen wie Unvereinbarkeiten herausarbeiten. Schauen wir uns aber die weiteren Bestimmungen und Begründungen bei Dennett noch an. Dennett entwickelt in seinen verschiedenen Schriften den Begriff in einer sehr spezifischen Art und Weise, die die Annahme rechtfertigt, das er von den intentionalen Formen insbesondere den Bereich der »anima intellectiva«, der Intellekttheorie, umfasst (Perler 2002). Dies ist jedoch nur eine der drei Formen der Intentionalität, von denen die beiden anderen die »anima sensitiva«, also die sinnlichen Qualitäten, und die »anima« der sprachlichen (symbolischen) Äußerungen sind, mittels derer wir geistesbegabten Wesen besonders miteinander kommunizieren. Anders formuliert: Zu den intentionalen Formen zählt neben der Intentionalität von Denkakten die Intentionalität von sinnlichen Wahrnehmungsakten und drittens die Intentionalität von (symbol-)sprachlichen Äußerungen. Die Gesamtheit der intentionalen Erlebnisse nach Brentano teilt Stegmüller in folgende Erlebnisklassen ein:

1. Vorstellungen
2. Urteile
3. emotionale Phänomene (Stegmüller 1975, S. 4).

Wichtig für unsere Diskussion des Intentionalitätsbegriffs bei Dennett ist dabei, dass Brentano Willensakte und Gefühle unter der Erlebnisklasse der emotionalen Phänomene fasst. Dies wirft besonders die Frage auf, ob Dennetts Beispiel des Schachcomputers zutreffend ist.

Vor diesem Hintergrund betrachtet kann man sagen, dass Dennett seinen Begriff der Intentionalität zweifellos zunächst im Rahmen der *Intelligenztheorie,* einschließlich der Theorie künstlicher Intelligenz, definiert und die Auseinandersetzung mit der Intentionalität bei *sprachfähigen* Subjekten auf ein späteres Kapitel verschiebt (Dennett 1996, S. 33). Sein Argumentationsgang entlang der Frage, ob ein Schachcomputer, der eindeutig keinen Geist hat, dennoch Intentionalität besitzt, ist jedoch nur schlüssig, wenn man gleichzeitig seine Annahme akzeptiert, dass Intentionalität lediglich ein nützliches Werkzeug ist, dem keine psychische Realität entspricht (»no intrinsic feature of the agent« etc.).

Wie kann der Handelnde, der kein Selbst besitzt, dann aber dieses Werkzeug gebrauchen? Hierauf antwortet Dennett mit dem Konzept der *design stance.* Der Mensch wurde – in Übereinstimmung mit Dennetts teleo-funktionalistischer Grundannahme – ebenso wie der Computer in diesem Sinne »konstruiert«, jedoch nicht von einem mythischen Agenten, der selbst so etwas wie primäre Intentionalität besitzt, sondern aufgrund der rationalen Gesetze, die sich in der evolutionären Selektion durchsetzen und die Konstruktionspläne seines Gehirns bestimmen. Das Selbst im Sinne von Fonagys reflektivem Selbst löst sich damit in das Funktionieren von Neuronen auf. Hier sehen wir Dennett wieder als Teleofunktionalisten, und das ist nach unserer Überzeugung ein genuin reduktionistischer, naturalistischer Standpunkt.

Es ist auch zu fragen, inwieweit Dennett der »anima sensitiva« genügend Aufmerksamkeit schenkt. Hier deutet sich ein weiterer Widerspruch zu Fonagy an, der, wie im ersten Teil ausgeführt, die Entwicklung von Reflexiver Kompetenz von der basalen nachgeburtlichen Entwicklung und Differenzierung der Affekte abhängig sieht. Dennett wiederum geht, eigentlich überraschenderweise, zunächst einmal davon aus, dass das Konzept der Intentionalität nicht unbedingt geeignet ist, zwischen dem denkenden und fühlenden Menschen und der Denkmaschine zu differenzieren. Dies begründet er wie folgt.

Nach Dennett nehmen wir aus Gründen, die wir hier explizieren, *notwendig* den Standpunkt intentionaler »Systeme« ein (1996, S. 32):

> »Der intentionale Standpunkt ist eine Strategie, mit der man das Verhalten von Entitäten (Mensch, Tier, Kunstprodukt, was es auch sei) interpretiert, indem man sie so behandelt, *als ob* sie ein vernünftig handelnder Akteur (*rational agent*) wären, der bei seinen ›Handlungen‹ eine ›Wahl‹ trifft und dessen ›Überzeugungen‹ und ›Wünsche‹ wir zu diesem Zweck berücksichtigen« (ebd., S. 27).

Diese Haltung führt er zunächst über die Diskussion von »unkommunikativen« Systemen ein (also solchen, die die anima der sprach-symbolischen Äußerungsformen vermissen lassen), indem er in seinen Büchern das erwähnte Beispiel des Schachcomputers heranzieht. Dennett betrachtet den Schachcomputer durchaus nicht als ein System, das man unter rein physikalischen Gesichtspunkten »verstehen« könne. Im Unterschied zu rein physikalischen Systemen (physical stance – physikalischer Standpunkt) sei das Verhalten des Schachcomputers »sinnvollerweise« nur unter den Voraussetzungen eines Konstruktionsstandpunkts (design stance) zu verstehen, ja besser noch: unterstellt, dass seine Funktionen intakt sind, unter dem intentionalen (intentional stance) Standpunkt zu interpretieren ist. Es liegt nahe anzunehmen, dass in dieser Analogie Mensch – Computer kein Platz für die sinnliche Seite der menschlichen Erfahrung ist. Hierfür bietet Dennett jedoch zunächst eine Lösung an: Es ist vernünftig (*rational*), den Schachcomputer zu betrachten, »als ob« er Intentionalität habe; es ist vernünftig, den Menschen zu betrachten, »als ob« er Intentionalität habe; es ist jedoch in beiden Fällen falsch, zu *glauben,* dass ihm dies als intrinsische Eigenschaft zukomme.

Eine der Voraussetzungen, die uns zu diesem Standpunkt berechtigen, ist für Dennett das Rationalitätsargument.

Betrachten wir den Schachcomputer also, »als ob« er Intentionalität habe, möglicherweise kontrafaktisch, aber in eben dem Sinne »als ob«, wie ja auch die Mutter ihrem Säugling Intentionalität unterstellt, die er (noch) nicht hat, bezüglich derer sie jedoch bereits eine *Vorstellung* hat. In ebensolcher Weise argumentiert Dennett. Wir haben eine, unsere Vorstellung vom Schachcomputer: Wir erwarten, dass der Schachcomputer sich in Bezug auf seinen definierten Zweck rational verhält und die »Intention« hat, zu gewinnen. Hierfür ist er konstruiert. Das ist erst einmal überzeugend, denn es ist nun gerade *nicht* gegen die Alltagserfahrung bei uns selbst wie bei anderen argumentiert, indem wir durchaus dem Computer gute und schlechte Absichten unterstellen. Allerdings stellt sich mir hier die Frage, ob es sich nicht um zwei recht unterschiedliche »Als-ob« handelt, und wir hier wieder einem Kategorienfehler (Ryle) bei Dennett begegnen. Im Falle des Kleinkinds sind wir uns darüber im Klaren, oder können uns zumindest Rechenschaft darüber ablegen, dass die Intentionalitätsannahme zwar (noch) kontrafaktisch ist, jedoch im Prinzip richtig, d. h. sie entspricht seinen Entwicklungsmöglichkeiten und steht in Übereinstimmung mit Fonagys Konzept des präreflexiven Selbst. Darüber hinaus haben wir an den Beispielen Fonagys gesehen, dass die Mutter sich aktiv bemüht, jeweils die Wünsche und Vorstellungen ihres Kindes jenseits seines Verhaltens und seiner Gesten *herauszufinden*. Gerade dieses aktive Bemühen hat ja Fonagy auch als ein zentrales Kriterium für RK definiert. Im Falle unseres Schachcomputers müssen wir die Intentionalitätsannahme jedoch einer anderen Prüfung unterziehen, wobei es fraglich ist, ob sie jemals »richtig« sein kann, wenn sie auch durchaus »praktisch« sein kann. Bleiben wir jedoch erst mal bei der dritten Perspektive, dem Konstruktionsstandpunkt (design stance).

Im Falle von geistbegabten Systemen, also auch Menschen, rechtfertigt sich die Rationalitätsannahme nach Dennett ebenfalls aus deren »Konstruktionsprinzipien«, in diesem Fall denen von »Mutter Natur«. Mit Rekurs auf Darwins Theorie von der natürlichen Selektion der am besten angepassten Individuen sei unser Handeln rational, wenn es Schaden oder Böses von uns abwendet und Nutzen oder Gutes bringt (ebd., S. 32). Das ist aber bestenfalls ein verwirrendes Argument, das mehr Fragen aufwirft als Erkenntnisse zu bringen scheint. Zunächst einmal haben sich die »Konstruktionsprinzipien« des Schachcomputers – im Rahmen des physikalisch Möglichen – wie ich denke auf andere Weise als nach dem Prinzip des survival of the fittest herausgebildet. Hinter diesen steht Intentionalität, und zwar die Intentionalität der kollektiven Subjektivität, die Absicht, die Maschine *für* einen gewissen Zweck und *auf* ein bestimmtes Ziel hin zu konstruieren. Die Annahme Dennetts eines Telos von »Mutter Natur« ist in der Philosophie und den biologischen Wissenschaften zumindest stark umstritten. Hier würde man doch eher Überlegungen von Manfred Eigen folgen, der in *Ludus Vitalis* (Eigen/Winkler 1973/74) den Standpunkt eines geregelten Spiels vertritt, des Spiels von Zufall und Notwendigkeit. Unter dieser Prämisse kann man »Mutter Natur« kaum als *rational agent* betrachten, da das Konzept des Spiels in Dennetts Begriff nicht unterzubringen ist. Auch die Annahme, unser Handeln sei dann rational, wenn es Böses von uns abwendet und Nutzen oder Gutes bringt, was Dennett ja in Analogie zu »Mutter Natur« setzt, scheint mir zu eingeschränkt gültig. Zumindest könnte man argumentieren, dass sowohl »Mutter Natur« als auch wir als handelnde Subjekte in dem Sinne wenig als *rational agent* hervortreten. Rationalität würde zu einer *catégorie negligeable*. Auch das Spiel geriete aus dem Begriff des Rationalen heraus, was zumindest für das menschliche Subjekt Fragen aufwirft.

Alles Handeln, so argumentiert Dennett weiter, das im Dienste dieser so definierten rationalen Zwecke steht, in Bezug darauf also intentional ist, ist laut Dennett gleichzeitig auch *funktional*. Da wir jedoch nicht nur geistbegabte, sondern auch sprachbegabte Wesen sind, kommt eine zweite Grundannahme hinzu, nämlich dass wir uns im Sinne der Intentionalität von Denkakten an den Gesetzen der Logik orientieren, die er wiederum in den Rahmen seines Teleofunktionalismus einbettet. »Unsere Begabung mit Sprache ist ohne Zweifel die krönende Leistung der Evolution, […] die dennoch im Prinzip nur eine Anpassungsleistung darstellt, die den gleichen Bedingungen umweltbezogener Zweckmäßigkeit unterliegt, wie jede andere Verhaltensbegabung« (Dennett 1978, S. 17).

Das ist wieder eine weitreichende Analogiethese, die wir betrachten müssen. Die Frage ist nämlich, ob Sprache mit der Bestimmung »beste Anpassungsleistung der Evolution« überhaupt zureichend bestimmt werden kann. Das verträgt sich wenig mit der sprach-*symbolischen* Intentionalitätsperspektive, die gerade durch ihre Unbestimmtheit und ihre Wurzeln in nichtsprachlicher Symbolik – Kunst, Musik, Ritus, Religion etc. – den Spielraum eröffnet, innerhalb dessen wir uns als erlebende und kommunizierende Subjekte bewegen. Die Cassirer-Schülerin Susanne K. Langer geht von der Theorie der Symbolischen Formen aus und führt neben der sprach-symbolischen Form im Rahmen ihrer *Philosophie auf neuem Wege* (1942) eine zweite Form von menschlicher Symbolisierungsfähigkeit ein, die sich in der Kommunikation und im Denken ergänzen: die präsentative und die diskursive, (sprach-)symbolische, wobei man durchaus an Fonagys Konzept des präreflexiven Selbst denken kann. Langer führt aus:

> »Sprache im strengen Sinne ist ihrem Wesen nach diskursiv; sie besitzt permanente Bedeutungseinheiten, die zu größeren Einheiten verbunden werden können; sie hat festgelegte Äquivalenzen,

die Definition und Übersetzung möglich machen. Ihre Konnotationen sind allgemein, so dass nichtverbale Akte, wie Zeigen, Blicken oder betontes Verändern der Stimme nötig sind, um ihren Ausdrücken spezifische Denotationen zuzuweisen. Alle diese hervorstechenden Züge unterscheiden sie vom ›wortlosen‹ Symbolismus, der nichtdiskursiv und unübersetzbar ist, keine Definitionen innerhalb seines eigenen Systems zulässt und das Allgemeine direkt nicht vermitteln kann. [...] [Sie] werden nur durch die Bedeutung des Ganzen verstanden, durch ihre Beziehungen innerhalb der ganzheitlichen Struktur. Das sie überhaupt als Symbole fungieren, liegt daran, dass sie alle zu einer simultanen, integralen *Präsentation* gehören. Wir wollen diese Art von Semantik ›präsentative Symbolik‹ nennen, [...]. Die Anerkennung der präsentativen Symbolik als eines normalen Bedeutungsvehikels von allgemeiner Gültigkeit erweitert unsere Vorstellung von Rationalität weit über die traditionellen Grenzen hinaus und wird doch der Logik im strengsten Sinne niemals untreu. Wo immer ein Symbol wirkt, gibt es Bedeutung; andererseits entsprechen verschiedene Erfahrungstypen, wie Erfahrung durch Verstand, Intuition, Wertschätzung – verschiedenen Typen symbolischer Vermittlung. Jedem Symbol obliegt die logische Formulierung oder Konzeptualisierung dessen, was es vermittelt« (1942, S. 103).

Bezüglich der sprach-symbolischen, also diskursiven Symbolik schreibt sie an anderer Stelle Folgendes:

> »Nun ist aber die Form aller Sprachen so, dass wir unsere Ideen nacheinander aufreihen müssen, obgleich die Gegenstände ineinanderliegen; so wie Kleidungsstücke, die übereinander getragen werden, auf der Wäscheleine nebeneinander hängen. Diese Eigenschaft des verbalen Symbolismus heißt Diskursivität; ihretwegen können überhaupt nur solche Gedanken zur Sprache gebracht werden, die sich dieser besonderen Ordnung fügen; jede Idee, die sich zu dieser ›Projektion‹ nicht eignet, ist unaussprechbar, mit Hilfe von Worten nicht mitteilbar. Dies ist der Grund, warum die Gesetzte des logischen Folgerns, unsere klarste Formulierung exakten Ausdrucks, auch als ›Gesetze des diskursiven Denkens‹ bekannt sind« (ebd., S. 88).

Diese Überlegungen Langers können uns bei der Betrachtung eines weiteren Postulats von Dennett helfen: Die intentionale Haltung habe im Rahmen der *Kommunikation* zum Zweck, das Verhalten anderer intentional Handelnder vorauszusehen (predict), indem wir ihnen Vorstellungen und Absichten *zuschreiben* (ebd., S. 7). Auch diese utilitaristische Bestimmung in ihrer Absolutheit ist zu kritisieren, denn sie steht im Widerspruch zu Fonagys Postulat einer Repräsentation über die *Beziehung zwischen Subjekten*, nicht nur einer Reflexion *über* die Absichten anderer. Dennett kommt es jedoch nicht auf die verlässliche kommunikative Verständigung, sondern auf die verlässliche rationale Vorhersage an. Die verlässliche Vorhersage ist, wie Dennett ausführt, an geistige Akte gebunden, mittels derer wir uns in die Rolle des Trägers dieser Vorstellungen und Absichten versetzen und uns fragen: »Wenn ich in der Lage dieses Organismus wäre, was würde ich tun?« (Dennett 1996, S. 33). Unter den gemachten Voraussetzungen (Rationalitätsannahme, Gesetze de Logik) ist unsere intentionale Haltung »erfolgreich«, indem sie uns Vorhersagen erlaubt, an denen wir unser eigenes Handeln »optimieren« können.

Nun schlägt allerdings Langer vor, den Charakter der *Unbestimmtheit*, damit die Notwendigkeit des Interpretierens und Aushandelns mit anderen Subjekten, d.h. nicht nur des Kommunizierens, sondern des *Verstehens* als spezifisches Charakteristikum zu beachten. Aushandeln ist jedoch an menschliche Praxis gebunden, eben daran, dass wir diese menschliche Praxis sozusagen am eigenen Leibe erfahren haben und uns von daher überhaupt *Vorstellungen* darüber machen können. Hierzu reicht die Operation: »Wenn ich in der Lage dieses Organismus wäre, was würde ich tun?« (ebd.) keinesfalls aus, insofern wir nicht nur Vorhersagefähigkeiten optimieren wollen. Wir handeln gerade auch, wenn nicht grundsätzlich dann, wenn wir *keine* optimalen Vorhersagen haben, und zwar unter der Annahme, die Fonagy zumindest ausdrücklich formuliert: Der Anerkennung des anderen *als eines anderen*, mit eigenen Intentionen, Wünschen und Gefühlen.

Zusammenfassend lässt sich sagen: Dennett geht nicht auf eine Diskussion der philosophischen Problemstellungen von Intentionalität ein, sondern behandelt das Konzept im Rahmen der Intentionalität von Denkakten und unter rein pragmatischen (funktionalen, zweckdienlichen, optimierenden) Gesichtspunkten. Er wählt damit ein rein pragmatisches Grundmotiv, dem beispielsweise das Grundmotiv des Spiels (Portmann 1956; Eigen/Winkler 1973/74; Winnicott 1971) fremd ist. »Die Entscheidung, diese Strategie (Intentionalität) zu wählen, ist pragmatisch, sie ist an sich weder richtig noch falsch« (1978, S. 7). Die Kommunikation sprachbegabter Subjekte sieht er im Prinzip nicht als eine *höhere* oder andere Möglichkeit der Bezugnahme an, sondern als eine Haltung, die vom intentionalen Standpunkt aus einzunehmen ist.[14]

Unsere Argumentation in Teil II lässt den Schluss zu, dass zumindest Fonagys Referenzautor Dennett Intentionalität vorwiegend in der Form der Intelligenztheorie – Intentionalität von Denkakten – versteht. Das ist im Rahmen einer kognitivistischen Theorie des Bewusstseins nur konsequent, dürfte aber für die Begründung eines Intentionalitätskonzepts im Rahmen der Psychoanalyse zu kurz greifen. Wir haben anhand der Widersprüche zwischen dem Ansatz Dennetts und dem Verständnis von Intentionalität bei Fonagy gezeigt, dass Fonagy selbst in seiner Begrifflichkeit über eine solche Utilitaristik hinausgeht. Dies scheint ihm aber (noch) nicht bewusst zu sein. Hier hätte, wie erwähnt, die Möglichkeit bestanden, Intentionalität im Rahmen des psychoanalytischen Diskurses zu klären. Dies hätte allerdings zur Folge, dass Fonagy et al. sich mit der Problemstellung des dynamisch Unbewussten auseinandersetzen müssten, was für ihr Ziel, im Rahmen eines interdisziplinären Ansatzes ein operationalisierbares Konzept zu entwickeln, zumindest noch Probleme mit sich bringt. Es mag pragmatisch sein, zu operationalisieren, es bleibt dennoch eine Form des methodologischen Naturalismus. Es schränkt damit unsere Möglichkeiten zum Verstehen des Fremdpsychischen spezifisch ein, was wir weder für die Forschung noch für die Anwendung für befriedigend halten.

Es wäre also die Frage zu klären, ob Fonagy damit nicht einen Kategorienfehler begeht, was die Überzeugungskraft seines theoretischen wie empirischen Ansatzes infrage stellen, zumindest spezifisch einschränken würde. Es ist daher von Interesse zu diskutieren, ob ein psychoanalytisch-empirischer Anspruch, Konzepte zu »operationalisieren«, um Fremdpsychisches zu erkennen, vielleicht auf anderem Wege einlösbar und begründbar ist. Operationalisieren heißt grundsätzlich: messbar machen.

Messung, Skalierung und Indexbildung sind allerdings die wesentlichen methodischen Prinzipien des naturwissenschaftlichen Paradigmas und entsprechen dessen Objektivitätsverständnis (Reinke 1983). Wenn und soweit Fonagy wirklich Erkenntnisse über das präreflexive und das reflexive *Selbst* machen will, reichen sie nicht aus. Wir haben vorgeschlagen, die Beurteilung der RK mittels der RK-Skala zumindest durch geeignete Methoden zu ergänzen, die der psychoanalytischen Abwehrtheorie gerecht werden. Dies wäre ein erster Schritt, dem jedoch grundsätzliche Überlegungen vorausgehen müssen.

Die Möglichkeit, den Begriff der Intentionalität von Freud ausgehend im psychoanalytischen Diskurs zu klären, wählt Fonagy nicht, sie wäre hier jedoch die Methode der Wahl. Wie eine solche Untersuchung aussehen könnte, wollen wir hier abschließend skizzieren.

Szenisches Verstehen

Wir kehren wieder zu der Frage zurück: Wie können wir Fremdpsychisches verstehen? Unsere Argumentation hat gezeigt, dass es dafür nicht ausreichend ist, eine intentionale Haltung im Sinne Dennetts einzunehmen, oder sprachliche Äußerungen von Subjekten nach Kriterien zu klassifizieren, wie bei der Methode zur Erfassung des Ausprägungsgrads von Reflexiver Kompetenz. In beiden Ansätzen liegt ein Kategorienfehler, insofern für die Kategorie der geistigen Tätigkeiten die gleichen Grundannahmen herangezogen werden, wie für physikalische Objekte.

> »Just this is, of course, not the case for the conclusions regarding *mental states*, if by mentals states (sentience, raw feels) one means something not identifiable (i. e. not explicitly definable in physical terms) with either overt-behavior oder

central-neural states or processes« (Feigl, 1956, The Mental and the Physical, bei Giegel 1969, S. 60).

Diese Annahme und die zahlreichen darauf aufbauenden Theorien haben zu einem Dilemma bzw. Paradoxon (Stegmüller) geführt, dass »mental states« zunächst überhaupt nicht »wissenschaftlich« untersucht wurden (Behaviorismus), oder so lange umdefiniert wurden, bis sie sich für die Untersuchungsmethoden z. B. der kognitionswissenschaftlichen oder neurobiologischen Wissenschaften »eigneten«. Einige Denker gehen einen anderen Weg; sie machen die Grundannahme, dass geistiges Erleben einer anderen Kategorie zugehört, folglich auch mit anderen Methoden zu untersuchen ist. Wittgenstein, auf den Lorenzer sich beruft (Lorenzer 1970), nennt dies ein anderes Sprachspiel. Wie Giegel in seinen Ausführungen zu Wittgenstein darlegt, haben seelische Ereignisse nicht nur eine andere logische Struktur als naturwissenschaftliche, sondern es liegt auch »die Vermutung nahe, dass der Erfahrung von seelischen Ereignissen […] ein anderes *Interesse* zugrunde liegt als der Erfahrung von Natur« (Giegel 1969, S. 10; s.a. Habermas 1970).

Diese Unterschiede seien hier festgehalten:

1. Interesse

a) Die Logik der physikalischen Theorien gründet im *Interesse* an Verfügung über Natur durch Vorhersagbarkeit.
b) Die Logik der seelischen Ereignisse, damit der i. e. S. psychologischen Theorien gründet im *Interesse* »des verständigen, weil durch intersubjektiv verbindliche Normen der Kommunikation bestimmten Interagierens von Menschen« (Giegel 1969, S. 61).
c) Eine Reduktion/Zurückführung seelischer Ereignisse auf physikalische Ereignisse muss daher das Ziel verfehlen und zu dem oben als Dilemma bezeichneten Zustand des Erkenntnisstillstands führen.

Freud hat den Zusammenhang des Interesses vor allem im Rahmen seiner Triebtheorie behandelt, indem er daran festhielt, dass nicht nur unsere Kommunikation und unser zwischenmenschliches Agieren Interesse bestimmen, sondern auch die Triebe, jene aus dem Somatischen stammenden »Anforderungen an das Seelische«. Er hat damit seiner hermeneutischen psychoanalytischen Methode niemals den somatischen Boden entzogen, wie dies bei einigen modernen Objekt- bzw. Interaktionstheorien kritisiert werden muss (Reinke 2006). Lorenzer hat diesen Unterschied zur sozialwissenschaftlichen Hermeneutik herausgearbeitet und spricht von einer »Hermeneutik des Leibes« (Reinke 1998, S. 9ff.). Freud war sich dessen bewusst, dass es sich in Bezug auf das Leib-Seele-Problem um einen »einheitlichen und unteilbaren Prozess« (1891, S. 100) handelt, gerade als er dazu überging, nur eine Erscheinungsform dieses Prozesses, das Psychische, zu analysieren.

2. Lebensgeschichte

Der zweite Unterschied ist in der Kontextabhängigkeit seelischen Erlebens zu sehen: Freud hat dies den *lebensgeschichtlichen* Kontext genannt und bereits in *Zur Auffassung der Aphasien* (1891) erkannt, einer Schrift, die u. a. auch seine Zurückweisung der damals herrschenden Lokalisationstheorie enthält. Bei der Untersuchung von Sprachstörungen seiner neurologischen Patienten war er auf den interessanten Umstand gestoßen, dass diese nicht aus den neurologischen Läsionen zu verstehen waren, sondern nur aus der Lebensgeschichte seiner Patienten. Die bewussten, vor allem aber die aufgrund von psychischen Konflikten – oder wie im Fall der aphasischen Patienten traumatischen Schädigungen – unbewusst gewordenen Erinnerungen des Patienten boten den Schlüssel für das Verstehen seiner Sprachstörungen, weshalb er eine Methode zu entwickeln suchte, die die Analyse dieser Phänomene erlaubte. Wir stehen hier an der Schwelle zur Entwicklung der *psycho*analytischen Methode. Freud macht sein Postulat an verschiedenen Beispielen aus der Klinik deutlich (1891, S. 103), die gleichzeitig seine neue Methode illustrieren. Die Analyse geht in diesen Beispielen von auf den ersten Blick »bizarren« oder »bedeutungslosen« Wortresten der Patienten aus, die ihre Bedeutung durch die Einordnung in einen lebensgeschichtlichen Sinnzusammenhang des Patienten gewinnen. Bei diesen Beispielen handelt es sich natürlich um solche aus dem Bereich des Traumagedächtnisses, aber die Grundüberlegung war gewonnen, dass das Verstehen sprachlicher Bedeutung von der Einordnung in den lebensgeschichtlichen Kontext, der Schaffung eines Sinnzusammenhanges, bestimmt wird.

Wir erinnern uns nämlich, wenn wir uns erinnern, immer auch jener Zusammenhänge, in denen wir ein Wort verwenden oder zu verwenden gelernt haben. Wenn wir uns dieser Zusammenhänge erinnern, können wir die wesentlichen Momente entdecken, die für das Ereignis, das mit diesem Wort angesprochen ist, konstitutiv sind, d.h. wir können ihnen einen Sinn geben. »Wir analysieren nicht ein Phänomen (z.B. das Denken), sondern einen Begriff, (z.B. den des Denkens, und also die Anwendung eines Worts)« (Wittgenstein, PU I, S. 383).

3. Zwischenmenschliche Interaktion

Drittens stellte Freud die lebensgeschichtlichen Ereignisse und die mit ihnen zusammenhängenden Erinnerungen in den Zusammenhang zwischenmenschlichen Handelns und war der Ansicht, dass die »menschliche Frühgeburt« (Portmann) zur Entwicklung der Fähigkeit des Handelns eines hilfreichen erwachsenen Gesellschaftssubjekts bedarf (Hilfs-Ich).

> »Wenn das hilfreiche Individuum die Arbeit der spezifischen Aktion in der Außenwelt für das hilflose geleistet hat, so ist dieses durch reflektorische Einrichtungen imstande, die zur endogenen Reizaufhebung nötige Leistung in seinem Körperinnern ohne weiteres zu vollziehen. Das Ganze stellt dann ein Befriedigungserlebnis dar, welches die eingreifendsten Folgen für die Funktionsentwicklung des Individuums hat« (Freud 1895, S. 402).[15]

Aus letzterem Zusammenhang ergeben sich auch Grundüberlegungen zur klinischen analytischen Methode. Diese Grundüberlegungen hat Alfred Lorenzer aufgegriffen und in der Frage formuliert: Was macht der Psychoanalytiker? Er wollte den *modus operandum*, die Methode der Psychoanalyse so untersuchen, dass die Freud'schen Kategorien geklärt und in einer Weise auf den Begriff gebracht werden, dass die Psychoanalyse aus ihrer *splendid isolation* als Einzelwissenschaft und Deutungskunst herauswächst und im interdisziplinären Diskurs anschlussfähig wird. Den *modus operandum* der Psychoanalyse fasste er begrifflich als »szenisches Verstehen« (1970a, b) und arbeitete neben der klinischen Methode einen Methodentransfer für die Analyse des gesellschaftlich unbewusst gemachten in der Kunst und anderen kollektiv bedeutsamen Erscheinungsformen heraus (1986).

Die Methode des Szenischen Verstehens, dargelegt in *Sprachzerstörung und Rekonstruktion* (1970) stellt die Beziehung *zwischen* dem Analytiker und dem Analysanden in den Mittelpunkt. Sie berücksichtigt die »objektiven«, »subjektiven« und »szenischen«, d.h. metasprachlichen Mitteilungen, die der Analysand in die Beziehung zum Analytiker einbringt. Zu letzteren gehört die Teilhabe an der Lebenspraxis des Patienten durch das Einlassen auf und die Analyse der Gegenübertragungsangebote des Analysanden. Sie geht also von der Wiederholung aus und ermöglicht einen Neubeginn durch die Schaffung eines lebensgeschichtlichen Sinns (Reinke 1999).

Kurz zusammengefasst könnte man die Methode des szenischen Verstehens wie folgt beschreiben: Sie geht von den sprachlichen und metasprachlichen Äußerungen des Analysanden aus und untersucht sie auf dem Hintergrund der analytischen Beziehung in Bezug auf die lebensgeschichtliche Bedeutung für den Analysanden. Ihr Ziel ist es, die »privatsprachlichen« Mitteilungen des Patienten, ihre verdrängten – in Lorenzers Begriffsfassung desymbolisierten – Anteile der Bedeutungen, wie sie nur für diesen Patienten existieren, zu »rekonstruieren« und damit wieder in den allgemeinen Sprachkontext einzuführen. Sie ist also eine Methode, um Sprache und Leben wieder in einen sinnvollen Zusammenhang zu bringen:

Das Leben ist im Wort aufzuspüren, und zwar indem die Rolle aufgespürt wird, die es im Lebenszusammenhang eines Menschen spielt: »Und eine Sprache vorstellen heißt, sich eine Lebensform vorstellen« (Wittgenstein, PU §§7, S. 19).

Wie Lorenzer hervorhebt, handelt es sich beim Szenischen Verstehen um eine allgemein menschliche Fähigkeit, die wir – allerdings unsystematisch und behindert durch unsere eigene Verstricktheit in Alltagsbeziehungen – selbst anwenden und die in der psychoanalytischen Situation methodisch und kontrolliert zum Tragen kommt. Lorenzer fragt also nach einer »Regel«/einer »Grammatik«, die die Psychoanalyse von einer »Kunstfertigkeit« zu einer interdisziplinär vermittelbaren Methodologie weiterentwickelt.

Die Grundlage für die Möglichkeit des Szenischen Verstehens sieht Lorenzer in den Formen der Subjektbildung, die er in seiner Interaktionstheorie darlegt.[16] Subjektbildung ist für Lorenzer ein Prozess sich in Stufen entwickelnder Interaktionsformen. Diese entstehen aus dem Wechselspiel zwischen »Mutter und Kind«, d.h. zwischen einem am Anfang seiner Existenz stehenden Subjekt, von der intrauterinen Erfahrung aus, und einem erwachsenen Gesellschaftssubjekt. In diesem Wechselspiel ist das Kind aktiv von Anfang an und bringt seine »Eigenart« in das Wechselspiel mit der Mutter ein. Eine Basisschicht der Subjektbildung ist das »gestische Zusammenspiel« in der vorsprachlichen Interaktion nach der Geburt. Diese Interaktionen, die sich in emotional gleichartigen Szenen organisieren, bilden damit die Grundlage für die Affektentwicklung (1981, S. 86)

> »Die Art und Weise, wie ein Kind von der Mutter in den Arm genommen wird, bildet einen Erlebnis*inhalt*, eine ›gestische Figur‹, die dessen eigenes – aktives – Verhalten formt und als – passive – Erwartung festgehalten wird. Die Wiederholungen der Szene ›festigen‹ die Form, der Ausfall der Wiederholung erzeugt *Unlust, Angst, Gegenreaktionen, nämlich Aggression*, usw. Der *Bedarf*, der in einer realen Situation seine Stillung gefunden hat, wird in der Interaktionsform zum *Anspruch*, die Befriedigung in einer spezifischen, einsozialisierten Weise zu erhalten« (Lorenzer 1981, S. 87).

Bewusstsein im Sinne von sprachsymbolischem, begrifflichem Denken entwickelt sich laut Lorenzer erst im Rahmen des »zweiten kleinen Gestaltkreises«, der Einführungssituation von Sprache. Hier entwickeln sich die sprachsymbolischen Interaktionsformen, und durch die Störung des Wechselspiels, die Sprachzerstörung und die Entwicklung einer Privatsprache.

> »Im *geglückten* Fall verbindet und entfaltet sich die sensomotorische Welterfahrung des Kindes mit der in Sprache eingelagerten überindividuellen Welterfahrung des Kollektivs. Gerade die Möglichkeit des Kindes, nicht mehr zwangsläufig in der gegenwärtigen Situation aufzugehen, und in dieser Situation »ohne Rücksicht auf andere Situationen oder das Gesamt der Lebensführung mehr oder minder unbehindert zu agieren [...], so wird nun diese Freiheit – oder sagen wir lieber Ungezwungenheit – zunehmend eingeschränkt« (ebd., S. 92).

Die Methode des Szenischen Verstehens ermöglicht es allerdings im nicht geglückten Fall den erwachsenen Gesellschaftssubjekten – Analytiker und Analysand – in das Wechselspiel erneut einzutreten und neue Interaktionsformen auszuhandeln. Die Sprachverzerrung kann zurechtgerückt werden in dem Sinne: »Sprache vorstellen heißt, sich eine Lebensform vorstellen« (Wittgenstein, PU §§7, S. 19).

Zusammenfassend möchten wir daher festhalten, dass wir die Theorie der Mentalisierung und das Konzept der Reflexiven Kompetenz einschließlich seiner Auswertmethode durch zwei Erweiterungen für verbesserungsbedürftig halten:

1. durch die Berücksichtigung der psychoanalytischen Abwehrtheorie bei der Auswertung der Textpassagen;
2. durch eine Ergänzung des methodischen Vorgehens auf der Grundlage des Szenischen Verstehens.

Dies hat sich in unserer eigenen Forschung als fruchtbar für das Verstehen des Fremdpsychischen erwiesen. In der vorliegenden Form halten wir das Konzept der Reflexiven Kompetenz für ein geeignetes Brückenkonzept für die interdisziplinäre Arbeit und die verschiedenen, im ersten Teil dargelegten Anwendungen. Dies gilt insbesondere und unter Berücksichtung der Ergebnisse Taubners (2008) im Bereich des Verstehens und der Behandlung bei gewaltbereiten Jugendlichen. Eine Methode, die – wie Fonagy hoffen mochte – »das Unbewusste überlistet«, ist es nicht.

Anhang

	Anzahl	Häufigkeit (%)
Alter (Prä-Untersuchung, N=19)		
17 Jahre	4	21
18 Jahre	3	15,8
19 Jahre	5	26,3
20 Jahre	4	21
21 Jahre	3	15,8
Alter (Post-Untersuchung, N=18)		
18 Jahre	1	5,6
19 Jahre	6	33,3
20 Jahre	4	22,2
21 Jahre	4	22,2
22 Jahre	3	16,7
Schulabschluss		
Kein Abschluss	1	5,3
Sonderschule	1	5,3
Hauptschule	5	26,3
Realschule	6	31,6
Fachgymnasium	5	26,3
Gymnasium	1	5,3
Herkunftsnationalität		
Deutsch	6	31,6
Türkisch	3	15,8
Iranisch	2	10,5
Marokkanisch	2	10,5
Moldawisch	1	5,3
Russisch	1	5,3
Libanesisch	1	5,3
Polnisch	1	5,3
Rumänisch	1	5,3
Syrisch	1	5,3

Delikt		
Körperverletzung	8	42,1
Gefährliche Körperverletzung	3	15,8
Raub	6	31,6
Schwerer Raub	2	10,5

Tab. 1: TOA-Untersuchung, Dissertation von Dipl.-Psych. Svenja Taubner, Bremer Institut für Theoretische und Angewandte Psychoanalyse (2007)
Probanden: jugendliche Delinquenten, die im Rahmen des Täter-Opferausgleichs untersucht wurden
(Quelle: Tabelle Taubner, Untersuchungsgruppe)

Reflexive Kompetenz (Erstuntersuchung)	**Anzahl**	**Häufigkeit (%)**
Negative RK (-1)	1	5,3
Abwesende RK (0–1)	2	10,5
Fragliche oder Niedrige RK (2–3)	7	36,8
Deutliche oder Allgemeine RK (4–5)	7	36,8
Hohe RK (6–7)	2	10,5
Volle oder Außergewöhnliche RK (8–9)	0	0

Tab. 2: Quelle: Tabelle Taubner, Dissertation Bremen 2007, RK-Wertung vor der Intervention

A: Kriterien, die ein Bewusstsein über die besondere Beschaffenheit innerpsychischer Prozesse erkennen lassen	1. psychische Prozesse werden als nicht beobachtbar, verborgen, anerkannt (9) 2. das Wissen, dass jemand sein innerpsychisches Erleben verbergen/verstecken kann (10) 3. die begrenzte Reichweite von Einsicht wird anerkannt (10) 4. die Fähigkeit, innerpsychische Prozesse im Zusammenhang mit normativen Urteilen zu sehen (10) 5. Bewusstsein für die Möglichkeit des Abwehrcharakters von innerpsychischen Prozessen (10)
B: Kriterien, die ein ausdrückliches Bemühen erkennen lassen, sich auf innerpsychische Prozesse zu beziehen, die dem beobachtbaren Handeln und Verhalten zugrunde liegen	1. Fähigkeit, psychische Prozesse bei sich selbst und bei anderen genau zuzuordnen (11) 2. Die Möglichkeit wird in Betracht gezogen, dass die Gefühle, die jemand in einer bestimmten Situation erlebt, im beobachtbaren Teil seines Verhaltens nicht erkennbar sind (selten) (11) 3. Fähigkeit zur Anerkennung unterschiedlicher Perspektiven (11) 4. Fähigkeit, die eigenen Gefühle in Betracht zu ziehen, wenn man das Verhalten anderer interpretiert (11) 5. Bewertung der inneren Gefühls- und Gedankenwelt aus der Perspektive ihrer Auswirkungen auf das Selbst und auf andere (12) 6. Bewusstsein dafür, wie man von anderen wahrgenommen wird (12) 7. Lebendigkeit der Erinnerungen und Nachdenklichkeit in Bezug auf innerpsychische Prozesse (12)

C: Kriterien, die eine Anerkennung des Entwicklungsaspekts von innerpsychischem Erleben erkennen lassen	1. Einnehmen einer intergenerationellen Perspektive, Herstellen von Verbindungen zwischen den Generationen (12) 2. Einnehmen einer Entwicklungsperspektive (13) 3. Neubeurteilung von Gedanken und Gefühlen aus der Kindheit im Lichte der Verstehensmöglichkeiten als Erwachsener (13) 4. Fähigkeit, Veränderungen der innerpsychischen Befindlichkeiten zwischen Vergangenheit, Gegenwart und Zukunft (13) 5. Berücksichtigung der Wechselseitigkeit von Beeinflussungen zwischen Eltern und Kindern (14) 6. Verständnis für Faktoren, die die Entwicklung von Affektkontrolle bestimmen (14) 7. Anerkennung der Bedeutung von Familiendynamik
D: Kriterien, die auf innerpsychische Prozesse in Bezug auf den Interviewer hinweisen	1. Anerkennung der Eigenständigkeit des Denkens (15) 2. Der Interviewte berücksichtigt, dass der Interviewer nicht Gedankenlesen kann (15) 3. Der Interviewte zeigt das Bemühen, sich emotional auf den Interviewer einzustimmen (= Beziehung aufzunehmen) (16)

Tab. 3: Kriterien für das Vorhandensein von Mittlerer bis Hoher Reflexiver Kompetenz – Kurzfassung (Manual S. 9ff.)

Literatur

Ainsworth, M. & Bell, S. (1970): Attachment, Exploration and Separation: Illustrated by the Behaviour of One-Year-Olds in a Strange Situation. Child Development 41, 49–67.

Alexander, F. & French, Th.M. et al.: (1946). Psychoanalytic Therapy: Principles and Applications. New York: Ronald Press.

Argelander, H. (1970): Das Erstinterview in der Psychotherapie. Darmstadt: Wiss. Buchges.

Bonß, W. (1982): Die Einübung des Tatsachenblicks. Zur Struktur und Veränderung empirischer Sozialforschung. Frankfurt/M.: Suhrkamp.

Bowlby, J. (1946): Forty-four Juvenile Thieves. Their Character and Home Live. Int. J. Psychoanal. 25, 19–53.

Bowlby, J. (1958): The Nature of the Child's tie to his Mother. Int. J. Psychoanal. 39, 350–373.

Brentano, F. (1982): Deskriptive Psychologie Aus dem Nachlaß herausgegeben von Chisholm & Baumgartner, Hamburg.

Brisch, K.H. (1999): Bindungsstörungen. Von der Bindungstheorie zur Therapie. Stuttgart: Klett-Cotta.

Brisch, K.H. (Hg.) (2002): Bindung und seelische Entwicklung. Grundlagen, Prävention und klinische Praxis. Stuttgart: Klett-Cotta.

Dennett, D. (1978): Brainstorms. Philosophical Essays on Mind and Psychology. Cambridge, Mass.: MIT Press.

Dennett, D. (1993): The Message is: There is no Medium. Philosophy and Phenomenological Research 53 (4), 919–931.

Dennett, D. (1995): Darwins Dangerous Idea. Evolution and the Meaning of Life. New York: Simon & Schuster.

Dennett, D. (1996): Kinds of Minds. Toward an Understanding of Consciousness. New York: Basic Books. Dt.: Spielarten des Geistes. Wie erkennen wir die Welt? Ein neues Verständnis des Bewußtseins. München: C. Bertelsmann, 1999.

Dennett, D. (2000): Re-Introducing the Concept of Mind. In: Ryle, G. (1949): The Concept of Mind. vii–xvii, sowie: http://ase.tufts.edu/cogstud/~ddennett.htm).

Dietrich, D. E. (2002): Zur Emotions/Kognitions-Kopplung bei Störungen des Affekts. Darmstadt: Steinkopff.

Erdheim, M. (1982): Die gesellschaftliche Produktion von Unbewußtheit. Frankfurt/M.: Suhrkamp.

Eigen, M. & R. (1973/74): Das Spiel. Naturgesetze steuern den Zufall. München: Piper, 1975.

Fonagy, P. (1993): Aggression und das psychische Selbst. In: Fonagy, P. & Target, M. (2003), S. 247–273.

Fonagy, P. (1996): Die Bedeutung der Entwicklung metakognitiver Kontrolle der mentalen Repräsentanzen für die Betreuung und das Wachstum des Kindes. In: Fonagy, P. & Target M. (2003), S. 49–69.

Fonagy, P. (1998): Frühe Bindung und die Bereitschaft zu Gewaltverbrechen. In: Streek-Fischer, A. (Hg.) (1998): Adoleszenz und Trauma. Göttingen: Vandenhoeck & Ruprecht, S. 91–127.

Fonagy, P. (1998): Die Bedeutung der Dyade und der Triade für das wachsende Verständnis seelischer Zustände: Klinische Evidenz aus der psychoanalytischen Behandlung von Borderline-Persönlichkeitsstörungen. In: Fonagy, P. & Target, M. (2003), S. 197–218.

Fonagy, P. (2003): Frühe Bindung und die Bereitschaft zu Gewaltverbrechen. In: Fonagy, P. & Target, M.: Frühe Bindung und psychische Entwicklung. Gießen: Psychosozial-Verlag, S. 275–318.

Fonagy, P. (2004): Personality Disorder and Violence: a psychoanalytic attachment theory perspective. MS.

Fonagy, P. & Target, M. (1995): Den gewalttätigen Patienten verstehen: der Einsatz des Körpers und die Rolle des Vaters. In: Fonagy, P. & M. Target (2003), S. 319–347.

Fonagy, P. & Target, M. (2003): Frühe Bindung und psychische Entwicklung. Beiträge aus Psychoanalyse und Bindungsforschung. Gießen: Psychosozial-Verlag.

Fonagy, P. & Target, M. (2003): Frühe Interaktion und die Entwicklung der Selbstregulation. In: Streek-Fischer, A. (Hg.) (2004): Adoleszenz – Bindung – Destruktivität. Stuttgart: Klett-Cotta, S. 105–136.

Fonagy, P. & Target, M. (1996): Personality and sexual development, psychopathology and offending. In: Forensic Psychotherapy, Crime, Psychodynamics and the offender Patient. London: Jessica Kingsley.

Freud, S. (1891): Zur Auffassung der Aphasien. Wiederveröffentlicht mit einem Vorwort von Wolfgang Leuschner. Frankfurt/M.: S. Fischer, 1992.

Freud, S. (1895): Entwurf einer Psychologie. In: Aus den Anfängen der Psychoanalyse, 1950a [1887–1902]. Frankfurt/M.: S. Fischer, Reprint der Ausgabe des Imago-Verlags, London. Auch abgedruckt in: GW, Nachtragsband: Texte aus den Jahren 1895–1938, Teil IV. Frankfurt/M.: S. Fischer, 1987.

Freud, S. (1900): Die Traumdeutung, G. W. II/III. Frankfurt/M.: S. Fischer.

George, E.; Kaplan, N. & Main, M. (1985): The Adult Attachment Interview. MS., Univ. of California, Berkeley.

Giegel, H.J. (1969): Die Logik der seelischen Ereignisse. Zu Theorien von L. Wittgenstein und W. Sellars. Frankfurt/M.: Suhrkamp, 1969.

Grieser, J. (1998): Der Phantasierte Vater. Zu Entstehung und Funktion des Vaterbilds beim Sohn. Tübingen: edition diskord.

Habermas, J. (1968): Erkenntnis und Interesse. Frankfurt/M.: Suhrkamp; insbesondere Teil III: Kritik als Einheit von Erkenntnis und Interesse, Kapitel 10: Selbstreflexion als Wissenschaft: Freuds psychoanalytische Sinnkritik, S. 262–300.

Kernberg, O.F. (1975): Borderline Conditions and Pathological Narcissism. New York: Jason Aronson; dt: Borderline-Störungen und pathologischer Narzißmus. Frankfurt/M.: Suhrkamp, 2007.

Kernberg, O.F. (2001): Psychoanalyse und Sozialpsychologie – die sozial-autoritative Billigung von Gewalt. In: psychosozial 24, Heft IV, Nr. 86, hrsg. von Reinke/Warrlich, 55–68.

Kerz-Rühling, I. (1086): Freuds Theorie der Einsicht. Psyche – Z Psychoanal 40, 107–123.

Kerz-Rühling, I. (1989): Die psychoanalytische Erzählung. Zum Problem der Objektivität. Psyche – Z Psychoanal 43, 307–330.

Klüwer, K. (1974): Neurosentheorie und Verwahrlosung. Psyche – Z Psychoanal 28, 285–309.

Köhler, L. (2000): Einführung in die Entstehung des Gedächtnisses. In: Erinnerungen und Wirklichkeiten. Psychoanalyse und Neurowissenschaften im Dialog. Hg: M. Koukkou et al. Bd. 1, S. 131ff. Stuttgart: Verlag Internationale Psychoanalyse, 1998.

Köhler, L. (2000): Einfluß der Gedächtnisentwicklung auf die Verarbeitung von Trauma, MS, Hanse-Wissenschaftskolleg (HWK) Delmenhorst.

Krause, R. (1997): Allgemeine Psychoanalytische Krankheitslehre. Bd. 1: Grundlagen. Stuttgart etc.: Kohlhammer.

Krause, R. (1998): Allgemeine psychoanalytische Krankheitslehre, Bd. 2: Modelle. Unter Mitarbeit von Jörg Merten. Stuttgart etc.: Kohlhammer.

Langer, S.K. (1942): Philosophy in a New Key. A Study in the Symbolization of Reason, Rite and Art. Dt.: Philosophie auf neuen Wegen. Das Symbol im Denken, im Ritus und in der Kunst. Mäander, 1965.

Levinson A. & Fonagy, P. (2004): Offending and Attachment: The Relationship between Interpersonal Awareness and Offending in a Prison Population with Psychiatric Disorder. In: Canadian Journal of Psychoanalysis 12, 225–251.

Lorenzer, A. (1970): Sprachzerstörung und Rekonstruktion. Frankfurt/M.: Suhrkamp.

Lorenzer, A. (1972): Zur Begründung einer materialistischen Sozialisationstheorie. Frankfurt/M.: Suhrkamp.

Lorenzer, A. (1981): Das Konzil der Buchhalter. Die Zerstörung der Sinnlichkeit. Eine Religionskritik. Frankfurt/M.: EVA.

Lorenzer, A. (1986): Tiefenhermeneutische Kulturanalyse. In: Lorenzer, A. et al. (Hg.): Kultur-Analysen. Frankfurt/M.: S. Fischer, S. 11–162.

Lurija, A. (1973): Das Gehirn in Aktion. Einführung in die Neuropsychologie. Reinbek: Rowohlt, 1998.

Marty, P. (1996): Mentalisation et psychosomatique. Paris.

Perler, D. (2002): Theorien der Intentionalität im Mittelalter. Frankfurt/M.: Klostermann.

Perler, D. (2003): Alter und neuer Materialismus. Eine historische Hinführung zur aktuellen Debatte über die Leib-Seele-Problematik. In: Neuner, P. (Hg.) (2003): Naturalisierung des Geistes – Sprachlosigkeit der Theologie? Die Mind-Brain-Debatte und das christliche Menschenbild. Freiburg i.Br.: Herder, S. 15–42.

Perler, D. (2006): Ist der Geist im Gehirn? Vortrags-Ms., Fribourg, CH, 13.10.2006.

Portmann, A. (1956): Zoologie und das neue Bild vom Menschen. Reinbek: Rowohlt.

Reinke, E. (1977a): Leiden schützt vor Strafe nicht. Soziotherapeutische Erfahrungen mit dem Gefangenen K. Frankfurt: Campus.

Reinke, E. (1977b): Aktionsforschung als politische Bewegung. Erfahrungen aus einem Randgruppenprojekt. In: Leviathan 1, 15–48.

Reinke E. & Horn, K. (1979): Einige Probleme beim Wiedereinführen individueller Subjektivität in die Wissenschaft. Methodische als politische Fragen. In: Horn, K. (Hg.): Aktionsforschung: Balanceakt ohne Netz? Frankfurt/M.: Syndikat, 54–67 (Teil I), 245–277 (Teil II).

Reinke, E. (1981): Zur methodischen Wiedereinführung individueller Subjektivität in der Sozialforschung. Diss., Universität Bremen.

Reinke, E. (1984): Therapeutisierung oder Kriminalisierung – die Scheinalternativen der Rehabilitation. In: Kriminologisches Journal 16, 181–200.

Reinke, E. (1985): Psychoanalytically Oriented Treatment of Delinquents on Probationary Release in a Residential Setting. In: Pichot, P. et al. (ed.): Psychiatry – the State of the Art, Vol. 6, New York: Plenum Press, S. 375–380.

Reinke, E. (1987): Psychoanalytisches Verstehen im soziotherapeutischen Setting. Ein Modellprojekt mit Straftätern. In: Psyche – Z Psychoanal 41, 900–914.

Reinke, E. (1996a): Behandlungsprozeß und Prognose bei der Soziotherapie mit Delinquenten. Das Ich-integrations-Profil als eine Antwort auf die Forderung nach interdisziplinärer Überprüfbarkeit psychoanalytischen Vorgehens. In: psychosozial 19, Nr. 65, 77–94.

Reinke, E. (1996b): Die Kunst des Durchblicks – Kunst der Deutung – 100 Jahre Psychoanalyse. In: Aus der Seelentiefe, Bd. 2, ZK Bremen Ost und Hochschule der Künste. Bremen: Eigenverlag.

Reinke, E. (1997): Soziotherapie und Psychotherapie mit Straftätern. Klinik und Forschung. Gießen: Psychosozial-Verlag.

Reinke, E. (1998): Psychoanalyse – Erkenntnis – Methode. Überlegungen zu Wissenschaftsstatus und Lehre. In: Psychoanalyse im Dialog. psychosozial 21, Heft II.

Reinke, E. (1999): Wiederholung und Neubeginn. Überlegungen zum »Szenischen Verstehen« (Alfred Lorenzer und Hermann Argelander) als Erkenntnismöglichkeit im psychoanalytischen Prozeß. In: Resch, T. (Hg.): Psychoanalyse, Grenzen und Grenzöffnung. Frankfurt/M.: Brandes & Apsel, S. 43–62.

Reinke, E. (2001): Augensprache. Über die Entwicklung von Affekt- und Selbstkontrolle aus neuropsychoanalytischer Perspektive. In: psychosozial 24, Nr. 86, Heft IV, 81–98.

Reinke, E. (2002): Phantom und Wirklichkeit von Bewußtsein und Unbewußtem. In: Walter, H.-J. et al. (Hg.): Phantom Wirklichkeit. Pädagogisch-wissenschaftliche Perspektiven. Hohengehren: Schneider, S. 41–58.

Reinke, E. (2007): AD(H)S als Metapher – oder die Grenzen rationaler Gesundheitsaufklärung. In: Warrlich, Chr. & Reinke, E. (Hg.) (2007), S. 35–65.

Reinke, E. & Warrlich, Chr. (Hg.) (2007): Auf der Suche. Psychoanalytische Betrachtungen zum AD(H)S. Gießen: Psychosozial-Verlag.

Ryle, G. (1949): The Concept of Mind. Chicago: University of Chicago Press, 2000.

Stegmüller, W. (1975): Philosophie der Evidenz: Franz Brentano. In: ders.: Hauptströmungen der Gegenwartsphilosophie, Bd. 1. Stuttgart: Kröner, S. 1–48.

Sandler, J. et al. (1997): Freuds Modelle der Seele. Gießen: Psychosozial-Verlag, 2003.

Shapiro, Th. & Emde, R.N. (ed.) (1991): Affect. A Psychoanalytic Perspective. Journal of the American Psychoanalytic Association 39, Supplement.

Taubner, S. (2007): Einsicht in Gewalt. Reflexive Kompetenz adoleszenter Straftäter beim Täter-Opfer-Ausgleich. Dissertation Bremen. Psychosozial-Verlag (angekündigt: November 2008).

Taubner, S. (2008a): Mentalisierung und Einsicht. In: Forum der Psychoanalyse 24 (1), 16–31.

Taubner, S. (2008b): Entsteht Einsicht im Täter-Opfer-Ausgleich? – Eine empirische Studie am Beispiel adoleszenter Gewaltstraftäter. Mschr. f. Kriminologie 91 (4), 281–294.

Taubner, S.: Changes in reflective functioning following a victim-offender-mediation. Sexual Offender Treatment (eingereicht).

Volkan, V. D. (1976): Primitive Internalized Object Relations. Dt.: Psychoanalyse der frühen Objektbeziehungen. Stuttgart: Klett, 1978.

Volkan, V. D. & Ast, G. (1994): Spektrum des Narzißmus. Göttingen: Vandenhoeck & Ruprecht.

Winnicott, D.W. (1971): Vom Spiel zur Kreativität. Stuttgart: Klett-Cotta.

Wittgenstein, L. (1953): Philosophische Untersuchungen. Frankfurt/M. Suhrkamp, 1977.

Anmerkungen

1 im Original: reflective function. Zur Begründung unserer Übersetzung mit Reflexive Kompetenz s. Teil II

2 s. Teil II dieser Arbeit

3 s. Übersichtsartikel zum Ansatz in Bereich Kriminalität: Fonagy, P. 1998; Fonagy/Target 2003; Levinson/Fonagy 2004

4 EBI-Fragebogen über: reinke.ellen@online.de

5 deutsche Version des Manuals über: reinke.ellen@online.de

6 Wir sehen hier auch einen Ansatzpunkt für vergleichende Betrachtungen zu Winnicott, z. B. zu seinen Ausführungen bezüglich der Entwicklung des »wahren« bzw. »falschen« Selbst.

7 zum Beleg s. hierzu die relevante Forschungsliteratur, u. a. Reinke (1997), Taubner (2008), mit weiteren Belegen dort

8 s. Teil II

9 die deutsche Übersetzung kann wie erwähnt angefordert werden: reinke.ellen@online.de

10 Fonagy, Peter: Das Verständnis für geistige Prozesse, die Mutter-Kind-Interaktion und die Entwicklung des Selbst. In: Petermann, F. et al. (Hg.) (2000): Risiken in der Frühkindlichen Entwicklung. Göttingen: Hogrefe, S. 241–255.

11 das heißt für sie: das reflexive Selbst; Fonagy et al. 1993, S. 250

12 soziografische Daten s. Tab. 1 im Anhang.

13 Dies ist keine agnostische Position; irgend etwas müssen wir irgendwie erkannt haben, sonst wären wir, wie Freud es ausdrückte, schon als Affen von den Bäumen gefallen.

14 s. Cassirer: animale symbolicum

15 Dieser »objektbeziehungstheoretische« Aspekt der menschlichen Entwicklung, den Freud früh gesehen hat, wird in der ersten Hälfte des 20. Jh. vom »mainstream« der psychoanalytischen Forschung vernachlässigt. Er wird später, ab ca. der 2. Hälfte des 20. Jahrhunderts, zur Referenztheorie der Psychoanalyse werden.

16 Wer sich – verständlicherweise – nicht mit den ganzen Lorenzer'schen Oeuvre auseinandersetzen will, findet einen guten Einstieg in: Lorenzer & Görlich (1994): Lebensgeschichte und Persönlichkeitsentwicklung im Spannungsfeld von Sinnlichkeit und Bewußtsein. In: Der Stachel Freud. Beiträge zur Kulturalismus-Kritik. Lüneburg: Zur Klampen, S. 172–192.

Vom Strafgefangenen zum Patienten. Tatnarrative im Kontext einer Gruppentherapie

Franziska Lamott, Michael B. Buchholz & Kathrin Mörtl

Vorbemerkung

Verurteilte Sexualstraftäter können sich aus dem Strafvollzug für eine Therapie in der Sozialtherapeutischen Abteilung bewerben. Wir[1] erhielten die Möglichkeit, die gruppentherapeutischen Sitzungen einer solchen Einrichtung auszuwerten. An der videografierten Gruppentherapie von jeweils anderthalb Stunden Dauer nahmen 16 Männer teil, die wegen sexuellen Missbrauchs an Jungen und Mädchen, wegen Exhibitionismus und Inzest zu Freiheitsstrafen verurteilt worden waren. Die Sitzungen wurden von zwei gruppentherapeutisch erfahrenen Psychologen der Strafanstalt geleitet. Die Teilnehmer hatten der Videoaufzeichnung zu Forschungszwecken zugestimmt.

Ein solches Material stellt eine Herausforderung dar. Zum einen hofften wir Einblick in die Art und Weise der Verarbeitung solcher Taten zu erhalten, zum anderen erwarteten wir etwas darüber zu erfahren, wie mit Straftätern therapeutisch gearbeitet werden kann. Darüber hinaus wollten wir wissen, ob aus einer Beschäftigung mit dem videografierten Material auch Erkenntnisse gewonnen werden, die bei der Entlassungsprognose berücksichtigt werden können.[2]

Im Folgenden werden wir uns mit jenen gruppentherapeutischen Intitiationsriten und Strategien beschäftigen, die den Übergang eines Gefangenen vom Strafvollzug in die Therapie charakterisieren.

Zwischen Gefängnis und Therapie

Der Übergang vom Strafvollzug zur Sozialtherapie kennzeichnet für die Gruppenteilnehmer nicht nur eine Bewegung zwischen verschiedenen symbolischen Räumen, sondern bringt auch eine Reihe von manifesten Veränderungen mit sich, in denen die Bewerber von einem Zustand und Status in einen anderen hinübertreten (Lamott 2001). Um in die Sozialtherapeutische Abteilung des Justizvollzugs aufgenommen zu werden, müssen sich die Gefangenen selbst bewerben. Ihre Bewerbung wird von verschiedenen juristischen und psychologischen Instanzen geprüft. Es gibt ein Risiko, abgelehnt zu werden. Die Gruppenteilnehmer wissen um dieses Risiko, und sie können sich in reflexiver Einstellung denken, dass ihre Motivation zur Therapieteilnahme geprüft wird. Motivation, wie auch immer sie in psychologischer Hinsicht aussehen mag, gerät hier in einen konversationellen Rahmen: Sie muss so *dargestellt* werden, dass dem Bemühen Erfolg beschieden werden kann. Zu wenig Glaubwürdigkeit der motivationalen Darstellung lässt das Vorhaben ebenso scheitern wie ein Zuviel. Die erzwungene Beimischung solcher notwendigerweise strategischen Überlegungen zur Darstellung der eigenen Motivation schafft besondere Schwierigkeiten, die ein Gefangener bewältigen muss, will er in den therapeutischen Raum eintreten. Um über diese Initiationsschwelle zu treten, wird von den Gruppenteilnehmern erwartet, ihre Geschichte zu erzählen. Das Tat-Narrativ hat somit eine wichtige Bedeutung, die auch bei unserer Analyse berücksichtigt werden muss. Es ist zentral im Schnittpunkt einer »vertikalen« Linie der persönlichen Geschichte und Entwicklung, und »horizontal« im aktuellen Kontext des Strafvollzuges und der Gruppe.

Der Strafvollzug muss eher an der Organisation eines reibungslosen Alltags interessiert sein, während die Sozialtherapeutische Abteilung seelische Hintergründe und jene interpersonale Dynamik, die zur Straftat des Einzelnen geführt haben, explorieren möchte (Lamott 2001). Doch kann sie das nie in »Reinheit«, weil eben neben dem therapeutischen Auftrag auch weiterhin ordnungspolitische Gesichtspunkte innerhalb der Sozialtherapie ihre Rolle spielen. Das wird schon »ab ovo« sichtbar, wenn sich Gefangene um Aufnahme in das sozialtherapeutische Behandlungsprogramm bewerben. Denn bei der Darstellung ihrer Motivation weiß jeder der Beteiligten, dass neben dem Wunsch nach Verstehen der eigenen Devianz, dem Wunsch nach zukünftiger Verhaltensänderung oder der komplexen Klärung schwierigster kognitiv-affektiver Dispositionen durchaus auch handfeste pragmatische Gründe eine Rolle spielen, wie z.B. nach Verbesserung oder Erleichterung der Haftbedingungen, ein hierarchisches Motiv nach zu erwartendem höherem Ansehen außerhalb des Strafvollzugs (Distinktionsgewinn gegenüber normalen Strafgefangenen) und nicht zuletzt die Hoffnung auf frühere Entlassung durch positive Beurteilung. Bei jenen Sexualstraftätern, die überwiegend wegen Pädosexualität, Exhibitionismus und Voyeurismus verurteilt sind, könnte außerdem der Wunsch eine Rolle spielen, endlich eine untere und verachtete Position innerhalb der Gefangenenhierarchie des Normalvollzugs verlassen zu können (Lamott 2005). Die Rolle des Patienten der sozialtherapeutischen Abteilung verspricht Entlastung durch die Reorganisation hierarchischer Strukturen. Man ist unter seinesgleichen, die Karten werden neu gemischt.

Doch für diese positiven Erwartungen muss ein Preis entrichtet werden. Der Strafgefangene muss einen folgenreichen Rollenwechsel zum Patienten auf sich nehmen.

Wie wird ein Gefangener zum Patienten?

Auf welche Folgen kann oder muss er sich einstellen? Mit welchen unterschiedlichen Vorstellungen und Erwartungen des sozialtherapeutischen Subsystems wird er konfrontiert und welche Initiationsriten regeln diesen Übergang?

Wenn wir diese Fragen hier auflisten, dann wollen wir zeigen, dass dies Fragen sind, die die Gruppenteilnehmer selbst haben, auch wenn sie selbst sie so direkt nicht stellen. Mit dem Eintritt in die Sozialtherapeutische Abteilung verlässt der Gefangene seinen bisherigen Status und begibt sich in eine neue, ihm fremde Welt mit eigenen Regeln, die einen gewissen Bruch mit sozialen Normen und Hierarchisierungen des Strafvollzugs implizieren und Krisen mit sich bringen können. Die Initiation zum Patienten folgt spezifischen Regeln, die der Herstellung von Sicherheit angesichts unsicherer Situationen ebenso wie der Angstabwehr dienen. So dient die Aufforderung, über sich, seine Biografie und Tat zu sprechen, einerseits der Öffnung und andererseits der institutionellen Abwehr von Angst. Der ritualisierte Ablauf der Gruppentherapie am Anfang und am Ende einer Sitzung balanciert die beschriebenen strukturellen Ambivalenzen. Solche Ritualisierungen haben wiederum positive wie negative Aspekte. Sie können einschränkend wirken, wenn die Angstabwehr jeden Spielraum minimiert, sie haben aber auch eine Freiheit ermöglichende Funktion, indem sie einen Raum zur Verfügung stellen, in dem die Angst zugelassen oder gebunden werden und die Überwindung als Sprungbrett in die neue Phase fungieren kann.

Jeder in die Sozialtherapie aufgenommene Gefangene durchläuft eine dreimonatige Probezeit, in der seine Fähigkeit und Bereitschaft am gruppentherapeutischen Prozess teilzunehmen, geprüft wird. Von jedem neuen Gruppenteilnehmer wird ausdrücklich erwartet, seine Lebens- und Deliktgeschichte beim Eintritt in der Gruppe zu erzählen. Medium der Initiation zum Patienten ist somit Sprache. Darin liegt ein eigener Zwang; der Gefangene muss zur Sprache kommen und agierendes Verhalten durch die Bereitschaft zur Symbolisierung ersetzen. Das fällt den meisten außerordentlich schwer. Zugleich ist das Erzählen der Lebens- und Tatgeschichte in der Gruppe wesentlicher Bestandteil des institutionell verankerten Initiationsritus; die Bereitschaft, das eigene Narrativ zur Dis-Position zu stellen zwingt auch dazu, die eigene Position zu reflektieren und gegebenenfalls aufzugeben. Sie ist Voraussetzung für die endgültige Aufnahme in die Sozialtherapie. Das genau wird von den Sprechern dargestellt, wie wir hier aus der ersten Sitzung zeigen:

(Peter P.–1: Z 217–232)[3]

Sepp P.: Na ja, das Mädchen schon, nur deine Lebensgeschichte

Peter P.: Die bleibt außen vor bis nach dem / /. Dazu bin ich im Moment noch nicht bereit. Denn wie gesagt, ich will erst wissen, ob ich hier bleiben kann bevor ich in diesem Kreis über mein Leben spreche. (lauter Straßenlärm) –

Therapeut K.: Eine Information dazu / / / im Moment. Ja / / dass Sie / / hier bleiben können wird sein, dass Sie ihre Eintrittskarte / und dazu gehört dass Sie auch einmal ausführlich über sich selber was berichten. – –

Peter P.: Ist das jetzt eine Drohung, Erpressung oder

Therapeut K.: Nein nein / / wie gesagt es ist extra / die Situation dazu. Ja / / Sie die Entscheidung wann Sie es tun. Ich wollte Sie nur darüber informieren / Sie äh einfach die Dinge klar erkennen.

Peter P.: Hat das äh: dann frag ich doch mal / hat das jeder in den drei Probemonaten gemacht, sein Leben ausführlich erzählt?

Frank B.: Ich hab's so gut gemacht wie ich konnte. –

Frank B.: / Ich auch. – –

Sepp P.: Ich hab's / / / die Therapeuten / / gehabt

Frank B.: Bitte (jemand lacht, ein anderer räuspert sich)

Peter P. beugt sich nicht ohne Widerspruch den Regeln der Initiation. In einem ersten Schritt verleiht er der Forderung zu erzählen eine bemerkenswerte Deutung: er kategorisiert sie als »Drohung« und »Erpressung«. Solche Kategorisierungsaktivitäten werden wir später ausführlich analysieren. Hier ist bemerkenswert, dass er damit zugleich unvermeidlich einen personalen Kommentar abgibt; er kommentiert eine Situation, wie er sie sieht, und definiert sie damit zugleich – als bedrohlich. In einem zweiten Schritt vergewissert er sich bei den anderen Gruppenteilnehmern, ob auch sie dieser Aufforderung zum Erzählen schon gefolgt sind. Handelt es sich also um eine für alle gültige Gruppenregel? Das Initiationsritual verlangt die Anerkennung dieser Regel. Denn erst durch das Erzählen der eigenen Lebensgeschichte wird der *Gefangene* des Justizvollzugs zum *Patienten* der Sozialtherapie. Dass das als Unterwerfung (unter die »Erpressung«) erlebt wird, hängt nicht nur damit zusammen, dass die Patientenrolle unvertraut ist, sondern tiefer noch: dass sehr wohl verstanden wird, dass mit der Akzeptanz der Patientenrolle unvermeidlich zugestanden wird, nicht »Herr im eigenen Hause« (Freud) zu sein. Die Initiation des Gruppeneintritts evoziert die Konfrontation mit jenem Zustand der Un-Ordnung, den die Motivdarstellungen scheinbar »bewältigt« hatten. Und darauf wird mit einer provozierenden Abwehr reagiert, die aus dem Therapeuten den *drohenden Erpresser* macht; *er* ist jetzt der eigentliche Verbrecher.

Sich solche Un-Ordnung einzugestehen, ruft einen Protest hervor, der sich gegen das gesamte Procedere richtet, um das sich der Gruppenteilnehmer doch beworben hatte. Er will die eigene Selbstbehauptung betonen, deren Verlust er mit der Übernahme der Patientenrolle fürchtet. Unsere Analyse geht also so vor, dass wir zunächst die ambivalenten Strukturaufforderungen der Situation betrachtet haben und dann, wie jemand sich als Person »einbringt«, indem er die soziale Lage aus seiner exzentrischen Position kommentiert. Und mit diesem Kommentar zugleich in »Verhandlungen« eintritt mit jenen, die den Übergang schon hinter sich haben.

Mit der Metapher von der »Eintrittskarte« schlägt der Therapeut eine andere Deutung vor; Eintrittskarten braucht man für Kino- oder Theaterbesuche oder dergleichen. Aber hierhin geht man freiwillig, was Peter P. sofort indirekt akzentuiert und damit den Therapeuten zwingt, das Machtvolle der Gruppenveranstaltung zu betonen: Peter P. müsse »die Dinge klar sehen«. Der Therapeut wird als Angehöriger des Justizapparates wahrgenommen, aber man könnte auch sagen: »definiert«. Denn er ist ebenso indirekt als »Verbrecher«, als ein drohender Erpresser nämlich, tituliert worden. Will man beide so widersprüchlichen Definitionen zusammenbringen, bleibt wohl kaum eine andere Wahl, als dass Peter P. in dieser Anfangsinteraktion zu verstehen gibt, dass er das Gefängnis selbst als Quelle allen Übels ansieht. Auf subtile Weise konstruiert er eine konzeptuelle Metapher: *Die Gefängnismitarbeiter sind die Verbrecher*, welche sich als indirekte Deutung des Geschehens durchsetzt. In einer psychoanalytischen Sicht würde man von einer Projektion des bösen Anteils auf den Therapeuten sprechen und die Rollenumkehr notieren. Wie jede solche Umkehrung macht sie sich immer einen Aspekt des Realen zu eigen; es besteht ja in der Tat für die Gruppenteilnehmer ein Zwang. Der therapeutische Prozess wird sich im Wesentlichen dennoch darum drehen, solche Projektion zurücknehmen und das »Böse« der eigenen Tat anerkennen zu können.

In diesem Prozess spielen neben der noch ungewissen Einwilligung des Novizen die bereits initiierten Gruppenteilnehmer eine wichtige Rolle. Sie haben das Procedere schon durchlaufen. Sie versichern dem Novizen gleichsam die Ungefährlichkeit der Überquerung der Passage. Sie sind schon einsozialisiert ins therapeutische Sprachspiel, unterstützen den Therapeuten, indem sie den Neuankömmling konfrontieren, sein Verhalten spiegeln, interpretieren, also hier gleichsam co-therapeutische Aufgaben übernehmen. Damit beteiligen sie sich nicht nur an der Initiation, sondern positionieren sich selbst auch als bereits entwickelte Patienten. Doch nicht selten tragen sie aus Solidarität mit dem neu aufgenommenen Gruppenteilnehmer oder aus Selbstschutz zur interpersonalen Abwehr bei, indem sie die Erzählung des Novizen authentifizieren oder diskreditieren, Exkulpationshilfen liefern oder Hintertürchen für narrative Fluchtwege eröffnen.

Gelingt schließlich Darstellung und Reflexion von Biografie und Tat und deren Widerspiegelung im Erzählprozess, so können sich – das ist die therapeutische Hoffnung – ein neues Selbstverständnis und eine veränderte Identität entwickeln. Dazu müssen erhebliche Klippen überwunden werden. Diese Klippen so deutlich wie möglich herauszuarbeiten, um sie für andere therapeutisch Arbeitende prägnant erkennbar zu machen und bei der Einschätzung von Entlassungschancen vertretbare Hilfen über den Stand der Tat-Verarbeitung zu geben.

Das ist freilich nicht leicht. Denn zugleich ist der repressive Kontext einer Gruppentherapie im Strafvollzug unverkennbar, beinah in jeder Äußerung spürbar. Der Kontext ist nicht nur außerhalb, sondern *in* der Sitzung selbst präsentiert, wie das Beispiel sinnfällig macht. Kaum äußern sich die Männer etwa zur Therapie oder zum Therapeuten, kaum äußern sie sich direkt kommentierend zueinander. Fast immer sind solche Kommentierungen indirekt und versteckt in Anspielungen. Über sexuelle Taten zu sprechen und zugleich jede Möglichkeit sexueller Aktivität versagt zu bekommen, schafft darüber hinaus einen aktuellen Konflikt. Die kollektive Regulierung von sexueller Stimulierung durch Erzählung und Anhören bei gleichzeitiger Notwendigkeit von deren Dämpfung ist eine, wie sich zeigen wird, ständig still mitlaufende Interaktionsaufgabe, auch wenn über manifest ganz andere Themen gesprochen wird. Der Kontext ist aber nicht nur repressiv, sondern zugleich therapeutisch, was bestimmte Ambivalenzen mit sich bringt. Z.B. bedeutet ein therapeutischer Kontext, dass eine »Tat« nicht unbedingt als freie Willensentscheidung dargestellt wird, sondern eher als eine »seelische Störung«, für die ein anderes verantwortliches Agens, z.B. »die Kindheit«, gefunden werden muss. Dem kontrastiert natürlich, dass die Männer selbst für ihre Taten als voll verantwortlich von Gerichten angesehen wurden. Deshalb sitzen sie ein, deshalb wurden sie verurteilt. Durch alle Sitzungen, ja beinah durch jede einzelne Äußerung zieht sich diese Ambivalenz: Handelt es sich um eine »seelische Störung«, für die Behandlung und Verständnis eingefordert werden könnte, oder handelt es sich um eine Tat, für die Verantwortungsübernahme und Reue erwartet werden kann? Mit dieser Ambivalenz, so wird sich zeigen, »spielen« die Gruppenteilnehmer auf eine höchst kunstvolle Weise. Sie sind oft gesprächsweise unbeholfen wirkende Dümpel, plötzlich aber rhetorische Meister von eigenartiger und erstaunlicher Brillanz, manchmal adoptieren sie therapeutischen Jargon, weil und solange sie noch keine eigenen angemessenen Worte zur Verfügung haben.

Ständig präsent ist die Aufgabe, das eigene Leben im Verlauf darzustellen, was in sich eine Reihe von Schwierigkeiten birgt. Einen Lebenslauf zu entwerfen, ist für die meisten Menschen schon bei einer Bewerbung schwierig. Komplexer noch werden die Verhältnisse, wenn ein Lebenslauf bei einem Psychotherapeuten im Erstinterview präsentiert werden soll; hier determiniert die kontextuelle Erwartung, dass sich aus dieser Darstellung selbst eine Erklärung für die behandlungsbedürftige Störung ableiten lässt. Und eine weitere Komplexitätssteigerung erfährt dieses Problem, wenn Gruppenteilnehmer aufgefordert sind, solche biografischen Darstellungen vorzunehmen mit dem Ziel, schwere Fehleinstellungen gegenüber anderen Menschen zu überwinden. Die sequenzielle Logik, dass man erst etwas zugeben und affektiv eingestehen muss, bevor man sich davon distanzieren oder es gar bereuen und überwinden kann, hat eine mächtige organisierende Kraft.

Passagen

Man kann sich an vergleichbaren Übergängen orientieren, wie sie im Konzept der *Rites de passage* (van Gennep 2005) als Brüche und Krisen im sozialen Prozess gekennzeichnet wurden. Übergangssituationen markieren meist zugleich räumliche, soziale und zeitliche Veränderungen. Rites de passage bestehen im Wesentlichen aus drei Phasen: einer Trennungsphase (vom alten Zustand und Status), einer Schwellen- bzw. Umwandlungsphase und einer Angliederungsphase.

Die mittlere der drei Phasen, in der die Umwandlung stattfindet, ist die wichtigste; sie gilt als Angelpunkt der Transformation. Die Eigenschaften des Schwellenzustands nennt Turner (siehe v. Gennep, 2005) »Liminality«. Liminalität kennzeichnet einen Zustand, in dem sich die Individuen aus einer herrschenden Sozialordnung gelöst haben und in einen neuen Status wechseln. Die liminale Phase ist für den Prozess der Erneuerung von entscheidender Bedeutung. Der soziale Übergang macht einen seelischen Umbau erforderlich und zugleich sichtbar. Die Novizen erleben in dieser Phase häufig Krisen der Identität: Sie sind weder das eine noch das andere, weder das Alte noch das Neue. Sie sind alle gleich, Passagieren und Reisenden vergleichbar. Trennungsriten, die die Trennung von einer alten Welt gewährleisten sollen, werden während der Schwellenphase vollzogen. Sie werden als Schwellen- bzw. Umwandlungsriten (v. Gennep 2005) und jene, die an die neue Welt angliedern, als Angliederungsriten bezeichnet. Übergangsriten vom Strafgefangenen zum Patienten oder Initiationsrituale regeln den Status- und Positionswechsel, d.h. sie sichern die Schwellenphase, in der Unstrukturiertheit und Ambiguität vorherrschen, ab. Die Aufforderung der Therapeuten, sich zu Beginn der Sitzung über die eigene Befindlichkeit mitzuteilen, ist in diesem Sinn ein genauer Übergangsritus: Sie markiert den Eintritt in die therapeutische Welt ebenso wie am Ende der Sitzung das »Blitzlicht« die Rückkehr in den Alltag der sozialtherapeutischen Station markiert.

Der Zustand der »Liminality« wird von negativen wie von positiven Affekten begleitet. Negative Aspekte werden durch Angst vor Auflösung dramatisiert, Grenzgänger haben noch keinen Status, keine Insignien, die sie von ihrer Gruppe unterscheiden könnten. Sie haben noch keinen Namen, alte Bindungen sind aufgelöst. Als Personen sind sie reduziert und nivelliert in dem präzisen Sinne, dass sie wissen können, anderen »noch nicht bekannt« zu sein und eben darin anderen gleich. Doch das genau verbindet sie untereinander als »Communitas«, als Gefühl der Gleichheit und Solidarität. Dies sind Aspekte, aus denen positive Möglichkeiten erwachsen können. Es entstehen gerade dort persönliche Spielräume, wo der soziale Status noch im Werden, noch nicht definiert ist. In der Liminalität ist die soziale Klassifikation noch nicht »eingerastet«, und das bietet Chancen, sich als Person zu präsentieren – und Risiken zugleich. »Liminality« charakterisiert den Bereich solcher Möglichkeiten. Grenzgänger sind »betwixt and between«, wie Turner (siehe v. Gennep 2005) formulierte. Aufgrund dieses Zustandes, ihrer vorübergehenden Isolation, ihrer Marginalität, ihrer sozialen Distanz können sie eine neue Bewusstseinshaltung entwickeln, die aufmerksam-kritisch Gefährdungen beobachtet und zugleich auch innovativ werden kann.

Initiationsriten

Über die therapeutische Konzeption erfährt man auch etwas, wenn man die Therapeuten selbst zu Wort kommen lässt, wenn man vernimmt, in welchen Situationen sie reagieren, wie sie reagieren und was sie dann sagen. Noch mehr erfährt man aus dem Echo, welches die therapeutischen Vorgaben bei den Gruppenteilnehmern erzeugt. Gruppenteilnehmer antworten nämlich häufig in erkennbaren Anspielungen auf das, was in dieser Gruppe »geht« und »was nicht geht«. Das wird auffällig illustriert, als ein neues Gruppenmitglied in die Gruppe »eingewiesen« wird. Wir wählen dieses Beispiel hier als Einstieg, weil es uns ja nicht anders geht – auch wir kommen als Neulinge in diese Gruppe.

(Thomas W.–2: Z 14ff.)
(Hauptsächlich Stille, nur kurz durch unverständliches Gemurmel unterbrochen)
(Bernd B. und Ronny T. betreten zusammen den Raum und setzen sich.)
Ronny T.: /// (zu Thomas W.) /// — [4]
Bruno A.: So, fang ich gleich mal an +
Bernd B.: Nei, i möcht' anfange.
Bruno A.: Oh! —
Bernd B.: (Blickt zu Paul H.) Also, ich bin der B., fangen wir mal an zur Begrüßung kommen wir dann mal später, aber zu Anfang möchte ich mal erklären, wie es so ablauft. Man erzählt halt, – wie's einem so geht. – Komplett, des is die erste Runde.
Thomas W.: Die erste Runde.
Bernd B.: Ja. Ja. Beim zweiten Mal stellen wir uns dann vor. /// Würd' sagen, ich fang damit jetzt an. So, mir geht's ganz gut. Ich stotter halt'n bissle, bin bissle unsicher. /// — (schaut zu Boden) Ja, was soll ich sagen? —
Bruno A.: Gut, fangen wir dann jetzt an. Ich begrüße dich in der Gruppe. Ich freue mich, dass du eine Therapie machen willst. Dass du etwas für deine Straftat tun willst. Und dann gibt's hier Komm-Regeln, an der Tür. Was du hier hörst, bleibt hier im Raum drinne, die Gespräche. /// Da drüben sind die Komm-Regeln, kannst du dir mal durchlesen. Ja irgendwie kannst du offen reden, kannst über deine Straftat erzählen, wenn du möchtest. Wenn du Problem äh Probleme hast, kannst du reden. –
Bernd B.: (meldet sich und redet) Darf ich einmal n bissle. Ich hätt gemeint, mir, mir sagen wie's uns geht und des halt. Hat mir eigentlich auch vorgenommen des hervorzubringen aber erst bei seine Begrüßung, denk i. Er erzählt jetzt ersteinmal, macht n Blitz, sagt wie's ihm geht. Die Sachen sind eigentlich /// solche Sachen. /// hat die dann halt ausgelassen. —
Bruno A.: Was genau habt ihr / noch nicht. Erst kommt die, die Begrüßung, was danach kommt des is der nächste Punkt. ///
Bernd B.: Bis jetzt ist's halt immer so abgelaufen, dass wir n Blitz gemacht hatten. Und des hab ich jetzt ihm versucht zu erklären. Und zu zu ihm gesagt, dass, dass eine zweite Runde, versuchen wir uns vorzustellen und ihn willkommen zu heißen. So. Aber wenns a / Versuch war, es zu erklären. Wie's halt immer war.
Bruno A.: Gut, dann möchte ich
(Unverständliches Gemurmel von verschiedenen Personen, etwa 20 Sekunden.)
Bruno A.: Mir geht's gut ///
Kurt M.: Also mir gehts auch recht gut und ich möchte dich auch bei uns begrüßen. —
Günther G.: Mir geht's nicht besonders schlecht. —
Bernd B.: Ja, i, i, bin gesund meistens und mir geht's immer recht gut. –

In dieser längeren Einleitungssequenz einer Gruppensitzung sind mehrere Aspekte sofort auffallend.

Sieg und Niederlage des »Anfangens«

Nicht der Gruppenleiter eröffnet die Sitzung, sondern es entsteht unter den Gruppenmitgliedern eine Art Wettstreit darum, wer die Sitzung eröffnen darf. Das bei diesem Wettstreit eingesetzte konversationelle Mittel ist der aktualisierte Selbstkommentar zur eigenen Handlung: Bruno A.: »So, fang ich gleich mal an +«

Hier fängt einer nicht nur an, sondern sagt dazu, dass er anfängt und zwar »gleich mal«.

Dieser performative Sprechakt weist sich selbst Definition und Handlungsrecht zu. Er kann nicht widerlegt werden, denn er hat ja eben just dadurch begonnen, indem er sagt, dass er anfängt. Danach sind nur noch »zweite Züge« möglich. Das im Transkript eingefügte »+«-Zeichen zeigt nun an, dass hier ein »overlap« stattfindet; der zweite Sprecher schließt unmittelbar, gleichsam in die noch nicht abgeschlossene Rede des ersten Sprechers hineinredend, an – und das zeigt das Maß an Überraschung, wenn nicht sogar Erregung, das beide hier aufbauen und teilen.

Wenn der nächste Sprecher nun reagiert mit: Bernd B.: »Nei, i möcht' anfange«, dann muss mit dem »anfange« auch etwas inhaltlich anderes gemeint sein. Die Überraschung äußert sich nun in dem wie eine konversationelle Blockade wirkenden expressiven Ausruf »Oh!« von Bruno A. Darauf tritt eine kurze Stille ein. Bernd B. muss nun mit der veränderten Blickrichtung den Adressaten seiner nächsten Äußerung wechseln, denn nur so kann er gewissermaßen den paradoxen »Sieg« eines »eigentlichen« Anfangs auskosten; Bruno A. ist »ausgeknockt« und muss erst einmal schweigen.

Bernd B. definiert als eigentlichen Eintritt in die Gruppensitzung das Anfangen mit dem Erzählen, »wie's einem so geht«, wie Bernd B. dann erläutert. Damit hat er sich nun das Rederecht erkämpft und erläutert weiter, dass die Mitteilung, »wie's einem so geht« durch die ganze Runde geführt wird. Dem folgt dann die Selbstvorstellung. Und nun ein Neustart, ein tatsächlicher Versuch, den eigentlichen Anfangspol für sich zu besetzen: »Würd' sagen, ich fang damit jetzt an. So, mir geht's ganz gut.«

Wie um zu sichern, dass dieser Neustart ein anderes »Anfangen« ist als der aktualisierte Selbstkommentar (wie der Anfangssatz von Bruno A.), kommt es hier dann auch gleich zum Vollzug. Er teilt mit, dass es ihm »ganz gut« geht. Das ist, betrachtet man es lediglich vom Inhalt her, natürlich eine Trivialität. Von größerer Bedeutsamkeit ist die konversationelle Einbettung. Er hat sich an die erste Stelle desjenigen geschoben, der »anfängt« – nämlich mit dem Vollzug der Befindlichkeitsmitteilung. Der Anfangssatz von Bruno A. war nicht zu widerlegen – wer als erster sagt, dass er »anfängt«, hat damit angefangen. Aber in einem anderen Sinne hat es Bernd B. geschafft, gleichsam aus der zweiten Reihe startend, doch noch den Erzählanfang für sich in Anspruch zu nehmen, und er sichert diese Position, indem er das Format beschreibt: »erklären, wie es so ablauft«.

Für unsere Interpretationsarbeit lernen wir daraus, dass gleiche Worte (»anfangen«) selbst in der gleichen Sequenz höchst unterschiedliche Bedeutungen haben können, und wir sehen weiter, welche konversationelle Meisterschaft darin liegt, einen unwiderlegbaren Anfang dennoch zu überspielen. Diese konversationelle Meisterschaft der Gruppenteilnehmer kann einem nicht genügend Achtung abringen; hier zeigen sich rhetorische Könner im Gewand größter Schlichtheit, ja gelegentlich sogar Dumpfheit, denen die Raffinesse erst noch abzulauschen ist, wenn ihnen mit den Mitteln des Gesprächs eine emotional tiefgehende Auseinandersetzung ermöglicht werden soll.

Der errungene Anfang wird verspielt, indem Bernd B. nun nicht weiter weiß. Er, der eben den Sieg über den Anfang davongetragen hat, teilt als nächstes mit, dass er stottert und unsicher sei und dann schaut er zu Boden und sagt: »Ja, was soll ich sagen? —« Er weiß nicht weiter. Das Rederecht wird nun von Bruno A. sofort übernommen. Er beginnt aber nicht etwa mitzuteilen, wie es ihm geht. Eine solche Fortsetzung würde die Kontextmarkierung (»Blitz«) durch Bernd B. übernehmen. Er schließt also anders an: Bruno A: »Gut, fangen wir dann jetzt an. Ich begrüße dich in der Gruppe. Ich freue mich, dass du eine Therapie machen willst. Dass du etwas für deine Straftat tun willst. Und dann gibt's hier Komm-Regeln, an der Tür.«

Jetzt kommt der, der eben noch »ausgeknockt« worden war, gleichsam in die Höhe und übernimmt sofort den Platz desjenigen, der den Anfang markiert. Erneut mit einem aktualisierten Selbstkommentar, aber jetzt leicht modifiziert durch das »Wir« des Anfangs. »Ich« an dieser Stelle zu wiederholen ist nicht mehr möglich, er muss seine Rechte anders markieren, indem er das neue Gruppenmitglied begrüßt, seine Freude ausdrückt und auf die Komm-Regeln an der Tür verweist. Die »Komm-Regeln« sind eine Abkürzung für »Kommunikationsregeln«, die in Anlehnung an Ruth Cohen Grundregeln Themenzentrierter Interaktion (z. B. Störungen haben Vorrang; nicht per »wir« oder »man«, sondern per »ich« sprechen; was in der Gruppe besprochen wird, bleibt im Raum) darstellen.

Die beiden umkämpften Kontexte sind nun klar: Man kann als Mitglied mit dem »Blitz« anfangen – dann muss man erzählen, wie es einem geht. Man kann aber auch als Quasi-Gruppenleiter anfangen – dann kann man die anderen einweisen in die Regeln. Die einen befolgen die Regeln, die andern überwachen deren Einhaltung. Das ist eine Mikro-Szene dessen, was wir aus dem Zimbardo-Experiment kennen; die interne Hierarchie stellt sich sofort her und deren Einhaltung wird gleichsam von allen Beteiligten überwacht.

Eben dieser im Anfang dieser Sitzung konversationell reproduzierte Kontext läuft nun im Folgenden mit. Bernd B. kann seinerseits nicht mehr anders anschließen als mit: Bernd B: (meldet sich und redet) »Darf ich einmal n bissle«, denn er hat seinen »Sieg« verspielt, als er nicht weiter wusste. Jetzt bleibt ihm nur, sich nachzuordnen, was er mit dem Modalverb »dürfen« und der Frageform anzeigt. Er erläutert rechtfertigend, was und wie er sich dabei gedacht hat: »Ich hätt gemeint, mir, mir sagen wie's uns geht und des halt. Hab mir eigentlich auch vorgenommen des hervorzubringen aber erst bei seine Begrüßung, denk i. Er erzählt jetzt erst einmal, macht n Blitz, sagt wie's ihm geht.«

Damit ist von seiner Seite der Kontext ratifiziert: Der »Anfang« von Bruno A. gilt, er hat erkämpft, dass *sein* »Anfang« gilt. Bernd B. ordnet sich dem nach und übernimmt die Rolle des Gruppenmitgliedes, das nun sogleich den Platz neben dem Sieger Bruno A. einnehmen möchte und sich dem »Neuen« überordnet. Dem Neuen gegenüber ist er der, der ihm sagen kann, was er »hervorbringen« soll.

Parodien

Diese Rangordnung wird in den beiden nächsten Redezügen sichtbar geklärt. Bruno A. beginnt nach einem unverständlichen 20 sec währenden Gemurmel, als wäre auch er ein »blitzendes« Gruppenmitglied, das nicht just gerade die Rolle des Regelüberwachens beansprucht hat, mit der Wendung: »Mir geht's gut.«

Auch hier darf man wieder die konversationelle Meisterschaft bewundern. Denn diese Floskel hat semantisch-inhaltlich kaum Mitteilungswert über die Konvention hinaus, aber sie weist ihn als »normales« Mitglied aus, während der gesamte Kontext zuvor eine völlig andere Lesart aufgenötigt hatte. Die wird nun bestätigt durch die sich anschließenden Äußerungen. Ein Sprecher, von dem auf dem Video nicht genau erkannt werden konnte, wer es ist, schließt an:

Kurt M.: Also mir geht's auch recht gut und ich möchte dich auch bei uns begrüßen. —

Günther G.: Mir geht's nicht besonders schlecht. —

Bernd B.: Ja, i, i, bin gesund meistens und mir geht's immer recht gut. –

Kurt M. vollbringt seinerseits eine ungemein geschickte Leistung. Mit den beiden »auch« betont er, dass er einerseits zur Gruppe derer gehört, die sich jetzt mitteilen – inhaltlich lapidar teilt er das Konventionelle mit, dass es ihm »auch« recht gut gehe. Andererseits definiert er sich mit dem zweiten »auch« bei der Gruppe der Begrüßenden und reiht sich damit bei Bruno A. ein. Günter G. variiert durch Negation des Gegenteils; er könnte auch einfach sagen, dass es ihm »gut geht«, aber durch die Variation (»nicht besonders schlecht«) schafft er sich einen kleinen individualisierten Spielraum. Bernd B.s Anschluss ist nun wiederum rhetorisch beachtlich: Er schafft seinerseits durch die Partikel »meistens«, »immer« und »recht« eine raffinierte Unschärfe – niemand vermöchte im Augenblick zu sagen, wie es ihm tatsächlich geht und ob er nicht tatsächlich gerade auch das Gegenteil hätte sagen können. Und selbst wenn man das könnte, wäre durch eben diese Unschärfe-Partikel ja jeder Bezug zum »Blitz« unterlaufen. Wenn es jemandem »immer recht gut« geht, verliert die Mitteilung ihren Sinn. Eben in diesem kunstvollen Unterlaufen des Sinns der »blitzenden« Befindlichkeitsmitteilung liegt aber der Sinn seiner Äußerung; auf subtile Weise parodiert er die therapeutische Aufgabe *durch* ihre Erfüllung, unterläuft ihren Sinn durch Überbietung. Der parodistische Effekt entsteht, weil die Gruppenteilnehmer sich fügsam an ein Format der Befindlichkeitsmitteilung halten, von dem sie zugleich abweichen. Dies hatte der Psychoanalytiker Georges Devereux (1970) als *deviante Form des Konformismus* treffend beschrieben. Sie folgen der Vorgabe, ihr Befinden mitzuteilen, und sie tun es, indem sie dieses Format parodieren. Dieser Kunstgriff löst auf praktische Weise das Problem von Zugehörigkeit und Individuation; sie zeigen sich auf diese Weise an, keine Sonderstellungen zu beanspruchen und dennoch einzelne Individuen zu sein, mit je unterschiedlichen humoristisch-parodistischen Potenzialen. Die so ritualisierten Mitteilungen wirken deshalb sowohl formalisiert und steif und zugleich komisch; als wollten sie vor dem Gruppentherapeuten gleichsam militärisch »strammstehen«. Die Regel wird unterlaufen, indem sie befolgt wird.

Initiation als psychosoziale Abwehr

Eben diese kunstvolle Weise des devianten Konformismus in der Konversation finden wir auch bei den ersten Kurzvorstellungen aus Anlass der Aufnahme eines neuen Gruppenmitglieds; hier zeigen sich die Gruppenteilnehmer kurz an, wie sie heißen und wer sie sind.

Eine solche Initiation in der Schwellenphase, also am Übergang von dem einen Status des Gefangenen zum anderen des Patienten als Teilnehmer der Gruppentherapie, kann zu einer erhöhten Gruppenkohäsion durch Ritualisierung führen. Der innere Zusammenhalt wird durch die gemeinsame Initiation gestärkt. Dazu wird, wie wir gleich sehen werden, ein weiteres konversationelles Format für die Vorstellung der eigenen Person ausgebildet und von den Teilnehmern befolgt. Zugleich jedoch wird, gewissermaßen unter der Hand und unumgänglich, auf diesem Wege erreicht, dass die Gruppenteilnehmer sich als Gleiche unter Gleichen bekennen müssen, nämlich als Sexualstraftäter.

Nachdem Bernd B., der Sprecher der Gruppe, die Kommunikationsregeln offen dargelegt hat, eröffnet er die Gruppensitzung, indem er alle und diesmal besonders Thomas W. als neues Gruppenmitglied, herzlich willkommen heißt und sich selbst mit seinem Delikt vorstellt:

(Thomas W.-1: Z 77ff.)
Bernd B: Ich möchte alle jetzt herzlich willkommen heißen. Also ich bin auch ein Sexualstraftäter, bin schon zum dritten Mal /, bin 50 Jahre alt, – und hab zweieinhalb Jahre gekriegt deswegen. – Also ich hab im, im Freibad ein Mädchen da ans Geschlechtsteil gefasst – und weil's halt schon zum dritten Mal ist, hab' ich zweieinhalb Jahre dafür gekriegt und keine acht Monate mehr. -- Ich fühl mich ganz wohl, ich hab gemerkt, dass / ganz, – ganz gut geht und die Psychologen und die Therapeuten / sind echt klasse.

Mit dieser Vorstellung liefert Bernd B. eine Formatvorlage, der die anderen Gruppenteilnehmer nun Folge leisten. Man begegnet sich im öffentlichen Raum der Gruppe – dabei darf verborgen bleiben, ob und inwieweit die Teilnehmer sich aus anderen Kontakten innerhalb der Sozialtherapeutischen Abteilung schon kennen – und teilt sich lebensgeschichtliche Eckdaten justitiell relevanter Informationen mit: Alter, Art des Deliktes und Ausmaß der Verurteilung und bisherige Therapieerfahrung. Bernd B. hängt an dieses Format die Befindlichkeitsmitteilung sowie eine Evaluation der Therapeuten an. Daran schließen nun nächste Teilnehmer an:

(Thomas W.–1: Z 116ff.)
Martin K.: Ja und ich bin hier, drei Jahre gekriegt für sexuellen Missbrauch meiner Stieftochter – und Therapie, bin hierher gekommen durch, äh, äh, *Herrn F. –
Therapeut K.: Nicht durch Sie selber?
Martin K.: Wir hatten in *B-Stadt schon also, äh, so kleine Vorrunde – und als sie gefragt, ob ich Lust hätte, ins / zu gehen, sind noch paar Plätze frei, also da – /// was ich auch machen will, und –, jetzt wo ich hier bin, also des gefällt mir alles, ja /// (stark genuschelt) die Hintergründe, warum, wieso, weshalb … ––
Matthias R.: (Räuspern) Mein Name ist *Matthias R., bin 42 Jahre alt, habe wegen sexuellen Missbrauchs meiner damaligen

zwei Stieftöchter siebeneinhalb Jahre bekommen, bin – fünf Jahre schon in Haft. – Ich hab' schon ein paar Sitzung in B-Stadt gehabt in 'ner Therapie – bei mir ist auch die *Frau F. äh, da –, hinzugetreten, ob ich nicht auch eine Therapie machen will, hab mich auch dazu gleich entschlossen, – weil, und –, bin auch gleich hier geblieben und hab's bis heute nicht bereut.

Frank B.: (Räuspern) Mein Name ist *Frank B., bin 39 Jahre alt, und zu acht Jahren verurteilt wegen sexuellem Missbrauch an 'nem Kind /// und der Versuch der Vergewaltigung meiner Frau, bin auch schon seit ja / Monaten hier, hab auch etwa fünf Jahre Haft jetzt hinter mir – und, ja, die Zeit, was ich hier verbracht hab, so einiges schon erleben können und auch entdecken können an mir, was ich sonst nie entdeckt hätt' können, und durch Anregungen und Inspiration …

Paul H.: Bin der *Paul H., 46 Jahre werd ich alt jetzt, demnächst, bin verheiratet, / zwei Kinder, bin in Haft wegen sexuellen Missbrauchs meiner Töchter und zu drei Jahren – und – vom Beruf Briefzusteller und – ich möcht dich erstmal recht herzlich bei uns begrüßen freu mich, dass du den Weg hierher gefunden hast — und also dass ich auf der Station bin, das – /// um mein Verhalten – das Verhalten, das gestörte Verhalten zu erklären, und dass ich daran arbeite. Für mich ist, äh, – für mich ist, warum es jetzt zum Sexualdelikt kam, oder, das Sexualdelikt kam – das wär' schön, wenn ich das herausfinden würde.

Man sieht deutlich, wie präzise sich die Teilnehmer an das einmal etablierte Format halten. Sie teilen Alter, Familienstatus, die juristische Bezeichnung des Delikts und ihr Strafmaß mit, manche auch ihren Beruf und fügen dann einen evaluierenden Kommentar zur bisherigen Therapie und zu ihrem Aufenthalt in der Sozialtherapeutischen Abteilung an. Darüber hinaus nehmen einige zu ihrer Motivation Stellung: Sie möchten etwas herausfinden, Anregung und Inspiration bekommen oder »die Hintergründe, warum, wieso, weshalb« eruieren. Man sieht deutlich, dass das Rituelle dieses Ablaufs durch das konversationelle Format strukturiert ist. Es gibt den Einzelnen gleichsam einen Halt und stabilisiert die Gruppenkohäsion.

Als bemerkenswert muss deshalb von den Beteiligten registriert werden, wenn ein Teilnehmer von diesem Format abweicht. Nachdem sich alle Anwesenden dem Anfangsritual entsprechend vorgestellt haben, weicht ein Gruppenteilnehmer in der Form der Selbstpräsentation ab, indem er lediglich seinen Status als unverheirateter, lediger Mann betont:

(Thomas W.–1: Z 165)

Ronny T.: Mein Name ist *Ronny T., bin 41, – bin ledig. /// —

Ronny T. »bedient« die Formatvorlage unvollständig und reduziert. Das ist nun keine deviante Form des Konformismus mehr, sondern offene Abweichung. Aber wie sie erlebt wird, bestimmt sich nun nicht aus seinem sprechenden Tun allein, sondern aus der Reaktion der nachfolgenden Sprecher. Deren Möglichkeiten bestünden etwa darin, die reduzierte Vorstellung als »Fehler« aufzufassen und Ronny T. zu bitten, fortzufahren. Eine andere Möglichkeit bestünde darin, die Abweichung als »Provokation« aufzufassen, mit der Folge, dass die, die schon gesprochen haben, sich düpiert fühlen könnten, weil sie »brav« mitgemacht haben. Eine dritte Möglichkeit wäre, dass die Gruppenteilnehmer die Abweichung vom bisherigen Format als »typisch Ronny« klassifizieren und sie ignorieren. Man kann weitere Möglichkeiten hinzufügen.

In jedem Fall spielen hier konversationelle Prozesse der »Kategorisierung« hinein, auf die wir noch zu sprechen kommen werden. Nur soviel an dieser Stelle: Man sieht sehr schön, dass ein konversationelles Ereignis nicht »an sich« schon etwas ist. »Als« was es aufgefasst wird, hängt zu einem beträchtlichen Ausmaß davon ab, wie nachfolgende Sprecher es kategorisieren. Das prominenteste Beispiel dürfte die Geschichte von Tom Sawyer sein, der bekanntlich zu Beginndes Romans von Mark Twain von seiner Tante genötigt wird, »als« Strafe für schlechtes Verhalten den Gartenzaun zu streichen. Die anderen Kinder kommen herbei und Tom schafft es, ihnen klarzumachen, dass diese Tätigkeit keineswegs Strafe, sondern Auszeichnung ist, mit der Folge, dass diese sich nun darum reißen, ihrerseits den Zaun streichen zu dürfen. Bemerkenswert dabei ist, dass Tom das nicht einfach sagt, sondern Zwischenstufen »einbaut«: Er behauptet so etwas wie, dass Zaunstreichen eine Art Hobby von ihm sei, dass er gewissermaßen ein künstlerisch veranlagter Mensch sei, der sich so betätigen müsse und dass er es deshalb war, der seine Tante gebeten habe, den Zaun streichen zu dürfen. Erst allmählich entsteht so der Umbau von »Strafe« zu »Auszeichnung«. Nunner-Winkler (2004) nimmt dieses Beispiel zum Anlass für Überlegungen zu verbaler Gewalt, etwa auf Schulhöfen. Viele Schüler lernen, aggressive Äußerungen nicht als »Mobbing« aufzufassen, sondern »als« Spott oder gar als Kontaktaufnahme. Sie reagieren entsprechend und vermeiden es dadurch, in der ihnen zugedachten Rolle von Mobbing-Opfern zu verbleiben. Andere schaffen eben diese konversationellen Umdeutungsaktivitäten nicht; sie riskieren, die eigentlichen Mobbing-Opfer zu werden. Die Autorin will natürlich nicht sagen, dass die Opfer selber schuld seien; aber sie zeigt Möglichkeiten, wie Opfern geholfen werden kann, gar nicht erst in eine solche Rolle zu geraten.

Eine Äußerung ist also zunächst nur eine Äußerung; die von Ronny T. steht in einer Sequenz von vorformulierten Befolgungen einer Formatvorlage, und nun weicht Ronny T. davon ab. Wie reagiert der nächste Sprecher? »Als« was deutet *er* die Abweichung?

Der Bruch mit der Vorlage scheint den folgenden Sprecher nun zu irritieren. Er verspricht sich, um sich erst langsam wieder dem Format der Vorstellungsrunde anzupassen. Er muss sich »in-die-Form-bringen«, um das Format zu erneuern.

(Thomas W.–1: Z166ff.)
Bruno A.: Mein Name ist /, äh, Quatsch, ich bin /, mein Name ist *Bruno A., äh, ich sitze auch wegen sexuellen Missbrauchs an drei Kindern. – Und bei einem Kind, war mein Sohn dabei, – ist mein Sohn. – Ich wurde – zweimal verurteilt. – Einmal ///, – da wurde ich verurteilt, zu zwei Jahren und zwei Monaten. Und einmal hier, zu zwei Jahren. – / Strafzusammenzug gemacht, und vier Jahre draus gemacht. Hab schon fast drei Jahre hinter mir. – Und ich hab die Therapie gemacht, weil ich's wollte. Weil ich's herausfinden wollte, warum (betont) ich die Straftat begangen habe. Das war für mich das wichtigste, herausfinden, warum (betont) ich die Straftat

Mit der Wiederherstellung des vollständigen Formats sind Ordnung und Gleichheit wiederhergestellt. Die Irritation ist bewältigt – indem sie übergangen wurde. Das ist kein seltenes Phänomen, denn wenn Menschen auf einer unsicheren Kontaktbasis zusammenkommen, muss erst einmal der Rahmen definiert werden, der die Konversationen ordnen können soll. Das ist eine schwierige konversationelle Aufgabe, denn um den Rahmen zu definieren, müssten ja bereits Konversationsroutinen etabliert sein. Genau das ist aber nicht der Fall. Die konversationellen Formate, die als Ritualisierungen imponieren, lösen genau dieses Problem. Es ist nicht viel anders als wenn Menschen auf einer Party sich zunächst einmal über »das Wetter« unterhalten und dabei darauf hoffen, dass sich alles Weitere »schon ergeben« wird, dass also Anknüpfungspunkte für konversationelle Anschlüsse gefunden werden. Gesprächsformate dieser Art sind kulturell etablierte Lösungen für das paradoxe Problem, wie etwas beginnen kann, für das man die Mittel – nämlich sich schon zu Kennen, um zu wissen wie der Andere etwas meint – noch gar nicht hat entwickeln können.

Die Vorstellungsrunde abschließend ist nun der »Newcomer« Thomas W. »am Zug«. Er folgt den Anweisungen und scheint erfolgreich die erste Stufe des Initiationsritus genommen zu haben.

(Thomas W.–1: Z 202ff.)
Thomas W.: Gut dann. Also zunächst einmal, äh, / Danke für den herzlichen Empfang und Begrüßung. Mein Name ist *Thomas W., bin 53 Jahre alt, verheiratet seit 20 Jahren und hab drei Söhne. Bin verurteilt wegen sexuellen Missbrauchs von Buben. Meine Taten liegen schon, also, geht schon über 20, 25 Jahre, bin aber noch nie verurteilt.

Worauf könnte sich die Einleitungswendung »Gut dann« beziehen? Kaum auf etwas anderes als darauf, dass Thomas W. nun verstanden hat, was von ihm in der Befolgung des Vorstellungsformats erwartet wird. Er hat eben noch beobachten können, wie die von Ronny T. verursachte Irritation bewältigt wurde und das bestätigt nun das Format, das Thomas W. in präziser Sequenzierung dann bedient. Die beiden kleinen Wörtchen »Gut dann« erfüllen somit *multiple Funktionen*: Sie indizieren, dass er die Bewältigung der Gruppenirritation als geradezu nachdrückliche Bestätigung des Formats wahrnimmt – und nicht als etwas anderes; dass er das Format erkannt hat und billigt; dass er versteht, nun an der Reihe zu sein und dass er sich daran halten wird. Eine neue, weitere Irritation steht also nicht zu erwarten.

Mit dieser Initiation wird somit eine gewisse Gleichstellung der Teilnehmer erreicht. Eine zu große Differenzierung einzelner Teilnehmer wird vermieden und so kann die Angst bewältigt werden. Wir vermuten, dass die Angst zweipolig angelegt ist: Ein Übermaß an Gleichheit würde einen Verlust an individueller Charakteristik nach sich ziehen, ein Übermaß an Individuation aber einen Verlust an Zusammenhalt. Die Gruppe sucht die Lösung gleichsam in der Mitte zwischen diesen Polen.

Der sich in der Selbstpräsentation durch eine kleine Abweichung vom Vorstellungsformat andeutende Differenzierungsversuch von Ronny T., signalisiert eine ernstere Ungleichheit unter den Teilnehmern in dieser Sitzung und bringt den Stein zur Etablierung einer Gruppen- bzw. Täterhierarchie ins Rollen.

(Thomas W.–1: Z 572ff.)

Ronny T.: Nur weil ich das jetzt schon paarmal gehört hab, äh, anscheinend ist es noch nicht bekannt, weshalb ich da bin, und genau ist es Exhi-, es ist Exhibitionismus, das gibt's in vielen Arten. Aber ich hab's nicht bei Kindern, noch nicht bei Kindern gemacht, weil es was anderes ist. Auf jeden Fall habe ich's bei Frauen gemacht. Und ich seh da schon einen Unterschied, ob des oder des oder des. Wo ich denk, dass es selbst da einen Unterschied macht, /// das Gleiche war, was ich gemacht hab /// ich hab schon Schuld einstehen, also hab ich eingestanden von mir selber aus, und bin auch bestraft worden dafür /// des war meine Schuld, war mein Exhibitionismus, und das reicht mir.

Therapeut K.: Wessen Schuld sollen Sie mittragen?

Ronny T.: Niemand, nein, das fällt mir nur so ein. Wir hocken wegen dem Gleichen, ich hock nicht wegen dem Gleichen.

Ronny T. hat seinen devianten Konformismus in der unvollständigen Erfüllung des Vorstellungsformats durchaus bemerkt und holt jetzt nach, »weshalb ich da bin«, weil es »noch nicht bekannt« sei, »weshalb ich da bin«. Jetzt aber führt er Unterschiede ein: »ob des oder des oder des«. Es gibt Exhibitionismus vor Erwachsenen und es gibt Exhibitionismus vor Kindern, das eine ist weniger schlimm als das andere. Da er sich in seiner ersten, kurzen Mitteilung als »ledig« vorgestellt hatte, wird das Vergehen, vor Frauen zu exhibieren, noch einmal abgeschwächt. Sich als lediger Mann vor Frauen in der Öffentlichkeit entblößt zu zeigen, entblößt eher eine private Not und liefert ihm einen Distinktionsgewinn gegenüber den anderen Gruppenteilnehmern. Zwar kann er seine Schuld formulieren, zugleich aber ist der Täter nicht er: »war mein Exhibitionismus«. Und in der Erwiderung auf den Therapeuten macht er eine vergleichbar doppeldeutige Äußerung: »Wir hocken wegen dem Gleichen, ich hock nicht wegen dem Gleichen.«

An dieser Stelle bricht die für die Gruppe so wichtige Integrationsleistung des devianten Konformismus in der Konversation zusammen und zerfällt zu einem offensichtlichen Widerspruch. Es kann ja nur das eine gelten, nicht aber beides gleichzeitig. Das wäre logisch korrekt, nicht aber psychologisch und auch nicht von der Konversation her. Ronny T. macht vielmehr auf indirekte Weise deutlich, dass die Gruppe bisher vermieden hatte wahrzunehmen, dass sie »in der Mitte« zwischen Kohäsion und Individuation kommuniziert und zwischen Devianz und Konformismus laviert hatte. Unbeholfen zwar, aber prägnant markiert er diese beiden Pole. Wir wollen hinter diesen Aufbruch noch einmal zurückgehen und sehen, wie die Gruppenteilnehmer auch bei anderen Themen, also nicht nur bei Selbstvorstellungen oder beim Anfangsblitz die Kunst beherrschen, jenseits einer binären Logik zu kommunizieren. Wo wir ein »Entweder-oder« erwarten, schaffen sie es, den Platz des Gedankenstrichs einzunehmen – und gleichzeitig leer zu lassen.

Die dritte Option

Sieht man sich solche Sequenzen wiederholt auf dem Video an, kann man nicht umhin, gelegentlich zu schmunzeln. Das »Schlawinerhafte« in dieser Art der Konversation, die gelingende Kunst, sich zwischen dem scheinbar einzig möglichen »Ja *oder* Nein« hindurchzubewegen und dritte Gesprächsoptionen elegant hervorzubringen, nötigt durchaus Bewunderung ab. Man kennt diese Technik aus Boulevard-Komödien, wenn jemand sich in die Enge getrieben sieht und man lacht, weil es wirkt, als würde jemand auf glattestem Eis dennoch immer wieder Sturz und Absturz vermeiden können, während er schon taumelt und schlingert. Man zittert mit und hofft ambivalent, dass alles auf die eine *oder* andere Weise zu einem Ende kommen möge: Wenn er stürzt, wenn die Heuchelei aufgedeckt und die Wahrheit ans Licht gekommen ist, wäre alles zu Ende. Aber natürlich auch dann, wenn der Betreffende es schaffen würde, wieder festeren Boden unter die Füße zu bekommen, ohne zu stürzen. Das eine oder das andere Ende würde gleichsam die gewohnte Ordnung herstellen – aber die Gruppenteilnehmer kreieren hier höchst kooperativ etwas, das wir als »dritte Option« bezeichnen wollen, als den Raum *zwischen* Ja- und Nein-Sagen, zwischen Befolgen *oder* Ablehnen einer Regel, zwischen dem einen *oder* dem anderen Kontext (des Anfangens), zwischen Mitteilung *oder* Nichts-Sagen. Das Vermeiden einer Beendigung, so oder so, ist es allein, was die »dritte Option« aufrechtzuerhalten möglich macht. Wird ein Ende erreicht, kehrt »Ordnung« ein, die dritte Option zerfällt, der Tanz auf dem Eis ist zu Ende, der Täter wäre gestellt.

Wenn psychoanalytische Gruppentherapeuten hier einwenden würden, Hahnenkämpfe zu Beginn einer Sitzung, insbesondere neuen Mitgliedern gegenüber, seien nichts Besonderes, würden wir zustimmen. Es gibt einen klar erkennbaren Auslöser, das neue Mitglied, und es gibt eine davon abgrenzbare Reaktion der Gruppe.

Das Besondere jedoch im hier gewählten Beispiel ist in unseren Augen nicht der »Hahnenkampf«, sondern die Kreation der »dritten Option«, der Versuch, sich einer »normalen Ordnung« gleichsam zu entwinden. Dieser Versuch spricht in den meisten Menschen eine geheime Sehnsucht an – hier kommen wir auf strukturelle Aspekte einer Gegenübertragungsreaktion zu sprechen. Würde der taumelnde Komödiant es nämlich schaffen, den Sturz vermeiden, sich den Schlingen entwinden, könnte er alle Anklagen widerlegen und seinen Verfolgern entkommen, würden wir ihn als Helden feiern. Wird er aber stürzen, werden wir urteilen – und sind auf diese oder auf die andere Weise in das Spiel eingebunden, weil und solange uns nur diese beiden Alternativen geboten zu sein scheinen. Das scheint nur solange ein Spiel der *falschen* Alternativen zu sein, als man glaubt, sich einem Urteil selbst entheben zu können; hier aber ist die Grenze erreicht. Denn man kommt nicht umhin zu urteilen und wäre, wäre man in der Rolle des Therapeuten, damit zugleich auf der Seite der Justiz. Das ist tatsächlich die formelle Stellung der Therapeuten in einer Strafvollzugsanstalt. Was aber, wenn er – der Therapeut – dann nicht mehr von jedem anderen Justizvertreter unterschieden werden könnte? Wie kann er es erreichen, Therapeut zu sein? Wie kann er sich deklarieren als jemand, der seinerseits eine »dritte Option« zu öffnen *und* zu schließen versteht?

Schlussbemerkung

Diese Überlegungen lassen sich in Zielformulierungen ummünzen. Jeder Psychotherapeut oder Psychiater, der Menschen mit sexuellen Abweichungen untersucht, muss sie gleichsam zwangsläufig als »Patienten« auffassen. Er sucht nach Typus und Quelle einer Störung, trachtet einzuordnen und die Abweichung zu verstehen – aber in jedem Fall behandelt er seinen Gesprächspartner *als* Patienten. Das ist eine soziale Konstruktion – genauso wie die andere, ihn *als* Strafgefangenen zu sehen. Erst wenn die Umwandlung in einen Patienten gelungen und wechselseitig verbindlich ist, können therapeutische Operationen überhaupt greifen. Das Erzählen einer Lebensgeschichte auf der Suche nach Gründen macht erst Sinn *nach* einer solchen Umwandlung. Zugleich ist die Geschichte dann unvermeidlich kontaminiert, vor der Umwandlung würde eine andere Geschichte erzählt. Die behutsame Konfrontation mit Besonderheiten und Abwehrmanövern kann immer erst nach einer solchen Umwandlung förderlich werden, vorher würde sie nur als Angriff abgewehrt. Die Umwandlung also ist Voraussetzung für alles Weitere, bleibt jedoch immer revidierbar.

Therapeuten oder auch Gutachter suchen – nach einer Störung im Sinne einer Ursache, die zeitlich vor der Tat selbst liegt, auf die im Sinne einer Kausalhypothese zurückgegriffen werden könnte. Die Umwandlung ist in dem Sinne folgenreich, als sie das Beobachtungsfeld stark strukturiert und Vorgaben für die Beobachtung macht. Die lineare Struktur *früher entgleiste Entwicklung – heutige Tat* scheint vollkommen logisch, kann aber kaum noch zwischen Motiven und Motivdarstellungen unterscheiden (Wolff 1995). Die lineare Struktur kann dann auch nicht mehr damit rechnen, dass in Darstellungen die Zeit keineswegs nur vorwärts läuft, manches wird ja erst »nachträglich« (Freud wies darauf hin) erzählbar, bekommt rückwirkend eine Bedeutung oder wird ignoriert. Die Umwandlung vom Straftäter in einen Patienten kann aber, wie wir gezeigt haben, im Gespräch selbst als ständig mitlaufender Verweisungszusammenhang einsichtig gemacht werden, und das zeigt, dass die lineare Struktur keineswegs die einzige Wahrnehmungsrichtung ist. Die Beachtung aktualisierter Kontexte und Darstellungsregister zeigt die hohe Kompetenz dieser Menschen, die keineswegs nur von entgleisten Biografien bestimmt sind.

Eine der wichtigsten rhetorischen Kunstfertigkeiten ist die Wahrung der dritten Option, jener Position, die den Sprecher unidentifizierbar macht, die ihm erlaubt, dort, wo man normalerweise nur ein »Ja« oder »Nein« erwarten würde, dennoch eine dritte Möglichkeit zu (er)finden. Die dritte Option kann auch realisiert werden, indem ein und derselben Äußerung durch Anfügung anderer Äußerungen ganz gegenteilige Bedeutungen zugewiesen werden. Zuhörer sind dann affektiv irritiert, weil sie nicht entscheiden könnten, welche Bedeutung gilt. Sie ist eine besondere Fähigkeit, was jeder merkt, der versucht, sie nachzuahmen; das gelingt erst nach beträchtlicher Übung, wenn überhaupt. Ihr entschiedener Nachteil ist, dass keine Schließung einer Darstellung erfolgen kann; anders als es Schütze (Schütze et al. 1973; Schütze 2001; Perleberg/Schütze/Heine 2006) für die Analyse des narrativen Interviews feststellten, besteht die Kunstfertigkeit der »dritten Option« offenbar darin, den Gestaltschließungszwang zu umgehen.

Über lange Strecken hinweg bewegen sich die Teilnehmer in ihrer Konversation gewissermaßen in zwei Rahmungen: Sind sie im Gefängnis oder auf einer Station? Sind sie schuldig oder krank? Werden sie bestraft oder behandelt? Dieser Rahmenkonflikt ist nicht etwa institutionelle »Umwelt« außerhalb der Gruppe, sondern als Kontext innerhalb der Konversationen der Gruppenteilnehmer ständig präsent. Auch diese zwei Rahmungen sind geeignet, den Gruppenteilnehmern zunächst anzubieten, je nach Abwehrlage zwischen einer Selbstdefinition als Straftäter oder Patient zu changieren oder auch ihre Taten nicht als Schuld sondern als Krankheit aufzufassen – der Kontext erlaubt genau dies.

Wenn die Gruppenteilnehmer beginnen können, sich selbst mehr als Täter zu sehen, dann können sie selbst auch mehr dem Gedanken – den sie in biografischen Erzählformaten zunächst nur erst andeuten konnten – nähertreten, dass ihre Taten aus *ihrer* lebensgeschichtlichen Perspektive für sie selbst Lösungen schwerer seelischer Integrationsprobleme, massiver Gehemmtheiten und lebensgefährlicher Traumatisierungen sind. Sie suchen wegen erheblicher Angst vor den Frauen und großer Instabilität eines männlichen Selbstgefühls dennoch sexuelle Erfahrungen, aber mit Kindern; sie empfinden massive Blockaden, wenn sie von Frauen angeschaut werden und lösen sich daraus, indem sie die Frauen betrachten oder fotografieren; sie kehren die Perspektiven um, indem sie selbst kleine Kinder wickeln und später größeren die Hosen herunterzulassen versuchen.

Dass diese »Lösungen« dennoch massive Probleme für andere sind, wird ihnen selbst deutlich werden; aber sich damit auseinandersetzen können sie erst unter dem Schutz einer lang dauernden therapeutischen Beziehung. Denn dass sie diese »Lösungen« für sich finden mussten, zieht schwere Schuldprobleme nach sich, die sie sich nur höchst mühsam eingestehen können.

Literatur

Buchholz, M.B.; Lamott, F. & Mörtl, K. (2008): Tat-Sachen. Narrative von Sexualstraftätern. Gießen (Psychosozial-Verlag).

Cohen, R.C. (1975): Von der Psychoanalyse zur themenzentrierten Interaktion. Von der Behandlung einzelner zu einer Pädagogik für alle. Stuttgart (Klett-Cotta).

Devereux, G. (1970): Normal und anormal. Frankfurt/M. (Suhrkamp).

Lamott, F. (2001): Justiz und Strafvollzug. In: Keupp, H. & Weber, K. (Hg.): Psychologe. Ein Grundkurs. Reinbek (Rowohlt), S. 552–559.

Lamott, F. (2005): Schiffbruch mit Zuschauer. Zur Geschlechterdynamik in der Therapie von Sexualstraftätern – Erfahrungen aus einer Supervision. In: Haubl, R.; Heltzel, R. & Barthel-Rösing, M. (Hg.): Gruppenanalytische Supervision und Organisationsberatung Gießen (Psychosozial-Verlag), S. 223–249.

Nunner-Winkler, G. (2004): Mobbing und Gewalt in der Schule. Sprechakttheoretische Überlegungen. WestEnd – Neue Zeitschrift für Sozialforschung 1, 91–101.

Schütze, F. & Heine, V. (2006): Sozialwissenschaftliche Biographieanalyse von chronisch kranken Patientinnen auf der empirischen Grundlage des autobiographisch-narrativen Interviews. Psychother Soz 8, 95–145.

Schütze, F. (1984): Kognitive Figuren des autobiographischen Stegreiferzählens. In: Kohli, M. & Robert, G. (Hg.): Biographie und soziale Wirklichkeit. Stuttgart (Metzler), S. 78–117.

Schütze, F. (2001): Rätselhafte Stellen im narrativen Interview und ihre Analyse. Handlung – Kultur – Interpretation. Zeitschrift für Sozial- und Kulturwissenschaften, 10. Jg., 12–28.

Van Gennep, A. (2005): Übergangsriten (Les rites de passage). Frankfurt/M., New York (Campus).

Wolff, S. (1995): Text und Schuld. Die Rhetorik psychiatrischer Gerichtsgutachten. Berlin, New York (de Gruyter).

Anmerkungen

1 An der Sektion Forensische Psychotherapie der Universität Ulm konstituierte sich vor einiger Zeit eine Arbeitsgruppe zur Analyse des gruppentherapeutischen Videomaterials, der Jan Bulla, Michael Buchholz, Franziska Lamott, Kathrin Mörtl und Friedemann Pfäfflin angehörten.

2 Die Ergebnisse dieser Studie werden unter Buchholz, M.B., Lamott, F., Mörtl, K. (Hg.): »Tat-Sachen. Narrative von Sexualstraftätern«, Psychosozial-Verlag (2008) publiziert. Mittels der Methodenkombination von Konversationsanalyse, Narrationsanalyse und Metaphernanalyse (KANAMA) haben wir neben der Mikroanalyse konversationeller Strategien auch Gender- und Biografiekonstruktionen analysiert sowie Interaktionsmuster und die Bedeutung der Gruppenhierarchie herausgearbeitet.

3 Die Codierung der Texte erfolgt mit einem Pseudonym des Gruppenteilnehmers, dessen Tatnarrativ im Mittelpunkt der zitierten Gruppenstunde stand. Wir entschieden uns, die Textsequenzen mit Pseudonymen darzustellen, um dem Leser die Nachvollziehbarkeit zu erleichtern. Von manchen Gruppenteilnehmern lagen zwei oder mehr Transkripte vor. Anhand der dem Pseudonym folgenden Zahl ist erkenntlich, um das wievielte Transkript es sich handelt. Nach dem Doppelpunkt folgt die Zeilennummer des jeweiligen Transkripts. Aus diesen Angaben kann der Leser erschließen, ob es sich um eine anfängliche oder eine spätere Sitzung handelt und ob er es mit dem Anfang der Sitzung, der Mitte oder dem Sitzungsende zu tun hat. Jedes Transkript hat einen Gesamtumfang von ca. 1.200 bis 1.400 Zeilen. Hier also handelt es sich um das erste Transkript in dem Peter P. von seiner Tat berichtet.

4 Erläuterung der Transkriptionsregeln: Die aufgezeichneten Bänder wurden wörtlich genau unter Einschluss von Pausen, overlaps, prosodischen Lauten wie »hm«, »äh« u.Ä. und anderen Gesprächsmerkmalen transkribiert. Da die Qualität mancher Aufnahmen nicht sehr gut war, konnten einige Stellen nur unvollständig verschriftet werden. Schrägstriche / zeigen nicht verstandene Worte an, je mehr Schrägstriche desto länger ist die unverstandene Sequenz. Die Bindestriche – weisen auf Redepausen hin, wiederum gilt: Je mehr Bindestriche, desto länger die Pause. Das Pluszeichen + repräsentiert einen Gesprächsoverlap, bei dem sich die beiden Sprecher unterbrechen oder gemeinsam reden. Zusätzlich findet sich in Klammern Geschriebenes, das auf nonverbale Auffälligkeiten hinweist: Dies kann ein Seufzen sein, die Zuwendung eines Sprechers zu einem bestimmten Gruppenmitglied oder eine kurze Beschreibung zur Anfangsszene der Sitzung. Anonymisierte Daten sind mit dem Sonderzeichen * gekennzeichnet.

Martin Wollschläger (Hrsg.)

Hirn – Herz – Seele – Schmerz

Psychotherapie zwischen Neurowissenschaften und Geisteswissenschaften

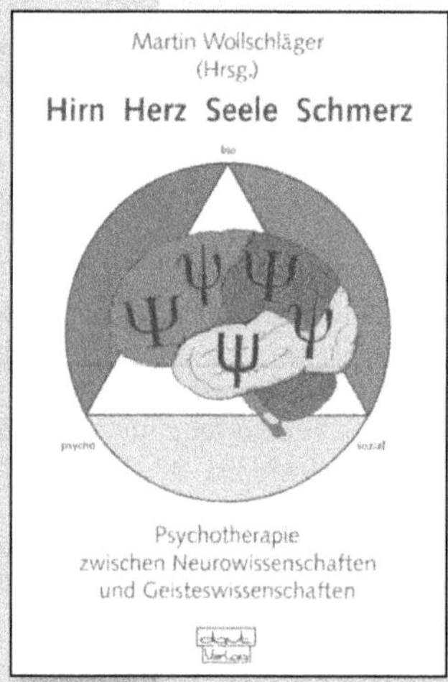

Achtzehn Autoren der Fachgebiete Psychologie, Philosophie und Medizin sowie ein Schriftsteller diskutieren in ihren Beiträgen das nach wie vor spannende Thema menschlichen Seins in seinen wechselwirkenden Dimensionen: Leib, Seele, Gruppe und Kultur.

Exemplarisch geschieht dies hier am Beispiel der Psychotherapie im Spannungsfeld zwischen Neuro-und Geisteswissenschaften.
Können die Neurowissenschaften in diesem Diskurs ihren Anspruch, „Leitwissenschaft" zu sein, einlösen?

2008, 304 Seiten
EUR 24,–
ISBN 978-3-87159-073-3

Udo Baumann, Ulrich Meier & Wolfgang Neumann

„Mögen Sie Ihre Klienten und mögen Ihre Klienten Sie?"

Synergieeffekte einer allgemeinen Psychotherapiesupervision

Dieses Buch richtet sich an alle, die mit der bisherigen Art und Weise der Supervision unzufrieden sind bzw. sie als unzureichend erfahren haben. Indem Schwächen, „Macken" und unbearbeitete Themen aller am Psychotherapieprozess Beteiligten miteinbezogen werden, stellt es eine Erweiterung aller bisherigen Supervisionsansätze dar und zeigt Möglichkeiten der Weiterentwicklung auf.

Ganz im Sinne des Grawe'schen Ansatzes einer schulenübergreifenden, allgemeinen Psychotherapie wird in ihm die Forderung nach einer schulenübergreifenden allgemeinen Supervision praktisch umgesetzt und durch eine Vielzahl von Fallbeispielen illustriert.

2008, 128 Seiten
EUR 14,80
ISBN 978-3-87159-075-7

dgvt-Verlag • Hechinger Straße 203 • 72072 Tübingen
Tel.: 0 70 71 / 79 28 50 • Fax: 0 70 71 / 79 28 51
E-Mail: dgvt-Verlag@dgvt.de • Internet: www.dgvt-Verlag.de

Gewalt als Symptom? – Antisoziales Verhalten in der Adoleszenz zwischen Normalität und Pathologie

Svenja Taubner

Strafbare Handlungen fußen keineswegs immer auf einer psychopathologischen Erkrankung. Gleichwohl konnte im anglo-amerikanischen Raum festgestellt werden, dass bei 62% der Gefängnisinsassen eine Persönlichkeitsstörung diagnostizierbar ist und auch eine auffällig hohe Zahl an psychotischen Erkrankungen vorliegt (Fazal/Danesh 2002). Das Vorherrschen psychopathologischer Diagnosen bei Inhaftierten ist für den deutschsprachigen Raum ebenfalls ansatzweise bestätigt worden (Frädrich/Pfäfflin 2000) und auch für den Jugendstrafvollzug belegt (Hinrichs 2001; Schulte-Markwort et al. 2002). Kriminologisch-soziologische Forschungsergebnisse zeigen deutlich, dass insbesondere gewalttätiges Verhalten mit Traumatisierungen in der Ursprungsfamilie zusammenhängt. Vor dem Hintergrund kriminologischer und klinischer Forschung sowie einer aktuellen Studie zu adoleszenten Gewalttätern[1] wird im Folgenden diskutiert werden, welchen diagnostischen Hinweiswert Gewalttätigkeit in der Adoleszenz für die Entstehung von Persönlichkeitsstörungen hat und welche Rolle die Fähigkeit zu mentalisieren als Schutzfaktor dabei einnimmt, der Gefahr chronischer Gewalttätigkeit entgegenzuwirken.

Adoleszente Gewalttätigkeit wird in der Kriminologie als offenes antisoziales Verhalten bezeichnet (Patterson/Yoerger 2002). Aus klinischer Sicht ist Gewalttätigkeit als ein differenzialdiagnostisches Kriterium für eine antisoziale Persönlichkeitsstörung bzw. ein dissoziales Syndrom bei Erwachsenen sowie einer Störung des Sozialverhaltens bei Kindern und Jugendlichen aufzufassen (ICD-10, Dilling et al. 2000; DSM-IV, Saß et al. 2003). Die Diagnose einer Persönlichkeitsstörung wird vor dem Erreichen des 19. Lebensjahres nicht vergeben, da Entwicklungsverläufe nicht sicher zu prognostizieren sind, d.h. dass nach dem gegenwärtigen Kenntnisstand eine kindliche oder adoleszente Störung des Sozialverhaltens nicht zwangsläufig eine Persönlichkeitsstörung im Erwachsenenalter nach sich zieht. Besonders in der Adoleszenz kann antisoziales Verhalten auch vor dem Hintergrund von konflikthaften Entwicklungsbedingungen der Adoleszenten im Kontext eines verlängerten Ausschlusses an gesellschaftlicher Teilhabe verstanden werden (Moffitt 1993). Hier gilt es eine bessere Differenzialdiagnostik zu entwickeln, die die bisherigen Klassifikationssysteme nicht erfüllen, da sie zu stark auf beobachtbares Verhalten und nicht die Struktur der Persönlichkeit fokussieren (zur Kritik des DSM-IV vgl. Shedler/Westen 2007). Zur Beschreibung eines chronisch kranken Kriminellen hat der Begriff des sogenannten Psychopathen in der psychiatrischen Fachpresse in den letzten Jahren eine Wiederbelebung erfahren. Einerseits handelt es sich dabei um einen Ansatz, der die Persönlichkeit stärker in den Mittelpunkt stellt, andererseits transportiert der Begriff jedoch eine Entwertung, da eine lebenslange Auffälligkeit behauptet und jedwede Behandlungsmöglichkeiten verneint werden (Hart/Hare 1997; Hare 2000). Besonders problematisch ist die klinische Verwendung der Psychopathie-Checkliste (PCL, Hare 1990/91), die mittlerweile modifiziert auch auf Kinder angewandt wird (Antisocial Process Screening Device, APSD, Frick/Hare 2001) und mit ihrer Zuschreibung eines überdauernden psychopathischen Charakters allen Erkenntnissen über positive Entwicklungsverläufe z.B. aufgrund positiver Bindungsbeziehungen widersprechen[2]. Fonagy et al. entwickeln für die antisoziale Entwicklungspsychopathologie den Begriff der funktionellen Psychopathie, da sie im Gegensatz zum klassischen Psychopathiebegriff den Verlust der Sensibilität für die inneren Welten als reversibel betrachten, weil er im Rahmen eines Abwehr- und Bewältigungsprozess kein Defizit, sondern eine Anpassungsleistung darstellt (Fonagy et al. 2002, S. 429; Fonagy 2006, S. 528). Aufgrund der stigmatisierenden Konnotation ist m. E. der Psychopathiebegriff jedoch gänzlich abzulehnen.

Risiko- und Schutzfaktoren für kriminelles und gewalttätiges Verhalten

Überblicksstudien (Rutter et al. 1998; Farrington 2004; Loeber et al. 2003), Längsschnittuntersuchungen (Farrington 1995; Loeber et al. 2002; Moffitt et al. 2002) und Querschnittstudien (Pfeiffer et al. 1999; Enzmann/Wetzels 2001) konnten den Zusammenhang zwischen in der Kindheit einsetzenden Risikofaktoren und Straffälligkeit – insbesondere Gewalttätigkeit – belegen. Das frühe Auftreten von Impulsstörungen und Störungen des Sozialverhaltens ab einem Alter von drei Jahren, ein niedriger IQ und schlechte Bildungsabschlüsse sowie eine antisoziale Persönlichkeitsstörung der Eltern machen eine Fortsetzung von Delinquenz und Gewalttätigkeit im Erwachsenenalter statistisch wahrscheinlich. Bezüglich des Elternverhaltens werden körperlicher und sexueller Missbrauch der Kinder sowie häusliche Gewalt als stärkste Prädiktoren für delinquentes Verhalten erachtet (Loeber/Dishion 1984; Olweus 1984; Patterson/Stouthamer-Loeber 1984; Loeber/Stouthamer-Loeber 1986; Pfeiffer et al. 1999; Heck/Walsh 2000). In der Adoleszenz sind Risikofaktoren die Mitgliedschaft in einer delinquenten Peer-Gruppe und der Besuch einer kriminalitätsbelasteten Schule.

Tatsächlich liegt retrospektiv bei 80–90% der Straftäter eine Vorgeschichte der Misshandlung vor, prospektiv werden rund ein Viertel der Menschen, die in ihrer Kindheit schwer misshandelt wurden, als Straftäter verurteilt (Lewis et al. 1984). Hierbei ist zu bedenken, dass elterliche physische Gewalt zumeist mit anderen Belastungen des Kindes einhergeht, wie z. B. eine generelle erhöhte Konflikthaftigkeit in der Familie, vermehrte Partnergewalt sowie ein Fehlen positiver Zuwendung seitens der Eltern (Belsky 1993; Hemenway/Solnick/Carter 1994 zit. n. Wetzels 1997). Vor dem Hintergrund dieser Mangelerfahrungen innerhalb der Primärfamilie wurde jugendliche Delinquenz im psychoanalytischen Theoriediskurs lange als Ausdruck einer psychischen Verwahrlosung bezeichnet (Aichhorn 1925; Bernfeld 1929): Die Kinder sind nicht »verwahrt«, d. h. nicht gehalten worden[3].

Innerhalb der klinischen Bindungsforschung wurde ein unsicher-vermeidendes Bindungsmuster ebenfalls als Risikofaktor diskutiert. Shaw und Vondra (1993) fanden heraus, dass familiäre Risikofaktoren, die mit delinquentem Verhalten einhergehen, ebenfalls in Familien mit unsicher-vermeidend gebundenen Kindern aufzufinden sind. So konnte gezeigt werden, dass Mütter von unsicher-vermeidend gebundenen Kindern einer Wahrnehmungsverzerrung unterliegen, sodass sie das Verhalten ihrer Kleinkinder als anspruchsvoll und schwierig einschätzen, weshalb sie auf kindliche Annäherungen mit zurückweisendem Verhalten reagieren. Es wird auch davon ausgegangen, dass es wesentlich schwieriger ist, ein Kind zu kontrollieren, das aufgrund seiner unsicheren Bindung an seine Betreuungsperson den Liebesverlust nicht so fürchtet wie ein sicher gebundenes Kind (Fonagy et al. 1997, S. 245). Die Prävalenz von Bindungsdistanzierten in der Bevölkerung liegt allerdings bei 20–30% (van Ijzendoorn 1995), die jedoch nicht alle gewalttätige Handlungsmuster zeigen, sodass eine unsicher-vermeidende Bindung vermutlich nur in der Kombination mit weiteren Belastungen (z. B. Persönlichkeitsstörungen) als Risikofaktor für die Entstehung von Gewalttätigkeit aufzufassen ist. Diese These konnte in einer Vergleichsstudie von Gewalttätern mit einer Gruppe persönlichkeitsgestörter Individuen ohne Gewalttaten bestätigt werden (Levinson/Fonagy 2004). In dieser Studie wurde ebenfalls deutlich, dass Personen, die jegliche Bedeutung naher Bindungen verleugnen und sich furchtlos zeigen, sozial negativ beurteilt werden, sodass sie eher einer Bestrafung anstelle einer Behandlung zugeführt werden. In einer Vergleichsstudie zwischen forensischen, klinischen und nicht-klinischen Stichproben konnten van Ijzendoorn und Bakermanns-Kranenburg (1997) zeigen, dass in der Gruppe der psychisch erkrankten forensischen Patienten sichere Bindungen fast gänzlich fehlen und der Bindungsstatus eines ungelösten Bindungstraumas deutlich überrepräsentiert ist.

Die verschiedenen Risikofaktoren sind von unterschiedlicher Wertigkeit, wenn sie z. B. nicht Teil der ursächlichen Faktoren für Gewalttätigkeit sind, sondern eine Folge dieser Ursachen darstellen, wie z. B. die Mitgliedschaft in einer delinquenten Gruppe (Farrington et al. 2002) oder das Phänomen der Furchtlosigkeit, das in der vorliegenden kriminologischen Literatur als Ursache gewalttätigen Handelns missverstanden wird, statt es als Folge früher Gewalt- und Bedrohungserfahrungen zu verstehen. Tatsächlich kann aber davon ausgegangen werden, dass die Wahrscheinlichkeit von Gewalttätigkeit im Erwachsenenalter steigt, je mehr Risikofaktoren erfüllt sind, die sich dann in der individuellen Lebensgeschichte akkumulieren und verstärken (Maugham/Rutter 2001). Gleichzeitig werden Risikofaktoren durch Schutzfaktoren abgeschwächt, die Lösel und Bender (2003) in Intelligenz, schulischen oder sportlichen Erfolgen, wenigstens einer nahen Beziehung zu einem Erwachsenen und nicht-delinquenten Freunden sehen (vgl. auch die Ausführung zum Handlungs-IQ als Schutzfaktor bei Bliesener et al. 1990). Daher können überdauernde »kriminelle Karrieren« nicht auf der Basis der Risikofaktoren allein prospektiv prognostiziert werden, da protektive Schutz- bzw. Resilienzfaktoren eine pathologische Entwicklung verhindern. Im Rahmen dieses Beitrags wird die Fähigkeit zu Mentalisieren ebenfalls als ein derartiger Resilienzfaktor begriffen (Fonagy et al. 1994).

Kriminalität ist unter diesem Blickwinkel als eine Entwicklungspathologie zu verstehen. Eine rein biologisch-genetische Prädisposition für Kriminalität ist zu bestreiten, da z. B. Kinder mit kriminellen leiblichen Eltern nur dann selbst kriminell werden, wenn sie von dysfunktionalen Familien adoptiert wurden (Bohmann 1996), und positive Verhaltensweisen in der Familie das Kind davor schützen, antisozial zu werden (Reiss et al. 2000). Elterntrainings mit Eltern von Kindern mit antisozialem Verhalten bewirken darüber hinaus eine deutliche Verbesserung der Kinder gegenüber Kindern aus der Kontrollgruppe (Serketich/Dumas 1996). Die Ergebnisse der klinischen Bindungsforschung und kriminologischen Forschung stimmen folglich größtenteils mit den Auffassungen psychoanalytischer Autoren überein, dass gewalttätige Kriminalität als eine sozial unangepasste Form der Bewältigung von Trauma und Misshandlung angesehen werden kann.

Die Taxonomie antisozialen Verhaltens in der Adoleszenz

In diesem Abschnitt erfolgt eine ausgewählte Zusammenfassung kriminologischer Studien zur adoleszenten Straffälligkeit. Ich erachte diesen Ansatz als eine sinnvolle Ergänzung zu psychoanalytischen Erkenntnissen, da letztere oftmals eine eingeengt psychopathologische Herangehensweise aufweisen und somit die »Normalität« devianten Verhaltens aus dem Blick gerät. Gleichzeitig ist die Kriminologie mit ihren repräsentativen Studien und quantitativen Auswertungsmethoden ungeeignet zur differenzialdiagnostischen Würdigung des Einzelfalls und zum Verständnis phänomenologischer Beobachtungen.

In der Kriminologie ist spätestens seit Kenntnis der Ergebnisse der Dunkelfeldforschung (bzgl. nicht offiziell registrierter Kriminalität) bekannt, dass die Mehrzahl der Adoleszenten potenziell strafbare Handlungen ausübt, womit Delinquenz in dieser Lebensphase als ein normales und ubiquitäres (durch alle Gesellschaftsschichten gehendes) Verhalten zu betrachten ist (Brunner/Dölling 2002). Es wird vor allem der passagere oder episodenhafte Charakter dieses Verhaltens betont, da die Verwicklung in kriminelle Handlungen unterbleibt, wenn sich Adoleszente durch Berufstätigkeit und Familiengründungen in die Erwachsenenwelt integrieren können (»turning point«-Theorie nach

Sampson/Laub 1993). Die offiziellen Statistiken zeigen, dass die Prävalenz von kriminellen Akten in der Adoleszenz bis zu einem Höhepunkt im Alter von 17 Jahren ansteigt, um dann kontinuierlich abzusinken, sodass sich im Alter von 28 Jahren 85% der vorherigen Straftäter legal verhalten (Farrington 1986). Das Ausmaß der polizeilich registrierten Kriminalität der Jugendlichen und Heranwachsenden entspricht relativ zu ihrem Bevölkerungsanteil dem Dreifachen des Ausmaßes von Erwachsenen, was sich auch der Tendenz nach in den Dunkelfeldstudien widerspiegelt (Streng 2003). Die Kriminalitätsbelastung adoleszenter Mädchen entspricht nur einem Drittel der männlichen Altersgenossen und bezieht sich vorrangig auf Diebstahl (Polizeiliche Kriminalitäts-Statistik (PKS) 2004). In Deutschland wird die Überrepräsentation der Straffälligkeit von Jugendlichen mit einem Migrationshintergrund einerseits in einen Zusammenhang mit deren mangelnder Integration gebracht (z.B. ein niedriges Bildungsniveau, vgl. Leithäuser/Meng 2003), andererseits jedoch auch mit häuslicher Gewalt, die in dieser Gruppe besonders häufig vorkommt. So wurde laut einer Repräsentativbefragung von Schülern aus dem Jahr 1997 jeder fünfte türkische Jugendliche Opfer elterlicher physischer Misshandlungen (Pfeiffer/Wetzels 2001), welche mit Gewalt befürwortenden Männlichkeitsvorstellungen in den betroffenen Ethnien verbunden sind (Wetzels et al. 1999). Die Dunkelfeldforschung konnte ebenfalls zeigen, dass sich Täter- und Opferwerdung miteinander verschränkt, d.h. Aggressionsdelikte vorrangig von derselben adoleszenten Klientel verübt werden, die sie auch erleidet (Hosser/Radatz 2005)[4].

Die normale, ubiquitäre und passagere männliche adoleszente Kriminalität ist allerdings zumeist im Bereich der gewaltlosen Bagatellekriminalität (z.B. Fahren ohne Führerschein oder Ladendiebstahl) zu verorten. Parallel existiert eine geringe Anzahl vorrangig männlicher Adoleszenter, die für den Großteil der gewalttätigen Kriminalität verantwortlich sind, die mit einem Eingriff in die physische oder psychische Integrität eines anderen Menschen verbunden ist (Kerner 2001). Aufgrund der generellen Überrepräsentation junger Männer im Bereich der Gewalttaten im Verhältnis zu ihrem Bevölkerungsanteil (vgl. Schneider 1994) kann geschlussfolgert werden, dass ca. 6% aller Adoleszenter für die Mehrzahl aller Gewalttaten in den westlichen Gesellschaften verantwortlich sind (Farrington 1986; Fonagy 2006). Dabei sind schwere Gewalttaten von Adoleszenten eher die Ausnahme, es handelt sich um Bereiche mittlerer Kriminalität wie Körperverletzung und Raub, die wenig vorgeplant sind und impulsiv begangen werden (Wolfgang et al. 1987, S. 41ff.; Brunner/Dölling 2002, S. 27). Loeber und Stouthamer-Loeber (1987, S. 370f.) kommen in ihrer Metaanalyse zu dem Ergebnis, dass frühkindliche aggressive Verhaltensauffälligkeiten, die Schwere der Tat eines Jugendlichen sowie familiäre Deprivationen die besten Prädiktoren für eine fortdauernde Delinquenzbelastung im Erwachsenenalter seien. Gleichzeitig ergibt sich eine erstaunliche Ähnlichkeit der Prävalenzrate für gewalttätiges Verhalten in verschiedenen Lebensabschnitten (von der Vorschulzeit bis ins Erwachsenenalter) von jeweils 4–9%, die Moffitt (1993, S. 678) unter der Berücksichtigung von Längsschnittuntersuchungen derselben Gruppe zuschreibt. Moffitt unterscheidet daher im Rahmen ihrer Taxonomie antisozialen Verhaltens zwischen auf die Adoleszenz begrenzte jugendtypische Delinquenz (»Adolescence-Limited«) und den ganzen Lebenslauf begleitende Straffälligkeit im Sinne lebenslanger krimineller Karrieren (»Life-Course-Persistent«), die sich sowohl hinsichtlich des zeitlichen Auftretens als auch der Schwere der Delikte unterscheiden. Im Unterschied zu ihren Peers mit einer lebenslangen kriminellen Karriere können Jugendliche mit jugendtypischer Delinquenz ihr kriminelles Verhalten situationsspezifisch und instrumentell einsetzen, wenn sie sich davon einen Gewinn versprechen (ebd., S. 686). In ihrem Entwicklungsmodell spricht sich Moffitt (1993, 2002) für ein Zusammenwirken von anlagebedingten (vorrangig neuropsychologische Defizite) und mangelhaften elterlichen Ressourcen für das Entstehen einer lebenslangen kriminellen Karriere aus, die zu einer Kette misslingender Eltern-Kind-Interaktionen führen, was ich im Hinblick auf psychoanalytische Erkenntnisse weiter ausführen werde. Schwerwiegendes antisoziales Verhalten wird auf diesem Wege generationsübergreifend weitergegeben (Huesmann et al. 1984):

»[T]he perverse compounding of children's vulnerabilities with their families' imperfections does not require that the child's neuropsychological risk arise from any genetic disposition. [...] I believe that the juxtaposition of a vulnerable and difficult infant with an adverse rearing context initiates risk for the life-course-persistent-pattern of antisocial behavior. The ensuing process is a transactional one in which the challenge of coping with a difficult child evokes a chain of failed parent-child encounters« (Moffitt 1993, S. 682).

Für den deutschsprachigen Raum findet, abgesehen von dem forensisch-psychiatrisch geprägten Psychopathie-Diskurs, wenig Auseinandersetzung mit lebenslangen kriminellen Karrieren statt, die ihren Anfang in der Kindheit bzw. der Adoleszenz nehmen. Lebenslange kriminelle Karrieren werden Adoleszenten trotz der Ergebnisse der Längsschnittstudien abgesprochen, vermutlich um einer der Stigmatisierung dieser Gruppe bzw. Verallgemeinerung auf alle adoleszenten Straftäter entgegenzuwirken (Stelly/Thomas 2006). Stattdessen wird der Begriff des Mehrfach- oder Intensivtäters für diese Gruppe verwendet, was jedoch irreführend ist, da es zumindest in der polizeilichen Registrierung ausreicht, zehn Anzeigen zu erhalten, sodass Bagatelletäter dann als Intensivtäter eingestuft werden. Gleichzeitig wird eine potenzielle Gefährdung des Individuums aufgrund mangelhafter psychischer Kompetenzen negiert, die es ihm erschweren, den Anschluss an die nichtkriminelle Erwachsenenwelt zu finden. Es entspricht einem Wunschdenken, dass antisoziale Persönlichkeitsmerkmale sich bei schwerwiegend Ich-geschädigten Personen im Erwachsenenalter einfach auswachsen[5], sondern diese Individuen brauchen eine gezielte und intensive therapeutische Hilfe. Während Kinder mit Steuerungsproblemen von ihren Gleichaltrigen häufig ausgegrenzt werden, sind Jugendliche mit einem Potenzial für lebenslange kriminelle Karrieren in der Adoleszenz Teil des ubiquitären Delinquenzverhaltens und werden somit erst im Erwachsenenleben aufgrund ihrer fortdauernden Delinquenz wieder psychopathologisch auffällig (Moffitt 1993, S. 687). Hierbei können wichtige Zeitpunkte von korrigierenden Interventionen jedoch ungenutzt verstreichen, wenn potenziell lebenslang Auffälligen eine nur vorübergehende Delinquenzbelastung zugesprochen wird. Tatsächlich könnte ein Teil der Diskontinuität antisozialer Entwicklungsverläufe von Kindheit ins Erwachsenenalter dadurch erklärt werden, dass oftmals nicht zwischen Gewalttätigkeit und anderen antisozialen Verhaltensweisen unterschieden wurde (Cierpka et al. 2007). Aus diesen Befunden wird die Bedeutsamkeit einer sorgfältigen individuellen Differenzialdiagnostik deutlich, die m. E. auf einer entwicklungspsychopathologischen Perspektive basieren muss, die auf einem Strukturmodell der Persönlichkeit basiert. Daher werde ich im Folgenden die psychoanalytisch-klinische Theorie des dissozialen Syndroms vor dem Hintergrund differenzialdiagnostischer Erwägungen in der Adoleszenz darstellen.

Die Genese des dissozialen Syndroms aus psychoanalytischer Sicht vor dem Hintergrund der Mentalisierungstheorie

In der Symptomatik wirken antisoziale Persönlichkeiten oberflächlich sozial angepasst, zeigen aber einen auffälligen Mangel an Angst-, Scham- und Trauergefühlen. In Bezug auf ihre Taten empfinden sie keine Reue- oder Schuldgefühle. Aufgrund einer gestörten Entwicklung des Zeitbewusstseins haben sie nur eine eingeschränkte Zeitperspektive, die das Erleben auf das »Hier und Jetzt« beschränkt. So ist es ihnen weder möglich, selbst geringe Frustrationen zu ertragen, noch auf eine sofortige Bedürfnisbefriedigung zu verzichten. Antisoziale Persönlichkeiten führen instabile, widersprüchliche und wechselhafte zwischenmenschliche Beziehungen und sind von einem tiefen Misstrauen anderen gegenüber erfüllt, was sich auch auf eine Unfähigkeit auswirkt, sich zu verlieben.

Auch scheinen sie nicht aus den eigenen Fehlern zu lernen bzw. von helfenden Beziehungen zu profitieren, da »das Leben ein immerwährender Kampf ist – unter Wölfen, zwischen Wölfen und Schafen oder unter vielen Wölfen im Schafspelz« (Kernberg 2006, S. 283).

Eine dissoziale bzw. antisoziale Persönlichkeitsstörung kann als eine besondere Ausprägung der malignen Form der narzisstischen Persönlichkeitsstörung aufgefasst werden, die mit einer spezifischen Über-Ich-Problematik einhergeht (Kernberg 1985; Kernberg 2006). Ich schließe mich allerdings nicht Kernbergs pessimistischer Auffassung an, der für antisoziale Persönlichkeiten ein gänzlich fehlendes Über-Ich behauptet, sondern sehe die Phänomene der Furcht- und Gewissenlosigkeit als Prozesse der Abwehr unerträglicher Vernichtungsängste, die von archaischen und verfolgenden (und somit fragmentarischen) Über-Ich-Vorläufern ausgehen (Goudsmit 1974). Als zentral für das klinische Bild der antisozialen bzw. dissozialen Persönlichkeit betrachte ich daher unter Rekurs auf Reinke (1997) – neben einer Störung der Objektbeziehungen – die geschädigte Ich-Entwicklung, die letztlich zu einem Versagen der sozialen Anpassung führt. Genauer gesagt, ist ein fast vollständiges Fehlen der integrativen und synthetischen Ich-Funktionen festzustellen, während kognitiv-analytische Fähigkeiten gut ausgeprägt sein können. Reinke (1996, S. 80) schlägt für die diskrepante Ich-Entwicklung bei dissozialen Patienten den Begriff der »Mosaikpersönlichkeit« vor. Das Fehlen der integrativen und synthetisierenden Ich-Funktionen hat zur Folge, dass »Impulse, Wünsche, Haltungen, Neigungen etc. chaotisches Stückwerk bleiben, ohne sich zu einer einheitlichen Person mit Verantwortungsgefühl sich selbst und der Umwelt gegenüber zusammenzuschließen« (A. Freud 1965, S. 2287).

Mit ihrer Auffassung, Gewalttätigkeit als Schutz eines inkohärenten Selbst zu betrachten, stellen sich Fonagy et al. mit Reinke (1997) gegen Annahmen, die Gewalttaten als Akte des Wahnsinns primitiver Impulse unter Ausschaltung der reiferen Ich-Funktionen begreifen. Fonagy et al. (2002) beschreiben für dissoziale Patienten ausgehend von ihrer theoretischen Perspektive auf die mentalen Repräsentanzen eine Entwicklung, die mit einer vollständigen Mentalisierungshemmung einhergeht, was ich als hilfreiches ergänzendes Konzept zu den bisher ausgeführten psychodynamischen Erkenntnissen betrachte. Fonagy et al. verwenden die Begriffe »Mentalisierung« und in älteren Publikationen das »psychologische oder reflexive Selbst« synonym für die Fähigkeit, sich innerpsychische (mentale) Zustände in sich selbst und in anderen Menschen vorzustellen, weil das Selbst und der Andere als intentionale Wesen aufgefasst werden, deren Verhalten auf Gründen im Sinne psychischer Befindlichkeiten basiert. Der mentalisierende Denkmodus entwickelt sich im Kontext gelingender früher Bindungserfahrungen etwa im 5. Lebensjahr (Fonagy et al. 2002, S. 269ff.). Misshandlungen in Bindungskontexten können jedoch dazu führen, dass die Mentalisierungsfähigkeit eine generelle Hemmung erfährt oder aber nur fragmentarisch genutzt werden kann, um z. B. potenzielle Misshandlungssituationen vorherzusagen. Die Beeinträchtigung der Reflexionsfähigkeiten misshandelter Kinder wurde in zahlreichen Studien nachgewiesen (Schneider-Rosen/Cicchetti 1991; Beeghly/Cicchetti 1994). Es ist gefährlich für das in der Entwicklung befindliche Selbst, den mentalen Zustand eines misshandelnden Anderen anzuerkennen, da dieser Gefühle von Hass oder mörderischer Lust enthält. Das Kind müsste sich bei bewusster Wahrnehmung solcher Gefühle bei den Eltern als wertlos und hassenswert empfinden und gleichzeitig seinen Bindungspersonen eine permanente Gefährlichkeit zuschreiben (Fonagy et al. 2002, S. 355). Die Hemmung der Mentalisierung ist deshalb als ein adaptiver Bewältigungsversuch anzusehen, mit dessen Hilfe das Kind sich verweigern kann, über die misshandelnde Bindungsperson nachzudenken (Fonagy et al. 1996). Das Kind, dem ständig Traumatisierungen drohen, muss die äußere Welt und die von ihr ausgehenden Gefahren so konzentriert überwachen (Hypervigilanz), dass die Etablierung der Vorstellung eines eigenen inneren psychischen Raumes unterbleibt.

Das missbrauchte oder traumatisierte Kind, das sich der mentalen Welt entzieht oder in sie verstrickt ist, erwirbt niemals eine angemessene

Kontrolle über die repräsentationale Welt der inneren Arbeitsmodelle. Häufig entwickeln sich Beziehungsmodelle, die keine Hilfe darstellen; die innere Welt des Kindes und Erwachsenen wird vom negativen Affekt beherrscht. Gefangen in einem Teufelskreis aus paranoider Angst und exzessiven Abwehrmanövern, verstrickt sich das Individuum unentwirrbar in eine innere Welt, die von gefährlichen, bösen, gedanken- und seelenlosen Objekten beherrscht wird. Es hat sich von ebenjenem Prozess abgekoppelt, der es aus seinem Dilemma befreien könnte – von der Fähigkeit, darüber nachzudenken, weshalb Menschen bestimmte Dinge tun und was in ihnen vorgeht (Fonagy et al. 2002, S. 479).

Es hat sich in Studien mit Gewaltverbrechern gezeigt, dass auch das Mitansehen von Misshandlungen in affektiven Bindungskontexten die Entwicklung der Mentalisierungsfähigkeit entscheidend stört (Fonagy 2006, S. 526).

Wie oben abgeleitet, ist der Erfahrungsschatz einer dissozialen Person mit gehemmter Mentalisierungsfähigkeit in Bezug auf psychische Phänomene undifferenziert bzw. dem Bewusstsein nicht zugänglich. Gleichzeitig sind die Objektrepräsentanzen durch Feindseligkeit geprägt, was durch die projektive Abwehr als eine starke, von außen kommende Bedrohung wahrgenommen werden kann. Fehlattribuierungen dieser Art sind bereits bei Kindern festzustellen: Aggressive Kinder tendieren zu Fehlattribuierungen von mentalen Befindlichkeiten in sozialen Situationen (Dodge 1991), vermeidend-gebundene Kinder attribuieren Feindseligkeit in ambivalenten sozialen Situationen (Suess 1987 zit. n. Fonagy et al. 1997).

Ein aktuell ausgelöstes Schamgefühl wird bei dissozialen Persönlichkeiten aufgrund der fehlenden integrativen Ich-Funktionen und der mangelnden Mentalisierung zu einer existenziellen, weil ich-destruktiven Bedrohung (Gilligan 1997), die sofort externalisiert werden muss, weil das Subjekt durch sein Verbleiben im nicht-mentalisierenden Denkmodus nicht mit der Realität spielen kann (Fonagy/Target 1996). Es existiert kein psychischer Spielraum (Winnicott 1967), im Zuge dessen sich die Zuschreibungen und Überzeugungen bei näherer Prüfung als unwahr erweisen könnten: Wenn unbewusste wie auch bewusste Gefühle und Vorstellungen als Äquivalente der äußeren Realität erlebt werden, wird die Fähigkeit des Individuums gehemmt, die Unmittelbarkeit seines Erlebens zu suspendieren und den psychischen Raum zu schaffen, in dem es »mit der Realität spielen« könnte (Fonagy et al. 2002, S. 375). Ich-destruktive Scham kann so unabsichtlich bereits durch einen »falschen Blick« eines Gegenübers ausgelöst werden (Taubner/Frühwein 2004). Emotionale Erregungszustände durch eine vermeintliche äußere Bedrohung überfordern die Selbstkontrolle der antisozialen bzw. dissozialen Persönlichkeit, u.a. weil die Mentalisierungsfähigkeit als wesentlicher Faktor der Affektregulierung nicht ausreichend zur Verfügung steht. Da keine inneren mentalen Repräsentanzen eine Verringerung der Spannung herbeiführen können, wird der eigene Körper als Behälter und Kontrollmöglichkeit dieser psychischen Erlebnisse genutzt. Gewalt steht als Handlungsentwurf zur Verfügung, d.h. als eine Möglichkeit, die als feindselig erlebten Gedanken beim Gegenüber anzugreifen. Das Individuum greift damit auf seine Kindheitserfahrungen zurück, nur dass jetzt der Andere gezwungen (bedroht, geschlagen, verletzt) oder verführt wird, um zu einem bestimmten Verhalten bewegt zu werden (Glasser 1998). Die gewaltsame Antwort auf die erlebte Bedrohung fällt bei schwacher Mentalisierungsfähigkeit sehr schnell, da die Impulskontrolle ebenfalls nur schwach ausgeprägt ist. In der sozialen Interaktion wird dem Gegenüber jenseits der projizierten Feindseligkeit kein eigener intentionaler Standpunkt zugesprochen, weshalb ein Miteinander-Sprechen zum Zweck der Veränderung eines Zustandes nicht sinnvoll erscheinen kann (Fonagy 2006, S. 501).

Durch die Mentalisierungshemmung werden dem Gegenüber generell keine innerpsychischen Befindlichkeiten zugeschrieben. Dies bewirkt das Auflösen von Hemmschwellen, da das rein intellektuelle Wissen um die Folgen des Handelns keine emotionale Überzeugungskraft hat (Blair 1995). Eine Unfähigkeit, ausreichend zu mentalisieren, verändert auch die normale negative emotionale Reaktion, die sich einstellt, wenn sich das Gegenüber schlecht fühlt. Besonders stark ist normalerweise die eigene emotionale

Reaktion, wenn man selbst der Auslöser für eine Unlustreaktion oder Verzweifelung des Anderen ist. Fonagy et al. (1997) sind der Auffassung, dass diese negative emotionale Reaktion auf die Verzweifelung eines Gegenübers die Grundlage für moralisches Verhalten darstellt. Die Hemmung, andere zu verletzen, basiert vermutlich auf dieser Fähigkeit, sich die mentalen Befindlichkeiten eines potenziellen Opfers vorstellen zu können, weil diese Vorstellung der innerpsychischen Befindlichkeiten eines Opfers schmerzhaft ist (Fonagy et al. 1997, S. 255). Empirische Studien konnten die These bestätigen, dass bestimmte Delinquente nicht über die Fähigkeit verfügen, die Verzweiflung eines Opfers zu mentalisieren (Blair 1995). Insbesondere Gewalttäter erhalten auf der Reflexiven-Kompetenz-Skala (RKS) signifikant niedrigere Wertungen im Vergleich zu nicht-gewalttätigen Straftätern (Fonagy et al. 1997) und ebenfalls signifikant niedrigere Wertungen als Personen mit Persönlichkeitsstörungen ohne Gewalttätigkeit (Levinson/Fonagy 2004). Die innerpsychische Befindlichkeit eines Gegenübers zu sehen, bedeutet zwar nicht im Umkehrschluss, auch das eigene Verhalten immer darauf einzustellen, macht es jedoch wahrscheinlicher, dass nicht gewalttätig gehandelt wird.

Differenzialdiagnostische Kriterien für gewalttätiges Verhalten in der Adoleszenz

In der Adoleszenz müssen die Bindungsqualitäten und frühkindlichen Formen der Objektbeziehungen zwischen Eltern und Kind auf soziale Institutionen und Erwachsene, die diese repräsentieren, übertragen und verändert werden. Innerhalb dieser außerfamiliären kulturellen Einrichtungen können Adoleszente progressive Entwicklungen durchlaufen, die der psychischen Weiterentwicklung dienen (Erdheim 1982, S. 277). Eine Bindungsunfähigkeit kann jedoch dazu führen, dass kaum Anbindungen an soziale Institutionen stattfinden, die die Selbstkontrolle und psychische Weiterentwicklung unterstützen könnten (Fonagy et al. 1997, S. 241).

Die Notwendigkeit der Überarbeitung der inneren Repräsentanzen von Beziehungen, die regressiv frühkindliche Konflikte reaktivieren, macht jeden Adoleszenten für eine Zeit anfällig für antisoziales Verhalten (Streck-Fischer 1994). Insbesondere Phasen des Übergangs erscheinen konflikthaft, wenn die alten Bindungen gelöst wurden, die neuen Bindungsmuster jedoch noch nicht etabliert sind, was Seiffge-Krenke (2004) als »Bindungsloch« bezeichnet. Besonders schwierig ist die Bewältigung des Übergangs von kindlichen zu erwachsenen Bindungen für diejenigen, die aufgrund von Bindungsstörungen und frühen missbräuchlichen Übergriffen über keine sicheren inneren Arbeitsmodelle verfügen. Ein solcher Mangel in der Kindheit macht sich in oppositionellem, aggressivem oder vermeidendem Verhalten bemerkbar. Durch die äußere Kontrolle durch die das Kind umgebenden Erwachsenen wird das innere Vakuum an eigener Verantwortungsübernahme im Sinne von Moral, Empathie, Besorgnis und Rücksichtnahme jedoch nicht sichtbar. Erst wenn die elterliche Kontrolle in der Adoleszenz schwindet, wird die Unfähigkeit zur Verantwortungsübernahme des Individuums deutlich (Fonagy/Target 2004). Durch die adoleszenten Separationsstrebungen entsteht eine größere Getrenntheit von den primären Liebesobjekten. Hierbei gerät insbesondere derjenige Jugendliche unter Druck, der unerträgliche Selbstanteile und Gefühle nicht über seine ausgereifte Mentalisierungsfähigkeit integrieren kann, sondern projektiv abwehren muss. In der Adoleszenz kommt es nicht nur zu einer Reaktivierung infantiler Konflikte, sondern es werden in dieser Entwicklungsphase traumatische Belastungen aus der Kindheit handelnd in Szene gesetzt (Streck-Fischer 2006). Insbesondere in der Adoleszenz kann Delinquenz daher vor dem Hintergrund traumatisierender früher Bindungen als pathologischer Anpassungsversuch an die soziale Umwelt verstanden werden. Ein auffälliger Jugendlicher kann diverse Symptome von Angst, Depression bis hin zu Aufsässigkeit und Wutausbrüchen aufweisen, die differenzialdiagnostisch als eine beginnende Persönlichkeitsstörung oder aber eine Anpassungsreaktion auf die Veränderungen der Adoleszenz eingestuft werden können, die in Folge der Wucht verschiedener körperlicher und psychischer Wachstumsschübe auftreten können und auch in der normalen Entwicklung von primitiven Abwehrmechanismen begleitet werden (Kernberg 1985; Kernberg 2006). Es gilt somit, bei der Diagnostik sowohl die adoleszenzspezifische Dynamik als auch das strukturelle Niveau des Jugendlichen zu betrachten. Westen et al. (2005) und Streek-Fischer (2006) verweisen zu diesem Zweck auf diagnostische Instrumente, die nicht erwachsenenspezifische Krankheitskonzepte überstülpen und stattdessen den Entwicklungsmöglichkeiten von Kindern und Jugendlichen eher gerecht werden wie die Shedler-Westen Assessment Procedure für Adoleszente (SWAP-200-A, Westen et al. 2005) sowie die Operationalisierte Psychodynamische Diagnostik für Kinder und Jugendliche (Arbeitskreis-OPD-KJ 2003).

Kernberg differenziert zwischen einer Identitätskrise als normaler Erscheinung in der Adoleszenz (Erickson 1966) und einer Identitätsdiffusion als »das Fehlen sowohl eines Selbstkonzepts als auch des Konzepts bedeutsamer Anderer« (Kernberg 2006, S. 272). Die Identitätsdiffusion zeichnet sich dadurch aus, dass Adoleszente kein kohärentes Bild von sich vermitteln können und dies aufgrund des Fehlens selbstreflexiver Fähigkeiten nicht bemerken. Sie wurzelt in einer misslungenen Lösung der Individuations-Separationsphase (Mahler et al. 1975), wird aber häufig erst in der Adoleszenz sichtbar, wenn die schützenden Funktionen der Kindheitsumgebung nachlassen, sofern es diese je gab. Je ausgeprägter die Unreife des Über-Ichs, desto stärker kann sich bei einer Identitätsdiffusion antisoziales Verhalten manifestieren, was allerdings von Befolgungen etwaiger Subgruppennormen zu differenzieren ist (Kernberg 2006), worauf Klüwer (1974) in seiner Typenbildung der Dissozialität Jugendlicher ebenfalls hingewiesen hat. Target und Fonagy sind der Auffassung, dass der für die Adoleszenz charakteristische Anstieg psychopathologischer Erscheinungen auch mit dem Schicksal der Mentalisierung zusammenhängt, und weisen dieser eine Schlüsselfunktion für die integrativen Anforderungen in der Adoleszenz zu (1996, S. 476), was sich mit Kernbergs Auffassungen zu den selbstreflexiven Fähigkeiten deckt. Für die Autoren stellen adoleszente Zusammenbrüche keine Folge des »normalen« inneren Aufruhrs in dieser Lebensphase dar, sondern sind als Folge früherer Entwicklungsstörungen zu verstehen, die bislang verborgen blieben. Affektive Störungen in der Adoleszenz werden als »unzulängliche Konsolidierung der Symbolisierungsfähigkeit« verstanden (Fonagy et al. 2002, S. 321). Auch vor dem Hintergrund meiner Studie an gewalttätigen Adoleszenten (Taubner 2008a, b) betrachte ich die Ausprägung und Qualität der Reflexiven Kompetenz als ein weiteres differenzialdiagnostisches Kriterium, das Rückschlüsse auf die mögliche Schwere einer hinter dem antisozialen Verhalten stehenden Psychopathologie erlaubt.

Mentalisierung und Rückfall in Gewalt

Die folgenden Beschreibungen sind Auszüge einer Studie mit adoleszenten Gewaltstraftätern, die vor ihrer Gerichtsverhandlung an einem Schlichtungsversuch bei einem Täter-Opfer-Ausgleich mit psychoanalytisch fundierter Konzeption teilgenommen haben (Taubner 2008a). In der Studie wird auf eine in der Psychotherapieforschung anerkannte Methode, die Messung der Reflexiven Kompetenz (RK, Fonagy et al. 1998), zurückgegriffen, welche einerseits einen empirischen Zugang zu Mentalisierungsfähigkeiten darstellt und sich andererseits als brauchbares Instrument zur Erfassung therapeutischer Veränderung erwiesen hat (Buchheim et al. 2006). Ergänzend zur Vorher-Nachher-Untersuchung wurde zwei Jahre nach der Erstuntersuchung Einblick in den Erziehungs- und Bundeszentralregisterauszug der untersuchten Probanden genommen, welche Hinweise auf mögliche Rückfälle in dissoziale Verhaltensweisen geben. 19 männliche Probanden zwischen 17 und 21 Jahren konnten für die Voruntersuchung gewonnen werden, von denen 18 Personen ebenfalls an der Nachuntersuchung teilnahmen. Die ihnen vorgeworfenen Delikte umfassen einfache oder gefährliche Körperverletzung, einfachen oder schweren Raub, zwei Drittel der

Probanden weisen einen Migrationshintergrund auf. Die Untersuchungsgruppe zeichnet sich durch vergleichsweise niedrige reflexive Fähigkeiten aus. Der Durchschnitt liegt bei 3,32 Wertungspunkten auf der Reflexiven-Kompetenz-Skala, die von -1 (negative RK) bis 9 (außergewöhnliche RK) reicht. In einer nicht-klinischen Population erwarten Fonagy et al. (1998), dass die Mehrzahl der Untersuchten eine durchschnittliche RK aufweist (Wertung 5). Sowohl die statistische als auch eine zusätzliche qualitative Auswertung zeigte, dass sich die Adoleszenten hinsichtlich ihrer Mentalisierungsfähigkeiten drei Gruppen zuordnen ließen: durchschnittliche, fragliche und abwesende Reflexive Kompetenz. Die Ausprägung der Mentalisierungsfähigkeiten wies einen statistischen Zusammenhang zur Rückfälligkeit der Probanden in gewalttätiges Verhalten auf (Chi-Quadrat-Test, Kendall-Tau=.003, Korrelation nach Spearman r=.56, p=.014), durchschnittliche Reflexive wurden nicht wieder rückfällig, Nichtreflexive wurden erneut gewalttätig und bei den fraglich Reflexiven war beides möglich (vgl. Abbildung 1).

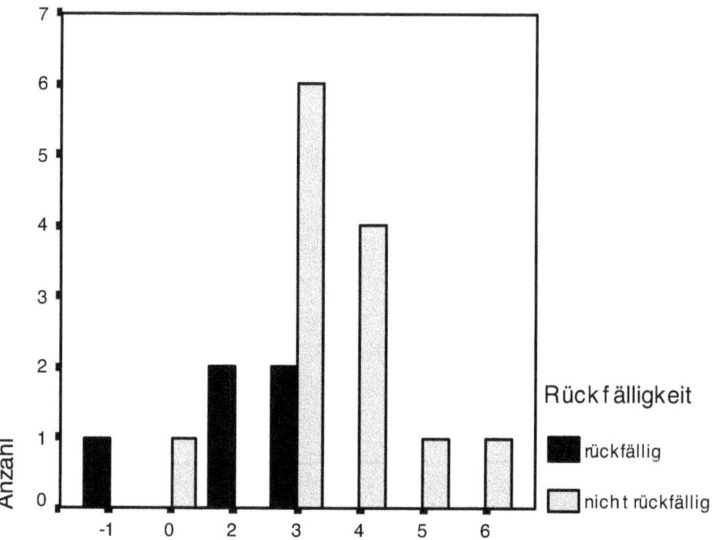

Abb. 1: Rückfall in Gewalt und die Reflexive Kompetenz der Probanden

Die qualitative Auswertung zeigte, dass die durchschnittlich Reflexiven sich ebenfalls in der Art und Weise ihrer Gewaltausübung von der restlichen Gruppe unterschieden, da es sich um leichtere Formen handelte (z. B. Beleidigen und Schubsen bzw. standen sie bei einer schwere Gewalttat daneben und wurden als Teil einer delinquenten Gruppe mit angezeigt). Während die restliche Gruppe massivere Gewaltformen ausübte z. T. mit Einsatz von Waffen und erheblichen gesundheitlichen Folgen für die Opfer. Insgesamt wurde deutlich, dass die Reflexive Kompetenz einen Anhaltspunkt dafür liefert, ob sich die Straftat im Rahmen einer adoleszenten Krise bzw. Zugehörigkeit zu einer delinquenten Gruppe ereignet oder auf schwerwiegende ich-strukturelle Defizite verweist, die einen Rückfall in Gewalt wahrscheinlich machen und daher einer spezifischen therapeutischen Intervention bedürfen. Zur Illustration meiner Schlussfolgerungen werde ich im Folgenden zwei Studienteilnehmer anonymisiert beschreiben. Die Fallvignetten verdeutlichen, worin sich mit leichter Gewalt einhergehende adoleszente Krisen von einer beginnenden Persönlichkeitsstörung mit chronischer Gewaltausübung unterscheiden.

Fallvignette 1: Leichte Gewalt eines Ersttäters mit durchschnittlicher Reflexiver Kompetenz

Der 18-jährige Manuel ist zusammen mit seinem gleichaltrigen Freund angeklagt, eine gefährliche Körperverletzung begangen zu haben. Der junge Mann selbst sieht die Tat anders. Im Interview gibt er an, dass sein Freund und er im betrunkenen Zustand einen älteren Mann an der Bushaltestelle »verarscht« hätten. Sein Freund habe diesem einen Arm umgelegt und ihn gefragt, wohin er wolle und was er so tue. Manuel selbst habe sich im Hintergrund vor

Lachen ausgeschüttet und habe nur verbal interveniert, als der Mann seinen Freund schlagen wollte. Als Passanten mit der Polizei drohten, seien beide zur Vernunft gekommen und hätten sich entfernt. Manuel gibt zu, dass der Mann vielleicht etwas ängstlich gewesen sein könnte, aber dass man sich vor ihm und seinem Freund doch nicht zu fürchten brauche. Er ist ärgerlich über die Strafanzeige und erleichtert, dass seine Eltern ihm für die Gerichtsverhandlung Unterstützung zugesagt haben. Im Verlauf der Schlichtungsbemühungen wird deutlich, dass der Geschädigte sich hochgradig von den jungen Männern bedroht fühlte und erhebliche psychische Konsequenzen erlitt wie Schlafprobleme und Angstzustände. Letztere stehen vermutlich auch in einem Zusammenhang mit vorherigen Erlebnissen, da er in Südamerika im Rahmen seiner Auslandsberufstätigkeit mehrfach unter Einsatz von Waffengewalt beraubt wurde. Im Täter-Opfer-Ausgleich konnte die von allen getragene Lösung erarbeitet werden, dass Manuel und sein Freund ehrenamtliche Sozialstunden in einem Altersheim verrichten. Leider gelang es jedoch nicht, dass beide Seiten ein Verständnis füreinander entwickeln konnten, da jeder auf seiner Version des Vorfalles beharrte.

Das Verhalten von Manuel und seine Weigerung, sich in die psychische Realität des älteren Mannes hineinzuversetzen, kann vor dem Hintergrund seiner Biografie und aktuellen Lebenssituation verstanden werden. Aufgrund der Ingenieurstätigkeit seines Vaters in einem internationalen Konzern, verbrachte Manuel seine Kindheit zusammen mit seinem zwei Jahre älteren Bruder und den Eltern in einem arabischen Land. Zu seiner Einschulung zog die Familie nach Deutschland zurück, wobei der Vater weiter und vorrangig in Südamerika tätig blieb. Bereits früh erlebte Manuel die Disharmonie zwischen seinen Eltern, konnte manchmal als Kind nicht einschlafen, weil er sich um die Eltern ängstigte, die so laut im Nachbarzimmer stritten. In Manuels 14. Lebensjahr trennte sich der Vater von der Mutter. Zu diesem Zeitpunkt wandte sich Manuel von der Familie ab und seinen gleichaltrigen Peers zu. Seine Schulleistungen verschlechterten sich soweit, dass er eine Klasse wiederholen musste. Aufgrund über die Trennung hinausgehender finanzieller Konflikte zog sich die Scheidung über weitere vier Jahre hin, in die sich Manuel emotional hineingezogen fühlte.

Die aktuelle Beziehung zu beiden Elternteilen ist stark belastet. Der junge Mann ärgert sich, dass sein Vater sich wegen der Söhne nicht früher habe trennen wollen. Insgesamt habe der Vater seine Entwicklung aufgrund seiner beruflichen Tätigkeit kaum mitbekommen. Das Angebot des Vaters, dass er nun zu ihm ziehen könne, komme zu spät. Das Verhältnis zur Mutter sei ebenfalls angespannt, da diese oft gestresst von der Arbeit käme und ihn nicht wirklich verstehen könne. Am liebsten würde er wie sein Bruder in eine eigene Wohnung ziehen, was sich jedoch mit seinen Abitur-Plänen nicht vereinbaren lässt. Besonders deutlich wird seine adoleszente Ablösungskrise daran, dass er die im Streit geäußerten Rauswurf-Drohungen seiner Mutter nicht ernstzunehmen versuche, da er schließlich nicht wisse wohin er sonst solle bzw. gar keine Lust habe woandershin zu gehen. Innerlich schwankt er dazwischen, seine Eltern verstehen und sich dann wieder gänzlich von diesen abschotten zu wollen. Besonders gegenüber seinem Vater scheut er jedoch eine offene Auseinandersetzung, verbirgt und verleugnet seine Enttäuschungswut.

Während der Straftat kommt es m. E. zu einer Verschiebung dieser aggressiven Affekte auf den Geschädigten, der vom Alter, Bildung und seiner Auslandstätigkeit Manuels Vater so ähnlich ist. Unter Alkoholeinfluss kann er lustvoll miterleben und eher passiv als aktiv daran teilhaben, wie die Vaterfigur eingeschüchtert und zu einer Witzfigur degradiert wird. Da er die symbolische Vernichtung des eigenen Vaters jedoch nicht wagt, muss er retrospektiv auch die Aggressivität und Potenz des gemeinsamen Handelns verleugnen. Manuel hingegen erlebte sich und seinen Freund als harmlose kleine Jungen. Deutlich wird, wie sich sein Ablösungskonflikt auf seine ansonsten durchschnittlichen reflexiven Fähigkeiten auswirkt, sodass er sich die psychischen Befindlichkeiten der beteiligten Personen nur noch im Ansatz vorstellen kann.

Trotz seiner geringen Einsicht ist Manuel aufgrund seiner psychischen und sozialen Ressourcen kaum gefährdet, erneut gewalttätig zu handeln. Seine adoleszente Aufmüpfigkeit wiederholt sich im Rahmen der Schlichtungsgespräche, da er zu einem Einzeltermin betrunken erscheint und vom Schlichter dafür eine Grenze gesetzt bekommt, d.h. einen neuen Termin im nüchternen Zustand. In seiner Suche nach wohlwollender Begrenzung ist er jedoch an einen bereits vorher traumatisierten Mann geraten, der eine derartige Grenze aufgrund seiner panischen Angst nicht setzen konnte, sodass Manuels Verhalten strafrechtliche Konsequenzen hatte, die sonst vermutlich nicht erfolgt wären.

Fallvignette 2: Massive Gewalt eines Mehrfachtäters mit niedriger Reflexiver Kompetenz

Der 19-jährige Serkan nimmt zum dritten Mal an einem Täter-Opfer-Ausgleich teil. Er wird einer gefährlichen Körperverletzung bezichtigt, steht aber noch aufgrund eines Banküberfalls unter Bewährung. Wie bei Manuel sieht er den Vorfall anders als der Geschädigte, im Gegensatz zu der oben beschriebenen Tat, ist aber der Geschädigte körperlich schwer verletzt worden. Serkan versucht zunächst die Verletzungen damit zu begründen, dass der Geschädigte bereits verletzt zum Tatort gekommen sei, später lässt er jedoch durchscheinen, dass noch viele andere aus seiner Gruppe verwickelt seien, er diese jedoch aufgrund eines Ehrenkodexes nicht verraten könne. Auch nach dem Banküberfall wurde nur er und nicht sein Mittäter festgenommen. Serkan gab den Namen trotz fünf Wochen Untersuchungshaft nicht preis, bis sein Mittäter sich von selbst stellte. Der junge Mann bewegt sich in einem delinquenten Milieu und ist bereits als Kind durch Diebstähle aufgefallen. Bislang hat er aber nur drei Anzeigen erhalten und wird daher nicht als ein Intensivtäter eingestuft, wobei eine Verwicklung in diverse nicht angezeigte Straftaten aus seinen Berichten durchschimmert.

Sowohl in seiner Reflexion der Tat als auch im Hinblick auf seine eigene Geschichte, zeigt er sich mitleidslos und gefühlskalt. Aufgrund eines schweren Erdbebens in seiner Heimatstadt hat er z.B. einen großen Teil seiner Verwandtschaft und auch ein Großelternpaar verloren, was er gleichgültig kommentiert. Gleichzeitig ist er oberflächlich charmant, bemüht sich sehr in den Interviews und fragt immer wieder zuvorkommend nach, ob er meiner Forschung nützlich genug sei. Aus seiner Lebensgeschichte wird deutlich, wie wenig einfühlsam mit ihm selbst umgegangen wurde. Serkans Familie blickt auf eine generationenübergreifende Gastarbeitertradition zurück. Die Kernfamilie übersiedelte kurz nach Geburt seines einzigen Geschwisterkindes, einer Schwester, nach Deutschland als Serkan zwei Jahre alt war. Seine Eltern waren zu seiner Geburt jünger als zwanzig Jahre und erscheinen chronisch überfordert mit den Anforderungen eines gemeinsamen Lebens. Der Vater ist als Fernfahrer viel fort, Serkan erinnert sich an einen Wechsel aus liebevoller Zugewandtheit und strenger körperlicher Züchtigung gegen Kinder und Ehefrau, wenn der Vater daheim war. Auch die Mutter wird als körperlich züchtigend beschrieben, wobei die Bestrafung mindestens einmal so eskaliert sei, dass sie ihren Sohn mit einem Messer angegriffen habe. Serkan rationalisiert die körperlichen Übergriffe heute als notwendige Begrenzung seines »bösen« Selbst. Als der Junge sieben Jahre alt ist, trennt sich die Mutter vom Vater, da dieser sie immer wieder mit anderen Frauen betrügt und das verdiente Geld durchbringt. Gleichzeitig zahlt sie jedoch die Schulden des Mannes weiter ab und erhält keinen Unterhalt, sodass die Familie weiter in großer Armut lebt. Schamgefühle aufgrund der Lebenssituation dominieren das psychische Erleben von Mutter und Kindern. Sowohl die Trennung als auch die späteren Straftaten von Serkan müssen gegenüber den Nachbarn und Verwandten geheim gehalten werden. Die Untersuchungshaft wird z.B. als Montageaufenthalt im Ruhrgebiet verschleiert. Vermutlich weil der Vater zu einer Geliebten in dieselbe Straße zieht, brechen Serkan und seine Schwester den Kontakt ab. Serkan identifiziert sich jedoch mit den von ihm fantasierten antisozialen und verantwortungslosen Eigenschaften des Vaters und ist innerlich getrieben von der Vorstellung, den Vater eines Tages so zu entwerten, wie er sich vom Vater entwertet und im Stich gelassen fühlt.

Seine aktuelle Situation ist geprägt durch einen misslingenden Übergang zwischen Schule und Beruf. Er findet zwischen seinen Vorstellungen, unermesslich reich sein zu wollen und dem mühevollen Weg qualifizierender Ausbildung keine Lösung. Statt eine Ausbildung oder weiterführende Schule zu besuchen, verdient er sein Geld als Reinigungskraft in einem Automobilkonzern und stellt seine Tätigkeit nach außen so dar, als sei er der geheime Chef der Firma. Ausbildungsversuche scheitern jeweils nach wenigen Wochen, da er die Ausbilder als ihm unterlegen erlebt und sich daher ihrer Autorität nicht beugen kann. Seine tatsächlich hohen kognitiven Fähigkeiten (sein IQ liegt bei 121 im Intelligenz-Struktur-Test) kann er aufgrund seiner emotionalen und Selbstwert-Störung nicht für sich nutzen. Der Banküberfall ist in diesem Zusammenhang als ein unbewusster verzweifelter Versuch zu sehen, sich kurzfristig mit den Ressourcen auszustatten, die für seinen Selbstwert essenziell sind.

Seine Straftaten enthalten einerseits neurotische Anteile, wenn er immer wieder in Situationen gerät, in denen er sich erwischen lässt und im Gegensatz zum väterlichen Verrat zu den Mittätern hält. Andererseits sind die Gewaltakte von einer Heftigkeit, die auf mangelhafte reflexive und affektregulatorische Fähigkeiten vor dem Hintergrund einer Persönlichkeitsstörung zurückführbar erscheinen. Sein fehlendes Mitgefühl sowie das Ausbleiben von Reue oder Schuldgefühlen legen neben seinen grandiosen Fantasien die Diagnose einer antisozialen Persönlichkeitsstörung nahe, die einer intensiven therapeutischen Behandlung bedarf.

Diskussion

In der Psychotherapieforschung gibt es die Auffassung, dass jede Gewalttätigkeit in der Jugend das Scheitern normaler Entwicklungsprozesse markiert (Fonagy 2006, S. 489). In einer Studie mit 19 adoleszenten Gewaltstraftätern konnte gezeigt werden, dass vereinzelte Gewalttaten durchaus auf krisenhafte Entwicklungsverläufe hinweisen, jedoch nicht hinreichend sind, um eine persistierende Gewalttätigkeit zu prognostizieren (Taubner 2008a). Als entscheidendes Differenzialkriterium für ein erneutes gewalttätiges Verhalten erwiesen sich stattdessen die Mentalisierungsfähigkeiten der Adoleszenten, d.h. in welchem Ausmaß sie sich in die psychischen Konsequenzen ihrer Taten hineinversetzen konnten. Es ist davon auszugehen, dass bei einem Fehlen integrativer Ich-Funktionen, die ihren Ausdruck u.a. in einer Mentalisierungshemmung findet, eine defizitäre Entwicklung stattgefunden hat, die bereits in der Adoleszenz Interventionen erfordert, um eine spätere Persönlichkeitsstörung verbunden mit chronischer Gewalttätigkeit zu verhindern. Ein interdisziplinärer Ansatz, der individuelle Entwicklungsverläufe, biologische und gesellschaftliche Prozesse integriert, ist eine notwendige Voraussetzung für Diagnostik und Intervention, wie sie von kriminologischer Seite immer wieder gefordert wird, um Gewaltkriminalität effektiv zu begegnen (Lück et al. 2005). Hierbei erscheint es als besonders lohnenswert, die reflexiven Fähigkeiten von adoleszenten Gewaltstraftätern zu fördern (Bateman/Fonagy 2008).

Literatur

Aichhorn, A. (1925): Verwahrloste Jugend. Bern (Verlag Hans Huber).

Arbeitskreis-OPD-KJ (Hg.) (2003): Operationalisierte Psychodynamische Diagnostik im Kindes- und Jugendalter. Grundlagen und Manual. Bern (Verlag Hans Huber).

Bateman, A. & Fonagy, P. (2008): Comorbid antisocial and borderline personality disorders: Mentalization-based treatment. Journal of Clinical Psychology 64 (2), 181–194.

Beeghly, M. & Cicchetti, D. (1994): Child maltreatment, attachment, and the self system: Emergence of an internal state lexicon in toddlers at high social risk. Development and Psychopathology 6, 5–30.

Bernfeld, S. (1929): Antiautoritäre Erziehung und Psychoanalyse (Vol. Bd. 1). Frankfurt/M. (März-Verlag).

Blair, R. (1995): A cognitive developmental approach to morality: Investigating the psychopath. Cognition 57, 1–29.

Bliesener, T.; Köferl, P. & Lösel, F. (1990): Protektive Faktoren bei Jugendlichen aus »Multiproblem-Milieus« mit hohem Risiko der Delinquenzentwicklung. In: S. Höfling & W. Butollo (Hg.): Psychologie für Menschenwürde und Lebensqualität. Bonn (Deutscher Psychologen Verlag), S. 80–105.

Bohmann, M. (1996): Predisposition to criminality. Swedish adoption studies in retrospect. In: M. Rutter (Hg.): Genetics of Criminal and Antisocial Behavior. Chichester (John Wiley), S. 99–114.

Brunner, R. & Dölling, D. (2002): Jugendgerichtsgesetz. Kommentar (11. Auflage). Berlin (Walter de Gruyter).

Buchheim, P.; Clarkin, C.; Kernberg, O. & Doering, S. (2006): Das Strukturelle und das Strukturierte Interview zur psychodynamischen Diagnostik der Persönlichkeitsorganisation. Persönlichkeitsstörungen: Theorie und Praxis (PTT) 10, 43–54.

Cierpka, M.; Lück, M.; Strüber, D. & Roth, G. (2007): Zur Ontogenese aggressiven Verhaltens. Psychotherapeut 52, 87–101.

Dilling, D.; Mombour, W. & Schmidt, M.H. (Hg.) (2000): Internationale Klassifikation psychischer Störungen. ICD-10. Klinisch-diagnostische Leitlinien. Bern, Göttingen, Toronto, Seattle (Verlag Hans Huber).

Dodge, K.A. (1991): The structure and function or reactive and proactive aggression. In: D.J. Pepler & K.H. Rubin (Hg.): The development and treatment of childhood aggression. New York (Erlbaum), S. 201–218.

Enzmann, D. & Wetzels, P. (2001): Das Ausmaß häuslicher Gewalt und die Bedeutung inner-familiärer Gewalt für das Sozialverhalten von jungen Menschen aus kriminologischer Sicht. Familie, Partnerschaft, Recht 7, 246–251.

Erdheim, M. (1982): Die gesellschaftliche Produktion von Unbewusstheit. Frankfurt/M. (Suhrkamp).

Erickson, E.H. (1966): Identität und Lebenszyklus. Frankfurt/M. (Suhrkamp).

Farrington, D.P. (1986): Age and crime. In: M. Tonry & N. Morris (Hg.): Crime and justice: An annual review of research. Chicago (University of Chicago Press), S. 189–250.

Farrington, D.P. (1995): The development of offending and antisocial behavior from childhood. Key findings from the Cambridge study in delinquent development. Journal of Child Psychology and Psychiatry and Allied Disciplines 36, 929–946.

Farrington, D.P. (2004): Conduct disorder, aggression and delinquency. In: R.M. Lerner & L. Steinberg (Hg.): Handbook of adolescent psychology. New York (Wiley), S. 627–664.

Farrington, D.P.; Loeber, R.; Yin, Y. & Anderson, S.J. (2002): Are within-individual causes of delinquency the same as between-individual causes? Criminal Behavior and Mental Health 12 (1) 53–68.

Farrington, D.P. & West, D.J. (1990): The Cambridge study of delinquent development: A lon-term follow-up of 411 London males. In: H.J. Kerner & G. Kaiser (Hg.): Kriminalität. New York (Springer Verlag), S. 117–138.

Fazal, S. & Danesh, J. (2002): Serious mental disorder in 23000 prisoners: A systematic review of 62 surveys. The Lancet 359, 545–548.

Fonagy, P. (2006): Persönlichkeitsstörungen und Gewalt – ein psychoanalytisch-bindungstheoretischer Ansatz. In: O. Kernberg & H. Hartmann (Hg.): Narzissmus. Grundlagen – Störungsbilder – Therapie. Stuttgart (Schattauer), S. 486–540.

Fonagy, P.; Gergely, G.; Jurist, E. & Target, M. (2002): Affektregulierung, Mentalisierung und die Entwicklung des Selbst. Stuttgart (Klett-Cotta), 2003.

Fonagy, P.; Leigh, T.; Steele, M.; Steele, H.; Kenndy, R.; Mattoon, G.; Target, M. & Gerber, A. (1996): The relation of attachment status, psychiatric classification, and response to psychotherapy. Journal of Consulting and Clinical Psychology 64, 22–31.

Fonagy, P.; Steele, M.; Steele, H.; Higgitt, A. & Target, M. (1994): The Theory and Practice of Resilience. Journal of Child Psychology and Psychiatry 35, 231–257.

Fonagy, P. & Target, M. (1996): Playing with reality I.: Theory of mind and the normal development of psychic reality. I. J. Psycho-Anal. 77, 217–233.

Fonagy, P. & Target, M. (2004): Frühe Interaktion und die Entwicklung von Selbstregulation. In: A. Streck-Fischer (Hg.): Adoleszenz – Bindung – Destruktivität. Stuttgart (Klett-Cotta), S. 105–135.

Fonagy, P.; Target, M.; Steele, H. & Steele, M. (1998): Reflexive Kompetenz-Skala. Manual zur Auswertung von Erwachsenenbindungsinterviews. Unveröffentlichtes Manuskript.

Fonagy, P.; Target, M.; Steele, M.; Steele, H.; Leigh, T.; Levinson, A. & Kennedy, R. (1997): Morality, disruptive behavior, borderline personality disorder, crime, and their relationship to security of attachment. In: L. Atkinson & K. Zucker (Hg.): Attachment and psychopathology. New York (Guilford), S. 223–274.

Frädrich, S. & Pfäfflin, F. (2000): Zur Prävalenz von Persönlichkeitsstörungen bei Strafgefangenen. Recht und Psychiatrie 18 (3), 95–104.

Freud, A. (1965): Wege und Irrwege in der Kinderentwicklung. Die Schriften der Anna Freud, Bd. 8. Frankfurt/M. (Fischer).

Frick, P.J. & Hare, R.D. (2001): Antisocial process screening device (APSD).Technical manual. North Tonawanda (Multi-Health Systems).

Gilligan, J. (1997): Violence: Our deadliest epidemic and its causes. New York (Grosset/Putnan).

Glasser, M. (1998): On violence. I. J. Psycho-Anal. 79, 887–902.

Gottfredson, S.D. & Hirschi, T. (1990): A general theory of crime. Stanford (University Press).

Goudsmit, W. (1974): Delinquenz und Gesellschaft. Wege zum Verständnis und zur Therapie von Straftätern. Göttingen (Vandenhoeck & Ruprecht).

Hapur, T.J. & Hare, R. (1991): The assessment of psychopathy as a function of age. Unveröffentlichtes Manuskript, University of British Columbia, Vancouver.

Hare, R. (1990/91): The psychopathy checklist – revised manual. Toronto (Multi Health Systems).

Hare, R. (2000): Eigenschaften von antisozialen Borderline-Patienten und Psychopathen: Konsequenzen für das Gesundheitswesen und das Strafrecht. In: O. Kernberg, B. Dulz & U. Sachsse (Hg.): Handbuch der Borderline-Störungen. Stuttgart (Schattauer), S. 393–411.

Hart, S.D. & Hare, R.D. (1997): Psychopathy: Assessment and association with criminal conduct. In: D.M. Stoff, J. Breiling & J.D. Maser (Hg.): Handbook of antisocial behavior. New York (Wiley), S. 22–35.

Heck, C. & Walsh, A. (2000): The effects of maltreatment and family structure on minor and serious delinquency. International Journal of Offender Therapy and Comparatice Criminology 44, 17–193.

Hinrichs, G. (2001): Multidimensional Assessment of Young Male Offenders in Penal Institutions. International Journal of Offender Therapie and Comparative Criminology 45, 478–488.

Hosser, D. & Radatz, S. (2005): Opfererfahrungen und Gewalthandeln. Befunde einer Längsschnittuntersuchung junger Straftäter. Zeitschrift für Jugendkriminalrecht und Jugendhilfe 16, 15–22.

Huesmann, L.R.; Eron, L.D.; Lefkowitz, M.M. & Walder, L.O. (1984): Stability of aggression over time and generations. Developmental Psychology 20, 1120–1134.

Kernberg, O. (2006): Die narzisstische Persönlichkeit und ihre Beziehung zu antisozialem Verhalten und Perversionen – pathologischer Narzismus und narzisstische Persönlichkeit. In: Kernberg, O. & Hartmann, P. (Hg.): Narzissmus. Grundlagen – Störungsbilder – Therapie. Stuttgart (Schattauer), S. 263–307.

Kernberg, O.F. (1985): Schwere Persönlichkeitsstörungen: Theorie, Diagnose, Behandlungsstrategien. Stuttgart (Klett-Cotta).

Kernberg, O.F. (1992): Wut und Hass. Stuttgart (Klett-Cotta).

Kerner, H.J. (2001): Möglichkeiten und Grenzen der Prävention von Jugendkriminalität. In: D. Dölling (Hg.): Das Jugendstrafrecht an der Wende zum 21. Jahrhundert. S. 99–124.

Klüwer, K. (1974): Neurosentheorie und Verwahrlosung. Psyche – Z Psychoanal 28, 285–309.

Leithäuser, T. & Meng, F. (2003): Ergebnisse einer Bremer Schülerbefragung zum Thema Gewalterfahrungen und extremistische Deutungsmuster. Unveröffentlichtes Manuskript, Akademie für Arbeit und Politik an der Universität Bremen.

Levinson, A. & Fonagy, P. (2004): Offending and Attachment. The relationship between interpersonal awareness and offending in a prison population with psychiatric order. Canadian Journal of Psychoanaysis 12, 225–251.

Lewis, M.; Feiring, C.; McGuffog, C. & Jaskir, J. (1984): Predicting psychopathology in sxi-year-old from early social relations. Child Development 55, 123–136.

Loeber, R. & Dishion, T.J. (1984): Boys who fight at home and school: Family conditions influencing cross-setting consistency. Journal of Consulting and Clinical Psychology 52, 759–768.

Loeber, R.; Green, S. & Lahey, B.B. (2003): Risk factors for antisocial personality. In: D.P. Farrington & J.W. Coid (Hg.): Early prevention of adult antisocial behavior. Cambridge (Cambridge University Press), S. 79–108.

Loeber, R. & Stouthamer-Loeber, M. (1986): Family factors as correlates and predictors of juvenile conduct problems and deliquency. In: M. Tonry & N. Morris (Hg.): Crime and justice: An annual review of research. Chicago (University Press), S. 129–149.

Loeber, R. & Stouthamer-Loeber, M. (1987): Prediction. In: H.C. Quay (Hg.): Handbook of juvenile delinquency. New York (Wiley), S. 325–382.

Loeber, R.; Stouthamer-Loeber, M.; Farrington, D.P.; Lahey, B.B.; Keenan, K. & White, H.R. (2002): Editorial introduction: Three longitudinal studies of children's development in Pittsburgh; the developmental trends study, the Pittburgh youth study, and the Pittburgh girls study. Criminal Behavior and Mental Health 12 (1), 1–23.

Lösel, F. & Bender, D. (2003): Resilience and protective factors. In: D.P. Farrington & J.W. Coid (Hg.): Prevention of adult antisocial behavior. Cambridge (Cambridge University Press), S. 130–204.

Lück, M.; Strüber, D. & Roth, G. (2005): Psychobiologische Grundlagen aggressiven und gewalttätigen Verhaltens. Oldenburg (Bibliotheks- und Informationssystem der Universität Oldenburg-Verlag).

Mahler, M.; Pine, F. & Bergman, A. (1975): Die psychische Geburt des Menschen. Symbiose und Individuation. Frankfurt/M. (Fischer).

Martens, W.H.J. (2000): Antisocial and psychopathic personality disorders: Causes, course, and remission – A review article. International Journal of Offender Therapy and Comparative Criminology 44, 406–430.

Maugham, B. & Rutter, M. (2001): Antisocial children growing up. In: J. Hill & B. Maugham (Hg.): Conduct disorders in childhood and adolescence. Cambridge (Cambridge University Press), S. 507–552.

Moffitt, T.; Caspi, A.; Harrington, H. & Milne, B. (2002): Males on the life-course-persistent and adolescence-limited antisocial pathways: Follow-up at age 26 years. Development and Psychopathology 14, 179–207.

Moffitt, T.E. (1993): Adolescence-Linited and Life-Course-Persistent Antisocial Behavior: A Developmental Taxonomy. Psychological Review 100, 674–701.

Olweus, D. (1984): Development of stable aggressive reaction patterns in males. In: R.J. Blanchard & D.C. Blanchard (Hg.): Advances in the study of aggression. New York (Academic Press), S. 103–137.

Patterson, G. & Stouthamer-Loeber, M. (1984): The

correlation of family management practises and delinquency. Child Development 55, 1299–1307.

Patterson, G.R. & Yoerger, K. (2002): A developmental model for early- and late-onset delinquency. In: J.B. Reid; G.R. Patterson & J. Snyder (Hg.): Antisocial Behavior in Children and Adolescents: A Developmental Analysis and Model for Intervention. Washington D.C. (Americal Psychological Association), S. 147–172.

Pfeiffer, C. & Wetzels, P. (2001): Zur Struktur und Entwicklung der Jugendgewalt in Deutschland: Ein Thesenpapier auf Basis aktueller Forschungsbefunde. In: R. Oerter & S. Höfling (Hg.): Mitwirkung und Teilhabe von Kindern und Jugendlichen. München (Hans-Seidel-Stiftung), S. 108–141.

Pfeiffer, C.; Wetzels, P. & Enzmann, D. (1999): Innerfamiliäre Gewalt gegen Kinder und Jugendliche und ihre Auswirkungen. Hannover (KFN-Forschungsberichte Nr. 80).

Reinke, E. (1996): Behandlungsprozess und Prognose bei der Soziotherapie mit Delinquenten. Das Ichintegrations-Profil als eine Antwort auf die Forderung nach interdisziplinärer Überprüfbarkeit psychoanalytischen Vorgehens. psychosozial 65, 77–93.

Reinke, E. (1997): Psychotherapie und Soziotherapie mit Delinquenten. Klinik und Forschung. Gießen (Psychosozial-Verlag).

Reiss, D.; Neiderhiser, J.; Hetherington, E.M. & Plomin, R. (2000): The relationship code: Deciphering genetic and social patterns in adolescent development. Cambridge (Harvard University Press).

Rutter, M.; Giller, H. & Hagell, A. (1998): Antisocial behavior by young people. Cambridge (Cambridge University Press).

Sampson, R.J. & Laub, J.H. (1993): Crime in the Making: Pathways and Turning Points Through Life. Cambridge (Harvard University Press).

Saß, H.; Wittchen, H.-U.; Zaudig, M. & Houben, I. (2003): DSM-IV-TR. Diagnostische Kriterien. Göttingen (Hogrefe).

Schneider-Rosen, K. & Cicchetti, D. (1991): Early self-knowledge and emotional development: Visual self-recognition and affective reactions to mirror self-image in maltreated and non-maltreated toddlers. Developmental Psychology 27, 481–488.

Schneider, H.J. (1994): Kriminologie der Gewalt. Stuttgart, Leipzig (Hirzel).

Schulte-Markwort, M.; Bachmann, M. & Riedesser, P. (2002): Punktprävalenz psychischer Störungen und subjektives Erleben der Befindlichkeit von jugendlichen und heranwachsenden Gefangenen in einer Jugendvollzugsanstalt. Göttingen (Vandenhoeck & Ruprecht).

Seiffke-Krenke, I. (2004): Adoleszenzentwicklung und Bindung. In: A. Streeck-Fischer (Hg.): Adoleszenz – Bindung – Destruktivität. Stuttgart (Klett-Cotta), S. 156–175.

Serketich, W.J. & Dumas, J.E. (1996): The effectiveness of behavioral parent training to modify antisocial behavior in children: A meta-analysis. Behavior Therapy 27, 171–186.

Shaw, D.S. & Vondra, J.I. (1993): Chronic family adversity and infant attachment security. Journal of Child Psychology and Psychiatry 34, 1205–1215.

Shedler, J. & Westen, D. (2007): The Shedler-Westen-Assessment Procedure (SWAP): Making personalty diagnosis clinically meaningful. Journal of Personality Assessment 89, 41–55.

Stelly, W. & Thomas, J. (2006): Die Reintegration jugendlicher Mehrfachtäter. Zeitschrift für Jugendkriminalrecht und Jugendhilfe 17, 45–51.

Streck-Fischer, A. (1992): Geil auf Gewalt. Psychoanalytische Bemerkungen zu Adoleszenz und Rechtsextremismus. Psyche – Z Psychoanal 46, 745–768.

Streck-Fischer, A. (1994): Entwicklungslinien der Adoleszenz. Narzissmus und Übergangsphänomene. Psyche – Z Psychoanal 48, 509–528.

Streck-Fischer, A. (2006): Trauma und Entwicklung. Frühe Traumatisierung und ihre Folgen in der Adoleszenz. Stuttgart (Schattauer).

Streng, F. (2003): Jugendstrafrecht. Heidelberg (C.F. Müller Verlag).

Target, M. & Fonagy, P. (1996): Playing with Reality II: The Development of Psychic Reality from a Theoretical Perspective. I. J. of Psycho-Analysis 77, 459–478.

Taubner, S. (2008a): Einsicht in Gewalt. Reflexive Kompetenz adoleszenter Straftäter beim Täter-Opfer-Ausgleich. Gießen (Psychosozial-Verlag).

Taubner, S. (2008b): Mentalisierung und Einsicht – Die reflexive Kompetenz als Operationalisierung von Einsichtsfähigkeiten. Forum der Psychoanalyse 24, 1–16.

Taubner, S. & Frühwein, C. (2004): Was guckst du? – Szenen aus dem Alltag der Konfliktschlichtung – Theorie und Intervention. In: F. Winter (Hg.): Der Täter-Opfer-Ausgleich und die Vision von einer »heilenden« Gerechtigkeit. 4. Bremer Kongress zum Täter-Opfer-Ausgleich im Mai 2003. Worpswede (Amberg), S. 69–99.

van Ijzendoorn, M.H. (1995): Adult attachment representations, parental responsivness, and infant attachment: A meta-analysis on the predictive validity of the adult attachment interview. Psychological Bulletin 117, 387–403.

van Ijzendoorn, M.H. & Bakermanns-Kranenburg, M.J. (1997): Intergenerational transmission of attachment: A move to the contextual level. In: L. Atkinson & K.J. Zucker (Hg.): Attachment and psychopathology. New York (Guilford Press), S. 135–170.

Westen, D.; Dutra, L. & Shedler, J. (2005): Assessing adolescent personality pathology. British Journal of Psychiatry 186, 227–238.

Wetzels, P. (1997): Gewalterfahrungen in der Kindheit. Sexueller Mißbrauch, körperliche Mißhandlung und deren langfristige Konsequenzen. Baden-Baden (Nomos Verlagsgesellschaft).

Wetzels, P.; Enzmann, D. & Pfeiffer, C. (1999): Gewalterfahrungen und Kriminalitätsfurcht von Jugendlichen in Hamburg. Dritter und abschließender Bericht über die Ergebnisse der weiteren Analyse von Daten einer repräsentativen Befragung von Schülerinnen und Schülern der 9. Jahrgangsstufe. Unveröffentlichtes Manuskript, Hannover.

Winnicott, D.W. (1967): Vom Spiel zur Kreativität. Stuttgart (Klett-Cotta).

Wolfgang, M.E.; Thornberry, T.P. & Figlio, R.M. (1987): From boy to man, from delinquency to crime. Studies in crime and justice. Chicago (University of Chicago Press).

Anmerkungen

1 Es handelt sich bei dem vorliegenden Artikel um einen Auszug aus einer in Kürze im Psychosozial-Verlag erscheinenden Monografie zu Einsichtsprozessen und Gewalt bei adoleszenten Straftätern (Taubner 2008a).

2 Zur Remission psychopathischer und antisozialer Persönlichkeitsstörungen vgl. Martens (2000).

3 Der Begriff der »Verwahrlosung« ist heute Begriffen gewichen, die eine stigmatisierende Tendenz zu vermeiden suchen, wie z.B. »dissozial« bzw. die Stigmatisierung in den Vordergrund stellen (»Psychopath«). Keiner der Begriffe enthält jedoch den ätiologisch-etymologischen Bezug, der sich hinter dem Begriff der Verwahrlosung verbirgt.

4 Auch die psychoanalytische Forschung hat auf die Leichtigkeit des Rollenwechsels von Täter und Opfer hingewiesen (Streck-Fischer 1992). Vgl. auch Kernbergs Konzept der Täter-Opfer-Doppelidentifizierung aufgrund einer Identifizierung mit der Beziehung zu einem traumatisierenden frühen Objekt (Kernberg 1992).

5 Harpur und Hare konnten ein Fortbestehen antisozialer Persönlichkeitsmerkmale in männlichen Population bis in das Alter von 69 Jahren nachweisen (1991). Gewalt gegen Fremde kann im weiteren Lebensverlauf durch häusliche Gewalt ergänzt oder abgelöst werden, sodass sie stärker im Dunkelfeld verschwindet (Farrington/West 1990; Gottfredson/Hirschi 1990).

Angelika Holderberg (Hg.)

Nach dem bewaffneten Kampf

2007 · 216 Seiten · Broschur
ISBN 978-3-89806-588-7

Nach einem Seminar mit David Becker im Michael-Balint-Institut Hamburg entstand 1996 eine ungewöhnliche Gruppenarbeit und, soweit bekannt, die einzige ihrer Art in der BRD: Ehemalige Mitglieder der RAF, Bewegung 2. Juni und aus der Unterstützerszene trafen sich 7 Jahre lang mit Psychoanalytikern und Psychotherapeuten, um über sich, ihre Beziehungen untereinander, ihre Haftbedingungen, ihre Politik und ihr Verhältnis zur Gesellschaft zu sprechen.

Daraus sind sehr persönliche, intellektuell differenzierte und politisch reflektierte, hoch spannende Beiträge entstanden, durch die dieses Buch einen guten Einblick in die Denk- und Fühlstrukturen der Einzelnen und des gemeinsamen Prozesses, in Gruppendynamik und Reflexionsprozesse bietet. Ein einzigartiges Dokument 30 Jahre nach dem »Deutschen Herbst«!

Wie mit Kränkungserfahrungen umgegangen wird

- Was tun Menschen, die beschämt worden sind?
- Wie entstehen Ressentiments?
- Wie hängen Scham, Sexualität und Gewalt bei jugendlichen Frusttätern zusammen?
- Welche Rolle spielt Verachtung bei der Zumessung von Strafe?

Ist das Gefängnis eine sinnvolle Strafmaßnahme für rechtsextreme jugendliche Gewalttäter?

Frank Reichert

Hinführung

> »Wenn sie es ernst meinten, würden sie es niemals sagen. Dieser Gedanke, je öfter du ihn wiederholst, überzeugt dich vollkommen; das heißt: er beruhigt dich« (Frisch 2005, S. 75).

Kürzlich erst waren im Fernsehen die beiden Filme *Die Verurteilten* sowie *Lockdown* zu sehen. Diese handeln zwar von erwachsenen Männern, welche zu Unrecht verurteilt und inhaftiert werden[1], dennoch wird durch die zum Teil verstörend-anschaulich dramatische Darstellung der »Gefängnis-Problematik« – auch unbesehen der künstlerischen Freiheit(en) – unweigerlich die folgende Frage aufgeworfen: *Wie sinnvoll ist das Gefängnis als Strafmaßnahme?*

Hier nun soll es nicht allgemein (bzw. nicht ausschließlich) um den Strafvollzug und dessen Zweckmäßigkeit gehen. Es interessiert vornehmlich nur ein Ausschnitt dieser Problematik, nämlich inwiefern das Gefängnis eine sinnvolle Maßnahme darstellt, um *rechtsextreme jugendliche Gewalttäter* zu bestrafen.[2] Damit allerdings überhaupt festgestellt werden kann, ob Strafvollzug zweckmäßig ist, muss zunächst geklärt werden, welches Ziel eine Strafe bzw. diese Strafe verfolgt. Dabei scheint es sinnvoll, sich im gegebenen Rahmen an den Vorgaben des Gesetzgebers zu orientieren.[3]

> »Vorrangiges Ziel des deutschen Strafvollzuges ist die Resozialisierung des Delinquenten. So steht es im Gesetz. Diese Zielsetzung gründet nicht nur auf der – im Grundgesetz verankerten – Zusicherung, dass jedem Verurteilten die Chance gegeben werden muss, irgendwann in die Gesellschaft zurückzukehren, sondern vor allem auf der durch zahllose statistische und kriminologische Untersuchungen abgesicherte Erkenntnis, dass es keinen effektiveren Opferschutz gibt als eine erfolgreiche Wiedereingliederung der Täter. Der Strafvollzug soll eine Brücke sein, die den Gefangenen zurückführt in ein straffreies Leben« (Rückert 2006, S. 16).[4]

Nicht nur soll der Gefangene befähigt werden, zukünftig ein Leben ohne Straftaten zu führen, also sozial reintegriert werden, sondern »[d]er Vollzug der Freiheitsstrafe dient auch dem Schutz der Allgemeinheit vor weiteren Straftaten« (Möller 1996, S. 78), wobei in jedem Falle und jedenfalls rein formal dem Resozialisierungsgedanken »Priorität vor der reinen Verwahrung der Gefangenen eingeräumt« (Möller 1996, S. 78) wird. Es muss in jedem Fall die Möglichkeit eröffnet werden, die Freiheit wiederzuerlangen. Ein jeder Strafgefangener hat nach dem Bundesverfassungsgericht Anspruch auf Resozialisierung (vgl. Hesselberger 2000, S. 62).

Strafvollzug: Repression und Einstellungsverstärkung statt Resozialisierung und Reintegration

> »Doch zu Beginn meiner Haft war das härteste, daß ich Gedanken eines freien Mannes hatte« (Camus 2006, S. 92).

Wie nun sieht die Realität aus? – Fakt ist, dass Resozialisierungsmaßnahmen nicht selten als höchstens sekundär angesehen werden. So beklagte Rückert (2006) kürzlich, dass Therapien, weil sie teuer und langwierig seien, oft nicht realisiert würden – selbst dann, wenn sie in der Urteilsverkündung gefordert und vom Täter auch gewollt seien: »Eine Sozialtherapie wird [...] von den meisten Vollzugsbehörden unterbewertet, vielleicht auch deshalb, weil sie Geld kostet. [...] Die meisten Delinquenten wurden und werden ohne ausreichende Behandlung entlassen« (Rückert 2006, S. 16).[5]

Dies hängt gewiss auch damit zusammen, dass – obwohl gesetzlich ausdrücklich ausgeschlossen – Schuld- und Sühnevorstellungen dennoch häufig im Vollzugsalltag zu finden sind (vgl. Möller 1996, S. 78). Auch Bedienstete sind nicht vor Vorverurteilungen gefeit. So kommt es vor, dass diese, wenn nicht unbedingt kriminell werden wie in den o. g. Filmen, doch zumindest ihre Autorität nutzen und zuweilen eigene Aggressionen an Gefangenen abbauen.

> »Über Jahrzehnte hin hat der Strafvollzug seine geringe spezialpräventive Wirksamkeit erwiesen, was sich auch u. a. an der im Vergleich zu ambulanten Maßnahmen bekanntermaßen hohen Rückfallquote des Jugendstrafvollzugs erweist. Eine generalpräventive Wirkung wird von Kriminologen eher verneint. Der Strafvollzug ist nicht nur, was die Hilfe zur sozialen Integration angeht, weitgehend kontraproduktiv. Vielmehr erleben Jugendliche, die wegen Gewaltdelikte eingesperrt sind, eine Institution, die ihrerseits physische wie psychische Gewalt ausübt, die selbst auf Gewalt und Depravierung als Methode der Konfliktlösung setzt. [...] Im Hinblick auf die Subkultur des Strafvollzugs ist dieser geradezu als ein ›Trainingslager für Gewaltbereitschaft‹ anzusehen. [...]
> Einsperrung heißt immer auch Aussperrung vom normalen sozialen Leben und d. h. von der Möglichkeit, sich ‚normal' im Sinne von verhaltenskonform zu zeigen. Damit sind erhebliche dissozialisierende und desintegrierende Effekte verbunden. Dissozialisation und Desintegration aber sind ein Nährboden für Gewaltbereitschaft und Gewalttätigkeit« (Nickolai 2001, S. 180f.).[6]

Blicken wir auf die Inhaftierten: Für gewöhnlich sind diese außerhalb der Mauern gescheitert, sozial desintegriert. Im Gefängnis nun sind sie geschützt, befinden sich fernab der Welt »da draußen«, werden versorgt. Dadurch aber können sie, wenn keine sozialintegrativen Maßnahmen ergriffen werden, leicht ihr letztes Maß an Eigenständigkeit verlieren, sodass sie, erst einmal entlassen, sich nicht mehr zurechtfinden und rückfällig werden:

> »Nahezu alle Bundesländer haben die Vollzugslockerungen für Gefangene [...] drastisch eingeschränkt. [...] Werden die Lockerungen im großen Stil zurückgefahren, bedeutet das [...] auch, dass die soziale Tüchtigkeit der Entlassenen abnimmt, ihre Resozialisierung gefährdet ist und die Rückfallwahrscheinlichkeit steigt« (Rückert 2006, S. 18).

So stellt sich das Gefängnis als durch und durch totale Institution dar, in welcher der Gefangene nur ein geringfügiges Maß an Autonomie besitzt (vgl. Möller 1996, S. 80). Es herrscht weitgehend Einigkeit darüber, dass lange Freiheitsstrafen geradezu »Bedingungen für eine systematische Zerstörung der Persönlichkeit« (Pilgram/Steinert 1996, S. 22) schaffen und zudem die Menschenwürde verletzen.

> »Über schädliche Folgen der Haft, über Haftdeprivationen und De-Sozialisierung durch Schwächung ökonomischer, physischer und psychischer Ressourcen wird ebenso fundiert berichtet wie von den schädigenden Haftstrukturen der totalen Institution Gefängnis; der weitgehenden Rechtlosigkeit der Gefangenen; der Unbestimmtheit der modernen Freiheitsstrafe mit ihrem relativ unbestimmten Ende bei Zeitstrafen und ihrem völlig unbestimmten Ende bei lebenslanger Freiheitsstrafe« (Weber/Narr 1996, S. 32).

Freiheitsstrafen schädigen also nicht nur die Inhaftierten, sie legitimieren sogar tendenziell das Strafen. Es ist keineswegs zu bestreiten, dass die Inhaftierten offensichtlich der Gesellschaft bzw. einzelnen Individuen in ihr Schaden zugefügt haben; jedoch stellen (Freiheits-)Strafen zugleich offenbar nur Scheinlösungen für womöglich tiefer liegende gesellschaftliche Probleme bereit, welche die reale Problembearbeitung sowie Resozialisierung eher verhindern dürften: »[S]ie halten die politisch-psychologische ›Lust‹ an der Strafe präsent, befriedigen sie und verhindern allemal anstrengende zivilisatorische Entwicklungen, nämlich solche, die menschliche Möglichkeiten ausschöpfen und solche Möglichkeiten dehnen, vergrößern und verbreitern« (Weber/Narr 1996, S. 34).

Für rechtsextreme Jugendliche ist nun diese Institution, die ja selbst Gewalt gegen ihre Insassen anwendet, da sie deren Autonomie beschneidet, in besonderem Maße untauglich. Denn weil die Zahl nichtdeutscher inhaftierter Jugendlicher kontinuierlich steigt und gerade diese besonders stark benachteiligt, ja gar diskriminiert werden – z. B. erhalten sie deutlich seltener Vollzugslockerungen, da oftmals Abschiebungsgefahr besteht[7] –, erleben fremdenfeindliche Jugendliche »einen Staat, der selbst Gewalt ausübt und selbst ausländerfeindlich ist« (Nickolai 2001, S. 181). Und dass dies eher zur Verstärkung und Akzeptanz fremdenfeindlicher Einstellungen bei den rechten Jugendlichen führt, folglich zu einer Reproduktion von Delinquenz, ist evident.

Doch der Strafvollzug ist noch aus anderen Gründen für rechtsextreme Jugendliche denkbar ungeeignet. Im Gefängnis werden sie aufgeschlossen für ein ethnozentrisches Gedankengut, weil sie einerseits »Überfremdung« aufgrund des hohen Ausländeranteils der im Gefängnis befindlichen Jugendlichen als Realität erleben und so auch in starkem Maße Gewalt von nichtdeutschen Jugendlichen gegen sich selbst (vgl. Nickolai 2001, S. 182). Außerdem werden Rechtsextreme in fataler Weise einer pädagogischen Einflussnahme entzogen. Rechte Gruppierungen wie die *Hilfsorganisation Nationaler Gefangener* (HNG) nutzen dieses Vakuum aus und kümmern sich um »ihre« Schäfchen, z. B. indem sie einen regen Briefkontakt zwischen rechtsextremen Gefangenen anregen, ihnen Jugendarbeit für die Zeit nach der Strafverbüßung besorgen u. v. m. (vgl. Nickolai 2001, S. 183).

Ferner wurde bereits angesprochen, dass den Inhaftierten im Strafvollzug mit Gewalt – sowohl psychischer als auch physischer Gewalt – begegnet wird. Es ist aber kein Geheimnis, dass die psychologische Lernforschung insbesondere zum Modelllernen gerade auf die Reproduktion bzw. das Erlernen und Verfestigen solcher Verhaltensweisen hinweist, die beobachtet und selbst erfahren werden (vgl. Mazur 2004, S. 426f.). Demzufolge ist eine Deprivation durch Strafvollzug eher kontraproduktiv, gerade wenn es sich um Gewalttäter handelt, die sich dazu noch in einem Alter befinden, in welchem erhebliche Entwicklungsaufgaben zu bewältigen sind und sich v. a. eine eigene Identität bilden bzw. festigen soll.

Einerseits bietet also die Haft »wenig Gelegenheiten, konstruktive soziale Kompetenzen und Einstellungen zu erwerben« (Montada 2002, S. 873). Andererseits fördert eine restriktive und autoritative bzw. autoritäre Umgebung inmitten weiterer Delinquenten die Ausbildung in der Umwelt vorfindbarer sowie die Verfestigung bereits erworbener und weiterhin erlebbarer Einstellungen und Verhaltensmuster (vgl. Montada 2002, S. 860; Grob/Jaschinski 2003, S. 137). Resozialisierung aber sucht eben dies zu verhindern sowie jene zu ermöglichen.

An dieser Stelle wäre es genauso notwendig, Rechtsextremismus zu erklären, denn ohne die Ursachen zu kennen, können diese nicht gezielt und systematisch beseitigt werden. Allerdings würde es den Rahmen sprengen, mögliche Erklärungsansätze zu beleuchten. Es soll aber erwähnt werden, dass sich das *Desintegrations-Theorem*, welches Heitmeyer (1994) expliziert, gut an obige Ausführungen anfügt, da dieses eine soziologische Sichtweise wählt und eine Erklärung für fremdenfeindliche Gewalt liefert, welche vielfältige Faktoren berücksichtigt (u. a. Wirtschaft, Gewerkschaften, Kirchenzugehörigkeit, die Institution Schule und das Problem ihres eingeschränkten Fokus auf Leistung, ferner gesellschaftliche Institutionen wie Polizei und Bundeswehr usw.[8]). Die Quintessenz des Desintegrations-Theorems lautet wie folgt[9]:

> »Im Kern des rechtsextremistischen Verhaltens stehen [...] vor allem Ideologien der Ungleichheit und der Gewaltakzeptanz. [...] Desintegration *dynamisiert* die fremdenfeindlichen, gewaltakzeptierenden und rechtsextremistischen Aktionsweisen und *paralysiert* demokratische Reaktionsweisen« (Heitmeyer 1994, S. 29/62; Hervorhebungen: W.H.).

Schlussendlich wäre noch zu hinterfragen, welche Bedeutung die Androhung einer Gefängnisstrafe für fremdenfeindliche rechtsextreme Jugendliche besitzt. Möller (1996, S. 82) schreibt: »Die Gefängnisse sind [...] für die in Freiheit Lebenden gedacht, sie haben die Funktion, auf Haft zu verweisen und mit ihr zu drohen, als sinnvoll für die Inhaftierten zu sein.« Demnach müsste die Androhung einer Strafe eigentlich eher zur Vermeidung einer strafbaren Handlung führen. Doch dies trifft keineswegs auf alle Straftaten zu, denn viele werden trotz harter Strafen begangen. »Im Allgemeinen werden schwere Strafen nur dann wirken, wenn Menschen wissen, was sie bedeuten, annehmen, dass sie sicher sein können, geschnappt zu werden und in der Lage sind, die Folgen *leidenschaftslos* abzuwägen, bevor sie sich zu einem Verbrechen entschließen« (Aronson/Wilson/Akert 2004, S. 609; Hervorhebung: F. R.).

Genau dies jedoch dürfte auf Gewalttaten mit rechtsextremem Motiv nur selten zutreffen: Gewalttaten von solchen Jugendlichen werden oft ohne längerfristige Planung begangen, d.h. es handelt sich um spontane und situativ bedingte Taten: »Insofern verwundert es auch nicht, dass die Frage danach, ob die Täter bei der Ausführung ihrer Tat bereits mögliche strafrechtliche Konsequenzen antizipiert haben, fast durchgehend verneint wird« (Heitmeyer/Müller 1995, S. 155). Insbesondere bei Körperverletzungsdelikten begeben sich die Täter oft in eine Art Rausch, sodass die äußere Realität – mithin Gesetze und Normen – einen Bedeutungsverlust erfährt (vgl. Heitmeyer/Müller 1995, S. 155). Seltener sind sich die Gewalttäter der Strafkonsequenzen bewusst (vgl. Heitmeyer/Müller 1995, S. 157).

Ebenfalls lässt sich feststellen, dass aus der Haft entlassene rechtsextreme jugendliche Gewalttäter oft eine Vermeidungsstrategie verfolgen und sich während ihrer Bewährungszeit nichts zuschulden kommen lassen wollen. Es ist auch nicht die Haftdauer, sondern es sind vielmehr die Haftumstände, welche dazu führen, dass man einen – solchen – Gefängnisaufenthalt nicht erneut erleben möchte (vgl. Heitmeyer/Müller 1995, S. 159f.). Ferner lassen sich Einstellungsveränderungen oftmals nicht mit der Strafe, sondern mit veränderten privaten Konstellationen oder pädagogischen bzw. therapeutischen Maßnahmen in Verbindung bringen (vgl. Heitmeyer/Müller 1995, S. 160).[10]

Abschließend ist also anzumerken, dass das Gefängnis keineswegs das Mittel par excellence darstellt, um fremdenfeindliche rechtsextreme Gewalt zu bekämpfen. Ganz vehement muss betont werden, dass ohne (zusätzliche!) sozialpädagogische, therapeutische und gewiss auch sozialpräventive Maßnahmen den Rechtsextremisten unter Garantie niemals erfolgreich begegnet werden kann. Es gibt offensichtlich keinen anderen Weg – auch wenn man für mit rechtsextremen Gewalttätern umgehende Pädagogen sicherlich das gleiche Resultat ziehen kann, wie es Ahlheim (2005, S. 389) für den professionellen Pädagogen in der politischen Bildung tut: »Er handelt voller Optimismus – am Rande stets der Resignation.«

> »Verboten kann man entnehmen, was die Menschen gewöhnlich tun« (Jacopo Belbo, in: Eco 1994, S. 106).

Fazit

Es wurde der Versuch unternommen, die Frage nach der Sinnhaftigkeit des Jugendstrafvollzugs für rechtsextreme jugendliche Gewalttäter zu beantworten. Wollte man eine Antwort wagen, müsste man definitiv festhalten, dass im Strafvollzug die eigentliche Aufgabe, nämlich die Resozialisierung der Straftäter, meist nur eine sekundäre Bedeutung hat, während die Verwahrung oftmals Vorrang besitzt. Dies jedoch ist äußerst problematisch, da die Jugendlichen so eine Institution erleben, welche selbst gewalttätig gegen sie und keineswegs vorurteilsfrei ist. Dieses Erleben von Gewalt und Ungerechtigkeit allerdings führt tendenziell zu deren Akzeptanz, was schließlich nichts anderes als die Reproduktion von Delinquenz zur Folge haben dürfte. Statt diese Jugendlichen einer pädagogischen Einflussnahme zu entziehen, wäre es sowohl für die Gesellschaft wie auch für das Individuum des Straftäters selbst sinnvoller, wenn gewiss auch mit hohen Kosten verbunden, würden Maßnahmen zur sozialen Integration oder zum Aggressionsabbau angeboten, anstatt Autonomie zu beschränken und keinerlei Gelegenheit zu bieten, die Taten zu reflektieren, über das eigene Verhalten selbstkritisch nachzudenken. Denn der Strafvollzug als solcher führt nicht zu Einstellungsänderungen, dies kann (im Regelfall) nur die Einsicht in die Falschheit der begangenen Taten bewirken. Dazu wiederum bedarf der rechtsextreme Straftäter aber professioneller Unterstützung. Anstelle ihn auszugrenzen, sollte man ihn einbeziehen, ihn mit gesellschaftlicher Verantwortung beladen, ihn sozial integrieren. Denn ohne die Hilfe derer, denen eine Einstellungsänderung wichtig ist, wird sich nur schwer eine Einstellungsänderung vollziehen können. Zumal gerade die soziale Desintegration und eine Dissozialisierung als Gründe für fremdenfeindliche rechtsextreme Gewalttaten angeführt werden können. Und wollen wir rechtsextremen Jugendlichen wirklich den Zugang »zurück« zur bzw. »zurück« *in* die Gesellschaft verschließen, damit sie immer tiefer ins rechtsextreme Milieu eintauchen sowie sich dort verwirklichen, d. h. ihren Fremdenhass weiten und ausleben können?

> »It is not the impossible which gives cause for despair, but the failure to achieve the possible« (Michel 2006).

Literatur

Ahlheim, Klaus (2005): Prävention von Rechtsextremismus, Fremdenfeindlichkeit und Antisemitismus. In: Sander, W. (Hg.): Handbuch politische Bildung. Lizenzausgabe für die Bundeszentrale für politische Bildung. Bonn (Wochenschau Verlag), S. 379–391.

Aronson, Elliot; Wilson, Timothy D. & Akert, Robin M. (2004): Sozialpsychologie. München (Pearson Studium).

Camus, Albert (2006): Der Fremde. Deutsch von Uli Aumüller. Reinbek bei Hamburg (Rowohlt).

Eco, Umberto (1994): Das Foucaultsche Pendel. Deutsch von Burkhart Kroeber. München (Deutscher Taschenbuch Verlag).

Foucault, Michel (1976): Überwachen und Strafen. Die Geburt des Gefängnisses. Frankfurt/M. (Suhrkamp).

Frisch, Max (2005): Burleske. In: Frisch, M.: Erzählungen. Zusammengestellt von Peter Matt. Frankfurt/M. (Suhrkamp), S. 72–78.

Grob, Alexander & Jaschinski, Uta (2003): Erwachsen werden. Entwicklungspsychologie des Jugendalters. Weinheim/Basel/Berlin (Beltz).

Heitmeyer, Wilhelm (1994): Das Desintegrations-Theorem. Ein Erklärungsansatz zu fremdenfeindlich motivierter, rechtsextremistischer Gewalt und zur Lähmung gesellschaftlicher Institutionen. In: Heitmeyer, W. (Hg.): Das Gewalt-Dilemma. Gesellschaftliche Reaktionen auf fremdenfeindliche Gewalt und Rechtsextremismus. Frankfurt/M. (Suhrkamp).

Heitmeyer, Wilhelm (1998): Das Theoriekonzept. In: Heitmeyer, W.; Collmann, B.; Conrads, J.; Matuschek, I.; Kraul, D.; Kühnel, W.; Möller, R. & Ulbrich-Herrmann, M.: Gewalt. Schattenseiten der Individualisierung bei Jugendlichen aus unterschiedlichen Milieus. Weinheim/München (Juventa), S. 31–55.

Heitmeyer, Wilhelm (2002): Rechtsextremistische Gewalt. In: Heitmeyer, W. & Hagan, J. (Hg.): Internationales Handbuch der Gewaltforschung. Wiesbaden (Westdeutscher Verlag), S. 501–546.

Heitmeyer, Wilhelm; Collmann, Birgit; Conrads, Jutta; Matuschek, Ingo; Kraul, Dietmar; Kühnel, Wolfgang; Möller, Renate & Ulbrich-Herrmann, Matthias (1998): Gewalt. Schattenseiten der Individualisierung bei Jugendlichen aus unterschiedlichen Milieus. Weinheim/München (Juventa).

Heitmeyer, Wilhelm & Müller, Joachim (1995): Fremdenfeindliche Gewalt junger Menschen. Biographische Hintergründe, soziale Situationskontexte und die Bedeutung strafrechtlicher Sanktionen. Hrsg. vom Bundesministerium der Justiz. Bonn (Forum Verlag Godesberg).

Hesselberger, Dieter (2000): Das Grundgesetz. Kommentar für die politische Bildung. Lizenzausgabe für die Bundeszentrale für politische Bildung. Bonn (Luchterhand).

Kailitz, Steffen (2004): Politischer Extremismus in der Bundesrepublik Deutschland. Eine Einführung. Wiesbaden (VS Verlag).

Kohlberg, Lawrence (1996): Die Psychologie der Moralentwicklung. Hrsg. von Wolfgang Althof unter Mitarbeit von Gil Noam und Fritz Oser. Frankfurt/M. (Suhrkamp).

Kühnel, Wolfgang (1998): Zur Forschungssituation. In: Heitmeyer, W.; Collmann, B.; Conrads, J.; Matuschek, I.; Kraul, D.; Kühnel, W.; Möller, R. & Ulbrich-Herrmann, M.: Gewalt. Schattenseiten der Individualisierung bei Jugendlichen aus unterschiedlichen Milieus. Weinheim/München (Juventa), S. 16–30.

Mazur, James E. (2004): Lernen und Gedächtnis. München (Pearson Studium).

Meyer, Berthold (2004): Meinungsentwicklung zu Bundeswehr und Sicherheitspolitik. In: Sommer, G. & Fuchs, A. (Hg.): Krieg und Frieden. Handbuch der Konflikt- und Friedenspsychologie. Weinheim/Basel/Berlin (Beltz), S. 250–262.

Michel, Louis (2006): It is not the impossible which gives cause for despair, but the failure to achieve the possible. URL: http://ec.europa.eu/comm/commission_barroso/michel/index_en.htm [Abruf: 16.10.2006].

Möller, Heidi (1996): Menschen, die getötet haben. Tiefenhermeneutische Analysen von Tötungsdelinquenten. Opladen (Westdeutscher Verlag).

Montada, Leo (2002): Delinquenz. In: Montada, L. & Oerter, R. (Hg.): Entwicklungspsychologie. Weinheim/Basel/Berlin (Beltz), S. 859–873.

Nickolai, Werner (2001): Warum den Rechtsextremisten mit Strafvollzug nicht zu begegnen ist. In: Nickolai, W. & Reindl, R. (Hg.): Sozialer Ausschluss durch Einschluss. Strafvollzug und Straffälligenhilfe zwischen Restriktion und Resozialisierung. Freiburg i.Br. (Lambertus-Verlag), S. 179–183.

Pilgrim, Arno & Steinert, Heinz (1996): Wie lange noch? Eingeschlossen auf Dauer. Neue Kriminalpolitik 8 (2), 22–23.

Rückert, Sabine (2006): Ab in den Knast. Die Zeit 61 (22), 15–18.

Weber, Hartmut-Michael (2001): Zur Rolle des Strafvollzugs in (post-)modernen Gesellschaften. In: Nickolai, W. & Reindl, R. (Hg.): Sozialer Ausschluss durch Einschluss. Strafvollzug und Straffälligenhilfe zwischen Restriktion und Resozialisierung. Freiburg i.Br. (Lambertus-Verlag), S. 93–125.

Weber, Hartmut-Michael & Narr, Wolf-Dieter (1996): Für Menschenrechte – Gegen lange Strafen. Neue Kriminalpolitik 8 (2), S. 31–35.

Weyers, Stefan (2004): Moral und Delinquenz. Moralische Entwicklung und Sozialisation straffälliger Jugendlicher. Weinheim/München (Juventa).

Zingler, Peter (2006): Butzbach Ort (des) der Bösen oder was? Oder: Wer lehrt wem das Laufen und warum lernt er's nicht selbst zuerst? psychosozial 29 (104), 109/110.

Anmerkungen

1 Der Zuschauer bekommt hier vielmehr filmisch dargeboten, wie das Gefängnis selbst im Menschen Kriminalität erst entwickelt, nicht nur reproduziert; im zweiten Falle immerhin wird eine solche »Karriere« nicht vollständig beschritten.
Passend bemerkt Zingler (2006, S. 110; Hervorhebung: P. Z.) in Bezug auf eine Diskussion zum Strafvollzug übrigens: »Eines wurde ganz klar! Die Guten sind NICHT draußen. Also bleibt die Quintessenz: Die Guten sitzen im Knast!«

2 Zu erwähnen gilt, dass diese Arbeit entstanden ist im Anschluss an ein Praktikum, welches ich am Max-Planck-Institut für ausländisches und internationales Strafrecht (MPI) absolviert habe. Dort bin ich im Rahmen des Projektes »Hasskriminalität – Auswirkungen von Hafterfahrungen auf fremdenfeindliche jugendliche Gewalttäter« intensiv in die angesprochene Thematik eingedrungen. Der vorliegende Beitrag fasst Erkenntnisse zusammen, welche sich aus meiner Tätigkeit am MPI ergeben haben.

3 Eine philosophische Betrachtung des Problems wird aufgrund des eingeschränkten Rahmens an dieser Stelle nicht angestrebt. Diesbezüglich ist die geschichtsphilosophische Betrachtung Überwachen und Strafen: Die Geburt des Gefängnisses (Foucault 1976) in jedem Falle sehr interessant und empfehlenswert, wenngleich mittlerweile nicht mehr auf dem neuesten Stand und zudem geografisch größtenteils auf Frankreich begrenzt.
Eine sehr knappe aber lesenswerte Zusammenfassung des Werkes von Foucault findet man übrigens in Möller (1996), Kap. 3.3.

4 Insofern erscheinen Bemerkungen wie beispielsweise die des ehemaligen Bundeskanzlers Gerhard Schröder, man solle Sexualstraftäter für immer wegsperren, oder auch die kürzlich vom Gesetzgeber eingeführte Möglichkeit zur nachträglichen Sicherungsverwahrung als kontraproduktiv bzw. als eine Maßnahme, sich der gesellschaftlichen Verantwortung gegenüber von Straftätern zu entziehen.

5 Es ist offensichtlich, dass jene Personen in Freiheit an keinen sozialen Trainingsmaßnahmen teilnehmen werden, wenn diese nicht von der »öffentlichen Hand« finanziert und gegebenenfalls vom Gesetzgeber bzw. dem Strafrichter verbindlich gefordert werden.

6 Besonders erstaunlich erscheint es dann auch nicht, dass Rechtsextreme – auch rechtsextreme Inhaftierte – sich selbst sehr oft für Gefängnisstrafen aussprechen. Insbesondere natürlich bei anderen, »richtigen« Straftätern (v.a. Sexualstraftätern) meinen sie im Strafvollzug ein geeignetes Mittel zu sehen: Das Wegsperren solcher Menschen scheint ihnen sinnvoll, da es sich ja nicht um »normale« Menschen handele, und würden diese Opfer von Gewalt, wäre das nicht ungerecht.

7 Als besonders problematisch erscheint in dieser Hinsicht, dass Asylsuchende bis zu ihrer Abschiebung inhaftiert werden (können), selbst wenn sie keine oder nur Bagatellstraftaten begangen haben (vgl. Weber 2001, S. 111).

8 Hier wäre es übrigens interessant zu hinterfragen, wie Rechtsextreme tatsächlich zur Bundeswehr stehen, ob sie sich bereitwillig zum Wehrdienst melden, ob sich die zunehmende Zahl Zivildienstleistender tatsächlich negativ auf die Zusammensetzung der Bundeswehr bzw. die Bundeswehr überhaupt auswirkt, wie sie diese Zeit beim Militär erleben, bewerten usw. – Erwartungsgemäß nähren jedenfalls einige Studien die Vermutung, dass politisch rechts orientierte bzw. eher national gesinnte Jugendliche der Bundeswehr positiver gegenüberstehen als andere (vgl. Meyer 2004, S. 259f.).

9 Bekanntermaßen existieren mittlerweile einige weitere Ansätze zur Erklärung von Rechtsextremismus. Beispielsweise findet man eine ausführlichere Darstellung auch eines Theoriekonzeptes in Heitmeyer

(1998) bzw. eines Jugendforschungsprojektes in Heitmeyer et al. (1998), besonders der Aufsatz von Kühnel (1998) gibt einen guten ersten Überblick; auch Heitmeyer (2002) ist für einen Einstieg besonders geeignet. Kailitz (2004, Kap. 10) beleuchtet verschiedene Faktoren zur Erklärung (nicht nur rechts-)extremistischer Einstellungen und Verhaltensweisen.
Als vergleichsweise aktuell und besonders empfehlenswert erscheint mir ebenfalls Moral und Delinquenz: Moralische Entwicklung und Sozialisation straffälliger Jugendlicher von Weyers (2004) zu sein; eine Monografie, die sich insbesondere mit der moralischen Entwicklung bzw. Kohlbergs Theorie dieser (vgl. dazu Kohlberg 1996) in Bezug auf empirische Untersuchungen beschäftigt; allerdings ist dieses Werk nicht auf Rechtsextremismus beschränkt, sondern betrachtet ganz allgemein straffällige Jugendliche.

10 Spätestens zu diesem Zeitpunkt – vermutlich bereits an früherer Stelle – stellt sich natürlich die Problematik der unzureichenden Bestrafung: Könnte es nicht auch sein, dass die Bestrafung vom Straftäter als nicht ausreichend angesehen wird, um einem bestimmten, unerwünschten Verhalten zu widerstehen, was wiederum eine Aufwertung dieses Verhaltens nach sich zieht? Die aufgeworfene Frage muss an dieser Stelle leider unbeantwortet bleiben.

Anne-Marie Schlösser, Kurt Höhfeld (Hg.)
Trauma und Konflikt

2000 · 532 Seiten · Broschur
ISBN 978-3-89806-077-6

Der Titel »Trauma und Konflikt« markiert nicht nur die »Geburt der Psychoanalyse« vor 100 Jahren, als Freud die Traumatheorie in Frage stellte und die Bedeutung des unbewußten Konfliktes erkannte. Die Dichotomie von Trauma und Konflikt ist immer noch Gegenstand kontroverser Diskussionen. Wie wirken sich realtraumatische Katastrophen wie Gewalt, Mißbrauch, Vertreibung und existentielle Bedrohung auf das Individuum aus? Mit welchen inneren Verformungen reagiert der Betroffene und welche nichtneurotischen Möglichkeiten der Bewältigung gibt es? Wie stellen sich die erlittenen seelischen Verwundungen in psychoanalytischen Behandlungen dar? Kann ein Trauma überhaupt jemals bewältigt werden?

Peter Lang · Internationaler Verlag der Wissenschaften

wissenschaftliche grundlagen der kunsttherapie

Herausgegeben von Peter Sinapius

Die Reihe *Wissenschaftliche Grundlagen der Kunsttherapie* möchte einen Raum für die kunsttherapeutische Theoriebildung öffnen, ohne sich einer bestimmten Schule und damit einhergehenden besonderen Interessen verpflichtet zu fühlen. Sie setzt da an, wo die verschiedenen Perspektiven und Sichtweisen zu einer gemeinsamen Sprache führen, die Grundlage für eine wissenschaftliche Darstellung kunsttherapeutischer Praxis sein kann.

Band 2 · Michael Ganß / Peter Sinapius / Peer de Smit (Hrsg.)

Ich seh dich so gern sprechen

Sprache im Bezugsfeld von Praxis und Dokumentation künstlerischer Therapien

Frankfurt am Main, Berlin, Bern, Bruxelles, New York, Oxford, Wien, 2008. 290 S., 20 Abb.
ISBN 978-3-631-56624-4 · br. € 51.50

Obwohl für Wissenschaft und Forschung, für Verständigung und Vermittlung unverzichtbar, ist die Sprache im Kontext der künstlerischen Therapien bisher kaum thematisiert worden. Die Frage nach einer angemessenen Sprache erhält in Dokumentationen künstlerisch therapeutischer Praxis insofern eine besondere Bedeutung, als hier der schöpferische Mensch im Mittelpunkt steht. In ihren Beiträgen nähern sich die Autorinnen und Autoren dieses Bandes dem Thema Sprache interdisziplinär und unter wechselnden Blickwinkeln. Sie untersuchen Differenzen und Kongruenzen von sprachlichen und bildnerischen Medien und erkunden Eigenschaften und Gestaltungsmöglichkeiten sprachlicher Darstellung im Bezugsfeld kunsttherapeutischer Praxis und Forschung.

Band 1 · Peter Sinapius / Michael Ganß (Hrsg.)

Grundlagen, Modelle und Beispiele kunsttherapeutischer Dokumentation

Frankfurt am Main, Berlin, Bern, Bruxelles, New York, Oxford, Wien, 2007.
240 S., 5 farbige Abb. und 1 s/w-Abb.
ISBN 978-3-631-55052-6 · br. € 44.60

Die Dokumentation kunsttherapeutischer Praxis ist der Ausgangspunkt für kunsttherapeutische Forschung. In diesem Band werden Grundlagen, Modelle und Beispiele der Dokumentation vorgestellt, die den Stand praxisorientierter Forschung in der Kunsttherapie widerspiegeln. Im Mittelpunkt stehen dabei Kriterien, die mit den spezifischen Bedingungen der Kunsttherapie einhergehen: Die Subjektivität und die individuellen Bedingungen kunsttherapeutischer Praxis sowie die wissenschaftstheoretischen und anthropologischen Voraussetzungen kunsttherapeutischer Dokumentation. Wer die kunsttherapeutische Praxis zum Ausgangspunkt der Dokumentation nimmt, berührt immer auch die Integrität des Anderen: *... denn in der Art wie man über einen Menschen spricht, sagt man nicht nur etwas aus, sondern berührt man ihn auch.* (Peer de Smit)

PETER LANG GmbH · Postfach 940225 · D-60460 Frankfurt am Main
Am schnellsten bestellen Sie über unseren Internetbookshop: http://www.peterlang.de

Die »legitime Schwester der Individualpsychologie«

Gerald Bühring

»Der Widerstreit zweier Theorien spricht … keineswegs gegen die Richtigkeit ihrer gemeinsamen objektiven Grundlage und die Richtigkeit ihrer Grundlage allein spricht noch nicht für eine Theorie« (Furtmüller und Wexberg).

1 Gegenseitige Wertschätzung und Akzeptanz

»Wohl mit keinem der führenden Psychologen der Gegenwart verbinden uns so viele geistige Bande wie mit dem Begründer der personalistischen Psychologie. Es gibt weite Strecken im Gedankenzug seiner und der individualpsychologischen Lehre, die sich in der Tat nur durch die Terminologie unterscheiden; ist doch auch für die personalistische Psychologie die Einheit der Persönlichkeit in allen ihren Äußerungen das A und O ihrer Auffassung! Damit ist konsequenterweise eine Fülle von Übereinstimmung gegeben: die immanente Teleologie, die psychophysische Neutralität, die Durchschauung jeglicher Ambivalenz, die Annahme einer inneren Konvergenz von angeborenen und erworbenen Einflüssen, die Betonung der aktiven Haltung gegenüber jenen Lehren, welche das menschliche Seelenleben in eine Kette von Reaktionen auflösen möchten, und viele andere mehr« (Birnbaum 1932a, S. 74).

Mit dem »Begründer der »personalistischen Psychologie« ist kein geringerer als William Stern (1870–1938) gemeint, dessen Verdienste für die Individualpsychologie Alfred Adler (1871–1937) bereits ein Jahr zuvor in seinem Festschriftartikel über »Der nervöse Charakter« zu Sterns 60. Geburtstag mit folgenden Worten gewürdigt hatte: »Die Individualpsychologie verdankt William Stern in erster Linie den großen Beitrag einer philosophischen Grundlegung des Finalismus und das vertiefte Verständnis der Differenzen und Varianten sowie die Bereicherung der Erfahrung über das kindliche Seelenleben« (Adler 1931, S. 1). Mit diesem anerkennenden Resümee war für Adler allerdings die schriftliche Auseinandersetzung mit dem »kritischen Personalismus« (Philosophie) und der »Personalistik« (Psychologie) erledigt; denn weder vorher noch nachher zitierte er seinen geschätzten Kollegen, wies lediglich fünfmal namentlich auf ihn hin. Hingegen befassten sich zwischen 1913 und 1933 Ferdinand Birnbaum, August Messer und Alexander Neuer ausführlich mit Sterns personalistischen Schriften. Mehrfach ist in ihren Rezensionen von gedanklicher Übereinstimmung und »innerer Verwandtschaft« die Rede. 1937 weist Birnbaum in seiner Gedenkschrift für Alfred Adler allerdings auch auf gravierende Unterschiede zwischen beiden Lehren hin: »Die personalistische Psychologie W. Sterns kann in der Tat als die legitime Schwester der *Adler*schen Individualpsychologie angesprochen werden.« Gemeinsam sind beiden sowohl die bereits oben genannten Positionen als auch

»die doppelte Verwurzelung: einerseits im Reich des Biologischen, andererseits im Reich der Werte. Der Unterschied liegt weniger in den Einzelheiten, z.B. in der Stellung zum Begabungsproblem, sondern in dem Gegensatz zwischen der statischen und dynamischen Auffassung. Man kann sagen: Alles, was anhand von klug gelegten Längs- und Querschnitten über das seelische Leben gesagt werden kann, hat *W. Stern* in seiner jüngst erschienenen ›Allgemeinen Psychologie‹ aufs Vollkommenste dargestellt … Mit der Einheit der Person ist durchaus Ernst gemacht … Soweit dies in einer statischen Psychologie möglich ist!

> Und dieser Nachsatz ist entscheidend. Man gewinnt bei *W. Stern* den Eindruck einer ungemein scharfsinnig ersonnenen Maschine, die sich nicht bewegt« (Birnbaum 1937/68, S. 100).

Genau wie Adler rezensierte auch Stern keine von dessen Schriften, obschon er nachweislich einige von ihnen gelesen hat. Seine Einstellung gegenüber der Individualpsychologie war wohl eher skeptisch. Als akademischer Psychologe konnte er sich mit deren Aussagen nur teilweise anfreunden, wobei zu bedenken ist, dass er damals zu den Wenigen seiner Zunft gehörte, die sich ernsthaft mit der Psychoanalyse und der Individualpsychologie auseinandersetzten. So rezensierte er z.B. 1901 Sigmund Freuds »Traumdeutung« (1900) und disputierte in mehreren seiner Hauptwerke 28 Mal über individualpsychologische Positionen. Inwieweit nun diese mit seinen personalistischen Vorstellungen konvergieren und ob ein Vergleich beider Lehren eine »personalistisch-individualpsychologische Verschwisterung« rechtfertigt, bleibt abzuwarten.

2 Verankerung des Individuums in der Bio- und Wertsphäre

In seinem dreibändigen philosophischen Werk von »Person und Sache« entwickelt William Stern den »Person-Begriff« von einer naturalistischen zu einer wertphilosophischen Betrachtungsweise hin. Verbindend zwischen Bio- und Wertsphäre wirken konvergente und introzeptive Prozesse, welche die schrittweise Entwicklung von der Person zur Persönlichkeit befördern. Wenngleich weniger stringent in seinen Gedankengängen, finden sich auch bei Alfred Adler ähnliche Ansichten. Doch scheinen seine Individuen tiefer in der fiktionalistischen Wertsphäre als in der Biosphäre zu wurzeln, wenn er konstatiert, dass nicht ein minderwertiges Lebensorgan für das Minderwertigkeitsgefühl eines Individuums verantwortlich ist, sondern die Meinung, die es sich über das minderwertige Organ bildet.

3 Kompensation von Minderwertigkeitsgefühlen

Das Minderwertigkeitsgefühl ist Adler zufolge ein Bestandteil menschlichen Lebens. Es entsteht aufgrund körperlicher und psychischer Mängel, der Distanz des Kindes zum Erwachsenen und/oder der Geschwisterposition. Solange dieses Gefühl im normalen Rahmen bleibt und die Sozialpartner des Kindes angemessen auf solche »Minus-Situationen« reagieren, strebt das Kind nur nach einem sozialverträglichen Maß an Sicherheit und Gleichwertigkeit. Wenn jedoch seine Selbsteinschätzung dermaßen niedrig ausfällt, dass es darunter leidet, dann entwickelt es ein extensives Streben nach Überlegenheit. »Zwischen diesen beiden Punkten liegen die vorbereitenden Versuche, die tastenden Kunstgriffe und Finten, bilden sich auch fertige Bereitschaften und gewohnheitsmäßige Haltungen, aus denen sich das verborgene Ziel erschließen lässt« (Adler 1983, S. 128). Von allen individualpsychologischen Positionen zollt William Stern dieser Thematik die häufigste Beachtung. So heißt es zum Beispiel in seinem Aufsatz über »Psychologie der frühen Kindheit und Psychoanalyse«:

> »Besonders bemerkenswert ist nun die *individuelle* Färbung dieser Ich-Schwäche und des Minderwertigkeitsgefühls beim Kinde; hier verdanken wir der ›Individualpsychologie‹ Alfred Adlers und seiner Mitarbeiter wertvolle Anregungen. Adler hat ja die Theorie entwickelt, *dass gerade die Stellen besonderer Schwächen zu Knotenpunkten für die Persönlichkeitsgestaltung werden können.* Er neigt sogar dazu, alles von diesem Punkte aus erklären zu wollen und für jedes Individuum eine Grundschwäche aufweisen zu wollen, die zum Leitmotiv seiner Lebenslinie wird. Man braucht solchen Übersteigerungen des Prinzips nicht zuzustimmen, um doch seine Bedeutsamkeit anerkennen zu können« (Stern 1923, S. 292).

Abgesehen vom Terminus »männlicher Protest«, äußerte sich Stern auch zum Thema »Überkompensation« zustimmend. Tatsächlich versuchten Kinder mit chronischen Beeinträchtigungen, Neurotiker und gebrechliche Menschen ihre organischen Mängel und Minderwertigkeitsgefühle durch jegliche Art von Geltungsstreben und Sicherungstendenzen zu überwinden. Aber »bei gesunden Kindern kommt jene paradoxe Strebung höchstens als Teillinie innerhalb des persönlichen Gesamtbildes in Betracht« (ebd., S. 294), beispielsweise bei seiner damals sechsjährigen Tochter Hilde:

> »Hilde spielt mit ihrem Brüderchen Mutter und Kind. Die Wohnung ist eingerichtet, das ›Kind‹ schlafen gelegt. Darauf geht Mutter Hilde scheltend umher; jede Bewegung des Kindes im Schlafe gilt als unerlaubt und wird mit einem Klaps bestraft. Überhaupt ist das Strafen beim Spiel eine Lieblingsbeschäftigung. In jedem Menschen steckt ein Stück Herrschsucht; und das arme Kind, das im gewöhnlichen Leben immer folgen soll, sucht wenigstens im Spiel einmal das Zepter zu schwingen« (Stern 1987, S. 281).

Doch auch in anderen Situationen wäre »es verfehlt, nun in jedem kindlichen Starrsinnsverhalten oder Geltungsbedürfnis nichts als versteckte Überkompensation von Minderwertigkeitserlebnissen sehen zu wollen; es gibt doch eben auch die Abwehrreaktion aus unmittelbarer Stärke heraus« (Stern 1923, S. 294), wie etwa Ehrgeiz, Fleiß und Übung.

4 Streben nach Vollkommenheit

Beginnen wir mit Wolfgang von Goethe. Jubilierend verkündet Suleika ihrem Hatem: »Höchstes Glück der Erdenkinder sei nur die Persönlichkeit« und »Alles könne man verlieren, wenn man bliebe was man ist« (»Westöstlicher Divan«). In diesen poetischen Wechselgesang könnten ohne Weiteres auch Stern und Adler einstimmen, denn ihrer Ansicht nach strebe jeder Mensch in Richtung einer idealen Persönlichkeit. Sterns personalistischer Weg zur Vollkommenheit führt über eine dialektisch konzipierte Brückenkonstruktion, welche die personale Vital- und Erlebnissphäre mit der introzeptiblen Wertsphäre verbindet, durch eine dramatische Welt, in der »das sich bejahende Selbst … im Kampf mit Ansprüchen und Bedrohungen [steht, G. B.], die von andern Selbsten, von überlegenen Mächten, von Normen und Idealen ausgehen« (Stern 1930, S. 100). Adlers individualpsychologischer Weg zur Vollkommenheit verläuft ähnlich und nicht weniger mühsam. Unter dem Druck der sozialen Verhältnisse und des nagenden Minderwertigkeitsgefühls versucht sich das Individuum von einer Minussituation zu einer Plussituation emporzuarbeiten, ohne das »absolute Plus« je erreichen zu können. Verfehlt wird insbesondere dann das Ziel, wenn sein Vollkommenheitsstreben – das ohnehin eine Sonderform des Geltungsstrebens ist (vgl. Birnbaum 1937, S. 102) – nicht auf eine ideal zu denkende Gemeinschaftsform« ausgerichtet ist, sondern nach wahnwitziger Gottähnlichkeit strebt.

5 Evolutionistische Grundlegung

Sowohl Adler als auch Stern suchen den Anschluss an die mechanistische Evolutionslehre, geraten dabei jedoch in Widerspruch mit ihren telelogischen Konzepten und bedürfen, um diesen aufzulösen, einiger Hilfskonstruktionen: Zunächst vereinen sie den Darwinismus zugunsten des Lamarckismus miteinander. Die Anpassung an veränderte Umweltbedingungen lasse sich nämlich nicht durch zufällige Mutations- und Selektionsprozesse erklären, sondern durch determinierte Zwecktendenzen. Sodann bedürfe das Prinzip der Selbsterhaltung durch Anpassung noch der Ergänzung der »Selbstentfaltung« (Stern) bzw. des Vollkommenheitsstrebens (Adler). Würde das Individuum nur nach Selbsterhaltung streben, so würde es sich zwar fort- aber nicht hinaufentwickeln (Nietzsche). Und schließlich gelte nicht nur Darwins »survivial of the fittest«. Vielmehr verfüge auch das psycho-physisch geschwächte Individuum über vielfältige Ressourcen, um organische Funktionsmängel und psychische Minderwertigkeitsgefühle zu restituieren oder zu kompensieren. Soweit gehen unsere beiden Protagonisten in ihren evolutionären Disputationen in etwa konform. Doch während Adler die Individualpsychologie ganz und gar auf den »Boden der Evolution« stellt, um seiner Lehre ein breiteres wissenschaftliches Fundament zu geben, dienen Sterns evolutionistische Argumente lediglich der Überwindung des nativistischen und empiristischen Standpunktes.

6 Die Konvergenzlehre

»Der Mensch ist – im Körperlichen wie im Seelischen – weder ein Träger fester und starrer Angeborenheiten, noch ein passives Erzeugnis von Umwelteinflüssen; die inneren Bestimmungen seines Lebens haben vielmehr stets den Charakter der *»Dispositionen«*, d. h. zielstrebig angelegter, aber noch nicht eindeutig festgelegter Strebe-Richtungen und -Rüstungen, deren Spielraumbreite erst allmählich durch die Mitwirkung der äußeren Faktoren zur eindeutigen Wirklichkeit des personalen Lebens determiniert werden. Die Dispositionen sind aber nicht einzelne selbständige »Vermögen«; sondern sie sind Teilstrahlen der personalen unitas, also einer einheitlichen Gesamtgerichtetheit oder Entelechie« (Stern 1927, S. 43). Prinzipiell teilt Adler die personalistische Auffassung vom Zusammenspiel endogener und exogener Einflüsse, gewichtet aber letztere wesentlich stärker als Stern. So sind zwar Aggressionstrieb und Gemeinschaftsgefühl angeboren, die Entwicklung derselben hängt aber völlig von den Lebensumständen des Kindes und dem Erziehungsstil seiner Eltern ab. Der Gebrauch, den ein Kind von beiden Faktoren macht, ist womöglich noch bedeutsamer, weil es damit seinen ganz individuellen Lebensstil kreiert. In Abgrenzung von den sogenannten »Besitz- oder Vermögenspsychologien« spricht Adler in diesem Zusammenhang auch von einer »Gebrauchspsychologie«, welche die Individualpsychologie als solche besonders auszeichne. Natürlich wendet er sich damit auch gegen Sterns modernisierte Dispositionslehre, die seiner Ansicht nach dem Individuum viel zu geringe Entwicklungschancen einräume. An diesem Punkt scheiden sich offenbar unsere beiden psychologischen Geister am deutlichsten, was sich im folgenden Abschnitt nochmals bestätigt.

7 Begabungsunterschiede

Begabungen sind für Stern geistige Rohstoffe, welche dem Menschen nach Art und Grad in den beiden dispositionellen Formen der Allgemeinbegabung und der Spezialbegabungen gegeben sind. Die erstere Form ist identisch mit dem damals wie heute gängigen Intelligenzbegriff, den er in seinem Werk »Die Intelligenz der Kinder und Jugendlichen und die Methoden der Untersuchung« (1928) funktional definiert als *»die allgemeine Fähigkeit eines Individuums, sein Denken bewußt auf neue Forderungen einzustellen; sie ist die allgemeine geistige Anpassungsfähigkeit an neue Aufgaben und Bedingungen des Lebens«* (Stern 1928, S. 2f.). Die zweite Form umfasst sowohl kognitive (mathematische, sprachliche, musikalische usw.) als auch volitionale (Pflichtbewusstsein, Fleiß, Zuverlässigkeit usw.) Fähigkeiten. Dabei handelt es sich in beiden Fällen um keine selbständigen, sondern um mit dem Trieb-, Willens- und Interessenleben der Person verschränkte Dispositionen.

Gegen Sterns Intelligenzdefinition hatten die Individualpsychologen nichts einzuwenden, auch nichts gegen die Verschränkung von Begabung und Seelenleben, umso mehr aber gegen deren dispositionelle Determination. Denn gemäß der Auffassung: »Jeder Mensch kann alles vollbringen« (Adler 1984, S. 103), wurde jegliche »angeborene Begabung« abgelehnt. Große Leistungen kämen vielmehr durch Ermutigung und Training zustande. Dagegen protestierte nun wiederum Stern:

> »Neigen doch die Individualpsychologen dazu, schließlich fast alle individuellen Unterschiede der Kinder nur auf Verschiedenheiten ihres Mutes zum Leben und Leisten hinzustellen, also als Unterschiede, welche durch richtige pädagogische Ermutigungsseinwirkung ausgeglichen werden können. Gewiß wird ein Kind, das immer hören muss, wie dumm es sei, dadurch in der Entwicklung seiner individuellen Fähigkeiten noch mehr gehemmt werden, als es durch seine angeborene Anlageschwäche bedingt wäre; aber darum zu sagen, dass ursprüngliche Begabungsunterschiede gegenüber jenem Mutfaktor unerheblich seien, bedeutet eine gewaltige Unterschätzung eines unbestreitbaren Tatbestandes« (Stern 1987, S. 433).

Vollends verärgert dürfte Stern über die harsche Kritik an seinen »Hamburger Begabungsprüfungen zur Schülerauslese und Berufseignung« gewesen sein. Von Adler und Birnbaum als überflüssig und unzuverlässig abqualifiziert, hätten sich die individualpsychologischen Methoden viel besser bewährt als die Berliner (Curt Piorkowski und Walter Moede) und Hamburger experimentellen Verfahren. Während also Psychologe und Psychotherapeut in praxi weit auseinanderliegen, scheinen sie sich in ihren theoretischen Grundlegungen besser verstanden zu haben.

8 Unitas multiplex

Das Fin de Siécle wurde vorwiegend von naturwissenschaftlichen Kräften beherrscht. Materialistische Lehrmeinungen hatten Konjunktur. Ganzheitliche und teleologische Ansätze galten in der Psychologie als unwissenschaftlich. Das an sich unteilbare Individuum wurde in seine psychischen und physischen Elemente zerlegt und deren funktionale Zusammenhänge kausal interpretiert. Gegen diese atomistischen Untersuchungsmethoden erhoben ganzheitlich orientierte Psychologen wie etwa Wilhelm Dilthey, Eduard Spranger, aber auch Alfred Adler und William Stern Einspruch (vgl. Bühring 1996, S. 12f.).

Den Begriff der »Ganzheit« beziehen Adler und Stern auf die Einheit der Person, welche aus der selbstbestimmten Zielsetzung resultiert. Adlers Auffassung vom Individuum knüpft dabei an Rudolf Virchows Zytologie:

> »Wird so im Organischen ›das Individuum eine einheitliche Gemeinschaft, in der alle Teile zu einem gleichartigen Zweck zusammenwirken‹ *(Virchow)* – bauen sich die mannigfachen Fähigkeiten und Regungen des Organismus zu einer planvoll gerichteten, einheitlichen Persönlichkeit aus, dann können wir jede einzelne Lebenserscheinung derart erfassen, als ob in ihr Vergangenheit, Gegenwart und Zukunft samt seiner übergeordneten, leitenden Idee in Spuren vorhanden wäre« (Adler 1986, S. 25).

Ganz ähnlich definiert Stern: »Eine Person ist ein solches Existierendes, das, trotz der Vielheit der Teile, eine reale, eigenartige und eigenwertige Einheit bildet, und als solche, trotz der Vielheit der Teilfunktionen, eine einheitliche zielstrebige Selbsttätigkeit vollbringt« (Stern 1906, S. 16).

Um die enge Verbindung der Teile mit dem Ganzen begrifflich deutlich zu machen, bezeichnet William Stern die Person auch als »unitas multiplex« (Vieleinheit). Der Zusammenhang ergibt sich in aufsteigender Richtung von den organischen und psychischen Phänomenen über die sogenannten psycho-physisch neutralen Akte und Dispositionen bis hin zur konkreten Ganzheit, dem zielstrebigen Individuum und darüber hinaus. Denn seiner Ansicht nach ist die Person nicht nur leibseelische Einheit, sondern auch Teil übergeordneter Personaleinheiten, der Familie, des Volkes, der Menschheit und sogar des Göttlichen. Vergleicht man Sterns personale Einheitsaspekte mit denen Alfred Adlers, so wird man auch hier entsprechende Zusammenhänge finden, wenngleich er sie nicht hierarchisch konzipiert: »Einerseits versteht er darunter die intrapsychische Einheit im Individuum, in der alle seine Manifestationen auf ein Ziel hin ausgerichtet sind, also eine zielgerichtete Einheit. Andererseits meint er die interpsychische Einheit oder Ganzheit des Zusammenhangs des Individuums mit seiner sozialen und kosmologischen Umwelt« (Bruder-Bezzel 1991, S. 173).

Obschon der Personalist nicht von einer intrapsychischen, sondern von einer psychophysisch-neutralen Einheit sprechen würde, stimmen beide Persönlichkeitsmodelle darin überein, dass Teile und Ganzes eine strukturelle und funktionelle Einheit bilden. Solch eine ganzheitliche Konzeption hat aber methodische Konsequenzen. Untersucht man nämlich das Teil isoliert vom Lebensganzen, wie in der Experimentalpsychologie üblich, so verhält es sich hierbei wie mit einer Melodie: »Die einzelnen Töne sagen uns nichts, wenn wir die Melodie nicht kennen« (Adler 1971, S. 272). Bevor also die einzelnen Lebensäußerungen eines Menschen zweifelsfrei verstanden werden können, muss zuvor dessen Lebensstil eruiert worden sein. Demgegenüber verläuft die personalistische Deutungsrichtung *»unbedingt und ausnahmslos vom Einzelmoment zur Ganzheit* *hin* ... Diese Richtung des Deutungsganges auf Totalisierung bedeutet zugleich die Richtung von außen nach innen, von der Oberfläche in die Tiefe, vom aktuell wirklichen zum dispositionell Möglichen« (Stern 1930, S. 73). Je mehr solcher Einzelmomente in ihrer horizontalen Struktur ermittelt werden (polysymptomatische Methode), umso mehr Anhaltspunkte stehen für die Deutung der tiefer eingebetteten personalen Schichten zur Verfügung. Diese Schichten stehen nicht nur in einem statischen, sondern auch in einem dynamischen Verhältnis zueinander. »Es ist ... nicht das feste Lagesystem der erstarrten Erdrinde, sondern ein Geschiebe, das noch in Bewegung ist, derart, dass eine tiefere Schicht sich an die Oberfläche drängen, eine höher lagernde Schicht in größere Tiefen sinken kann. Auf die Person übertragen bedeutet dies, *dass die Praevalenz der Schichten im personalen Leben wechseln kann«* (ebd., S. 53). Wenn aber die Prävalenzen eines Menschen von Situation zu Situation wechseln können, dann ist er in ständiger Veränderung begriffen. »Er kann scheinbar unvermittelt ›ein ganz anderer Mensch‹ sein, weil ebenso viele Menschenformen in den verschiedenen Tiefenlagen seines Daseins vorhanden und in Bereitschaft sind« (ebd., S. 54). Individualpsychologisch gesehen, ist das natürlich eine inakzeptable Schlussfolgerung. Zwar erkennt auch Adler vertikale Schichtungen an, die Krankheitssymptome eines Patienten z.B. liegen offener zutage als seine »neurotische Disposition«, doch ansonsten findet sich in allen Schichten seelischen Lebens dieselbe Lebenslinie. Der Neurotiker gleicht sich eben in allen Lebenslagen. Für das psychotherapeutische Setting heißt das, dass eine Symptomreduzierung noch längst keine Heilung indiziert, weil nämlich tiefer liegende Schichten überhaupt nicht verändert worden sind, und ohne Eindringen in die personalen Kernschichten weder charakterliche Umwandlungen noch neue Zielsetzungen zu erreichen sind.

9 Causa finalis

Über die Verknüpfung von Ursache und Wirkung ist viel gestritten worden. Naturwissenschaftler postulierten kausale und Geisteswissenschaftler finale Zusammenhänge, obschon der Gegensatz »vermutlich mehr im außerlogischen Bereich, d.h. in dem der Gefühlsgestimmtheit, beheimatet ist. Ohne allzu große Schwierigkeit lässt sich nämlich jede Intentionsbehauptung (z.B.: »Ich studiere, um mein Wissen zu erweitern«) durch die Annahme eines Motivs kausal formulieren (z.B. »Ich studiere, weil ich mein Wissen erweitern möchte« bzw. sogar: »weil es mich, mein Wissen zu erweitern, drängt«). Für die Beschreibung eines Sachverhalts ist die eine Wendung so tauglich wie die andere; nicht so für das Selbstgefühl des Sprechers, der das eine Mal sich selbst die Möglichkeit eines Vorsatzes einräumt, das andere Mal aber sich in die Abhängigkeit von einem Drang begibt« (Hofstätter 1960, S. 555). Insofern ist es verständlich, dass sich Alfred Adler unter dem Einfluss des »Fiktionalismus« Hans Vaihingers auf die Seite der Teleologen schlug. Von diesem Standpunkt aus spielen Anlage, Milieu und Erziehung ja lediglich eine untergeordnete Rolle, wohingegen fiktive Zielsetzungen dem Individuum mehr Handlungsfreiheit ermöglichen. Irrtümliche Zielvorstellungen können korrigiert und Lebensstile verändert werden. Es kann sich schöpferisch entfalten, formt sich selbst und kann selbstbestimmt handeln. »Das Individuum ist mithin sowohl Bild wie Künstler. Es ist der Künstler seiner eigenen Persönlichkeit« (Adler 1980a, S. 7). Letztere Feststellung erinnert an die Entelechie des Aristoteles, welche auch Stern für seine Zwecke nutzt.

Ausgehend von dem Achschen Konstrukt der »determinierenden Zwecktendenz«, kombiniert Stern dieses mit dem aristotelischen »Entelechiekonzept«. Nur ist bei ihm nicht die Seele das gestaltende Prinzip des Leibes, sondern die ganzheitliche Person. *Sie* ist der Werkmeister, welche sich mithilfe von Richtungs- und Rüstungsdispositionen erhält und entfaltet. Handelt es sich bei der Selbsterhaltung um eine unbewusste, instinktive und reflexive Reaktion, die beharrend und anpassend wirkt (s. o.), so bei der Selbstentfaltung um eine bewusste, die Daseinsmöglichkeiten erweiternde Spontanreaktion. Beide Lebensprozesse sind jedoch eng miteinander verwoben. Denn nach getaner Arbeit wandern die Produkte personaler Selbstentfaltung in den Topf der unbewussten Selbsterhaltung, um den Weg für neue Kreationen freizumachen. Falls es jedoch die Situation erfordern sollte, werden sie wieder über die Bewusstseinsschwelle gehoben und in den Dienst der Selbstentfaltung gestellt.

Für die Personalistik und die Individualpsychologie ist die Intentionalität seelischen Seins aber »nicht bloß unsere Anschauungsform, sondern auch eine Grundtatsache« (Adler 1987, S. 75), die dem Individuum allerdings nur teilweise bewusst ist.

10 Bewusstsein und Unbewusstsein

Mit diesen beiden »Seinsformen« der Persönlichkeit haben sich Stern und Adler ebenfalls ausgiebig beschäftigt. Ersterem zufolge bleiben die Lebensprozesse der Vitalsphäre und überpersönliche Wertvorstellungen der Introzeptionssphäre sowie Gewohnheiten, Automatismen und abgelegte Erlebnisse unbewusst. Ein Denkvorgang zum Beispiel mag zwar als konzentrative Anspannung gespürt werden, auch das Ergebnis dieser Anstrengung kann sich manifestieren, aber der kognitive Prozess selbst bleibt durchaus unterschwellig. Außerdem gilt: Nur diejenigen Lebenssituationen treten über die Erlebnisschwelle, die irgendeine aktuelle Bedeutung für die Person haben. Inwieweit Leben bewusst wird, hängt aber nicht nur von der personalen Relevanz, sondern ebenso vom Reibungsvermögen des Individuums ab. »Je schärfer die Spannungen, je vielgestaltiger die Reibungen, je wechselnder – und damit je ungewisser – die Weltsituationen, in denen das Individuum lebt, umso stärker die Bewusstseinsrepräsentation seines Lebens« (Stern 1935, S. 106). Wenn allerdings das Selbstwertgefühl oder Persönlichkeitsideal infrage gestellt wird, dann können selbst überschwellige Ereignisse gefiltert und verdrängt werden. Denn »der Mensch erlebt sich so, dass er bestmöglich vor sich selbst existieren kann« (ebd., S. 108). Ähnliches dürfte auch Adler im Sinn gehabt haben, wenn er schreibt: »Das Bewußtsein wird wach, wenn eine Schwierigkeit entsteht« (Birnbaum 1937, S. 104) und »... *die Unbewußtheit einer Fiktion*, eines moralisierenden Erlebnisses oder einer Erinnerung kommt als ein Kunstgriff der Psyche zustande, wenn das Persönlichkeitsgefühl und die Einheit der Persönlichkeit durch das Bewußtwerden derselben bedroht wäre« (Adler 1980b, S. 241). Mit der Beförderung bedrohlicher Erlebnisse in den psychischen Untergrund ist die Gefahr aber keinesfalls gebannt. Allenfalls hat das bewusste Individuum eine Weile Ruhe vor der »feindlichen Welt«, die seine fiktiven Strebungen nach Überlegenheit und Sicherheit infrage stellt. Schon bald sinnt es daher nach neuen und »effizienteren Mitteln«, um dennoch sein Endziel zu erreichen.

Personalistik und Individualpsychologie stimmen auch darin überein, dass Bewusstheit und Unbewusstheit keine feindlichen, sondern nur unterschiedliche Lebensäußerungen der Gesamtpersönlichkeit sind. Während jedoch Stern sowohl zwischen bewussten Phänomenen als auch zwischen bewussten und unbewussten Phänomenen Konflikte für möglich hält, negiert Adler solche intrapsychischen Spannungen, weil die Zielsetzungen einer Person im Bewussten wie im Unbewussten dieselben sind.

11 Verwandtschaften

Unter dem gemeinsamen Dach der Psychologie sind alle psychologischen Lehren miteinander verwandt. Alle ranken sich irgendwie um die konkrete Person. Nur wird sie jeweils aus einer anderen Perspektive untersucht und interpretiert. Gemäß der Karl Bühlerschen »Drei-Aspekte-Lehre« eruieren so die Behavioristen Verhaltensdaten, die Tiefenpsychologen Erlebnisdaten und die Geisteswissenschaftler Werkdaten. Demgegenüber behauptet Birnbaum die Sonderstellung der Individualpsychologie, der alle drei Aspekte zukommen, plus einer dynamischen Komponente. Hinsichtlich der Beziehung zwischen Individualpsychologie und Personalistik scheiden sich noch einmal die Geister. Während William Stern die Individualpsychologie als bedeutsame Weiterentwicklung der Psychoanalyse betrachtet, wie dies neuerdings wieder der Fall zu sein scheint (vgl. Bruder-Bezzel 2006, S. 29), bezeichnet Birnbaum die Personalistik als die legitime Schwester der Individualpsychologie. Tatsächlich herrscht in puncto Ganzheitlichkeit und Teleologie zwischen beiden Lehren weitgehende Übereinstimmung. Bei anderen Positionsvergleichen hingegen zeigen sich mehr oder weniger große Divergenzen. Insbesondere bestehen große Meinungsverschiedenheiten bei der Gewichtung von Anlage und Umwelt, der Frage der Begabungsunterschiede und der Bewertung des Kompensationskonzeptes. Denn obschon Stern den Zusammenhang von Minderwertigkeitsgefühl und kompensatorischem Geltungsstreben anerkennt, kritisiert er die Individualpsychologie darin, dieses Konzept zum einzigen Gestaltungsprinzip der Persönlichkeit zu erheben. Teilweise lassen sich diese unterschiedlichen Auffassungen dadurch erklären, dass Adler eher in geisteswissenschaftlichen Kategorien dachte, während Stern nomothetische und idiografische Ansätze miteinander zu verbinden suchte, Stern, Vaihingers Fiktionalismus und Nietzsches »Wille zur Macht« ziemlich fernstand, im Gegensatz zu Adler lediglich an normalpsychologischen Phänomenen interessiert war und eine scharfe Grenze zwischen Normalpsychologie und Psychopathologie zog.

Literatur

Adler, Alfred (1931): Der nervöse Charakter. In: Festschrift William Stern zum 60. Geburtstag am 29. April 1931. Beiheft 59 zur Zeitschrift für angewandte Psychologie, 1–14.

Adler, Alfred (1924): Advances in Individual Psychology. In: 17. International Congress of Psychology. Held at Oxford from July 26 to August 2, 1923, Cambridge: University Press, 268–277, 1971.

Adler, Alfred (1980a): Kindererziehung. Frankfurt/M.: Fischer.

Adler, Alfred (1980b): Praxis und Theorie der Individualpsychologie. Frankfurt/M.: Fischer.

Alfred, Adler (1983): Der nervöse Charakter. In: Heilen und Bilden, 123–133. Frankfurt/M.: Fischer.

Adler, Alfred (1984): Lebenskenntnis. Frankfurt/M.: Fischer.

Adler, Alfred (1987): Menschenkenntnis. Frankfurt/M.: Fischer.

Birnbaum, Ferdinand (1932a): Rezension zur »Festschrift zu William Sterns 60. Geburtstag«. In: Internationale Zeitschrift für Individualpsychologie 10, 74–75.

Birnbaum, Ferdinand (1932b): Rezension zu William Sterns »Studien zur Personenwissenschaft« (Vorwort). In: Internationale Zeitschrift für Individualpsychologie 10, 240.

Birnbaum, Ferdinand (1933): Rezension zu William Sterns »Studien zur Personenwissenschaft« (Erster Teil). In: Internationale Zeitschrift für Individualpsychologie 11, 79.

Birnbaum, Ferdinand (1937): Alfred Adler in memoriam. In: Internationale Zeitschrift für Individualpsychologie15, 97–127, 1968.

Bruder-Bezzel, Almuth (1991): Die Geschichte der Individualpsychologie. Frankfurt/M.: Fischer.

Bruder-Bezzel, Almuth (2006): Die Entwicklung der Individualpsychologie aus dem Kreis Freud. In: Klaus-Jürgen Bruder & Almuth Bruder-Bezzel (Hg.) Individualpsychologische Psychoanalyse. Frankfurt/M.: Lang, S. 15–32.

Bühring, Gerald (1996): William Stern oder Streben nach Einheit. Frankfurt/M.: Lang.

Hofstätter, Peter R. (1960): Tiefenpsychologische Persönlichkeitstheorien. In: Handbuch der Psychologie, 4. Band, Persönlichkeitsforschung und Persönlichkeitstheorie. Göttingen: Hogrefe, S. 542–586.

Lück, E. Helmut (1990): Alfred Adler und die Individualpsychologie. In: Zeitschrift für Individualpsychologie 15, 270–281.

Messer, Alexander (1918): Rezension zu »Die Psychologie und der Personalismus«. In: Deutsche Literaturzeitung 39, 494–495.

Messer, Alexander (1919): Rezension zu »Die menschliche Persönlichkeit«. In: Deutsche Literaturzeitung 40, 64–65.

Neuer, Alexander (1914): Heilen und Bilden. In: Zeitschrift für angewandte Psychologie und psychologische Sammelforschung 8, 311–316.

Stern, William (1906): Person und Sache. System der philosophischen Anschauung. Erster Band: Ableitung und Grundlehre. Leipzig: Barth.

Stern, William (1923): Psychologie der frühen Kindheit und Psychoanalyse. In: Zeitschrift für Pädagogische Psychologie und Experimentelle Pädagogik 24, 282–296.

Stern, William (1927): William Stern. In: Raymund Schmidt (Hg.): Die Philosophie der Gegenwart in Selbstdarstellungen. Leipzig: Meiner, S. 129–183.

Stern, William (1928): Die Intelligenz der Kinder und Jugendlichen und die Methoden ihrer Untersuchung. Leipzig: Barth.

Stern, William (1930): Studien zur Personwissenschaft. Leipzig: Barth.

Stern, William (1935): Allgemeine Psychologie auf personalistischer Grundlage. Haag: Martinus Nijhoff.

Stern, William (1987): Psychologie der frühen Kindheit bis zum sechsten Lebensjahr. Darmstadt: Wissenschaftliche Buchgesellschaft.

Rache ist nie süß

Das Feuer der Scham als Wurzel menschlichen Extremismus und Fanatismus

Peter Conzen

1. Scham – Würde verleihend und entwürdigend

Die weltweite Zunahme eines militanten religiösen Fundamentalismus, die fast täglichen Schreckensmeldungen terroristischer Gewalt erschüttern die Illusion, in einer technisch-rationalen Welt von morgen könne fanatischer Hass zu einem kalkulierbaren Faktor werden. Was geht in der Psyche von Gotteskriegern und Selbstmordattentätern vor, was treibt Menschen immer wieder dazu, im Namen höchster ethischer Prinzipien mitleidslos zu morden? So sehr uns die Verirrungen und Untaten als ausschließlich kriminell oder pathologisch motiviert erscheinen – wir dürfen das »fanum« im Wortstamm von Fanatismus, das Moment einer perversen religiösen Ergriffenheit nicht unterschätzen. Und so sehr Extremismus und Gewalt durch ökonomische Notlagen und traumatische historische Umwälzungen angeheizt werden – fanatische Ideen entstehen in den Köpfen von Menschen. Stets aufs Neue ist es die Kombination von kollektiver Identitätskrise und persönlicher Verblendung, die in die großen Tragödien mündet.

Egal, ob spontan hervorbrechend oder demagogisch aufgeputscht – eine besonders starke Quelle von Hass, Ressentiment und vernichtender Rachsucht im Menschen sind verletzte Schamgefühle. Immer wieder finden sich hinter dem unerbittlichen Bekämpfenmüssen äußerer Übel tiefe Kränkungen des individuellen oder kollektiven Selbstgefühls. Der Terrorismus gilt als Waffe der Ohnmächtigen. Über die unbewusste Schamthematik bei Demagogen wie Adolf Hitler ist mehrfach spekuliert worden. Gewiss, alle Erklärungsversuche des unfassbar Bösen wirken letztlich fragwürdig. Aber wir dürfen das Phänomen der Destruktivität von Idealen nicht im Bereich des Dämonischen belassen. Gerade das Explosive der derzeitigen Weltlage macht die schonungslose Analyse extremer und fundamentalistischer Geistesverfassungen zur absoluten Notwendigkeit. Insofern will dieser Aufsatz der Frage nachgehen, wie Schamgefühle – und kompensierende Größenattitüden – einen Beitrag zum radikalen Potenzial des Menschen leisten, wie in Extremsituationen übermäßige Scham in etwas gänzlich Scham- und Gewissenloses umschlagen kann.

Immer schon haben Dichter, Philosophen und Literaten die eigentümliche Doppelrolle der Scham als Hüterin wie als potenzielle Zerstörerin menschlichen Selbstgefühls beschrieben. Einerseits schützt Scham die Würde und Integrität der Person und ist für den Sittenkodex jeder Kultur unumgänglich. Andererseits sind akute Beschämungen die »narzisstische Verletzung par excellence« (Wurmser 1998), kann chronische Scham den Menschen zum Außenseiter gegenüber sich selber machen. Während Vertreter des Existenzialismus eindringlich die Ohnmacht und Verlorenheit des preisgegebenen Selbst in der Moderne thematisierten, hat die Psychoanalyse sich schon früh mit Wesen, Entwicklung und Pathologie des menschlichen Schamgefühls auseinandergesetzt. Freud (1905) sah Scham als Reaktion auf Entblößtsein, als »Sexualschranke« gegen die polymorph-perverse infantile Triebnatur, insbesondere den Voyeurismus und Exhibitionismus, und damit als eine der Voraussetzungen für Persönlichkeitsreifung und Kulturfähigkeit. Es folgten Autoren wie Kohut (1973a, b), Erikson (1981, 1982), Wurmser (1998), Seidler

(1995) oder Hilgers (2006), die die vielfältigen Facetten des Schamgefühls herausarbeiteten und die Uranfänge der Scham, ähnlich wie Freud, im zweiten Lebensjahr festmachten. In der Tat werden keimende Stolz- und Autonomiegefühle des Kleinkindes immer wieder von Erfahrungen des Unterlegenseins, des Noch-nicht-Könnens, des Ausgelachtwerdens durch übermächtige Erwachsene unterhöhlt. Welch ungeheure narzisstische Wut eine Beschämung auslösen kann, lässt sich bereits an den kolossalen Trotzanfällen der analen Phase erahnen. Manch typische Attitüden des Fanatischen, die rasend gewordene Verteidigung der eigenen Autonomie, Haltungen radikalen Widerstandes, radikaler Dialogverweigerung scheinen ontogenetische Wurzeln in den Machtkämpfen des Kleinkindalters zu haben.

Aber es gibt »entwicklungspsychologisch keine Schamphase« (Hilgers 2006, S. 14). Scham ist ein hochkomplexer Affekt, der sich im Laufe des Lebens auf immer vielfältigere Situationen und Interaktionen ausweitet. Subjektiv handelt es sich um ein mit stärkster physiologischer Erregung einhergehendes Gefühl schmerzhafter Peinlichkeit, Ohnmacht und Wut, das überall dort auftritt, wo Menschen sich inkompetent, fehl am Platz, bei einer Ungeschicklichkeit oder Verfehlung ertappt fühlen, wo die persönliche Intimsphäre durch plötzliche Nähe, durch überraschendes Lob bzw. überraschenden Tadel verletzt wird. Während das Schuldgefühl psychoanalytisch auf einen inneren Instanzenkonflikt zwischen Ich und Über-Ich zurückgeht, ist Scham ein Konflikt zwischen dem Ich und der Realität, gleichsam das Angesehenwerden von einer abschätzend-spöttischen Macht, die momentweise das Ich-Ideal des Beschämten zu zertrümmern scheint. Man schämt sich gegenüber Menschen, von denen man sich höchst abhängig fühlt, man will verzweifelt der Situation entfliehen, fühlt sich aber fixiert und gelähmt. In der Tat möchte der Schamerfüllte, so Erikson, »die Welt zwingen, ihn nicht anzusehen oder seine beschämende Situation nicht zu beachten. Er würde am liebsten die Augen aller anderen zerstören. Stattdessen muss er seine eigene Unsichtbarkeit wünschen« (1982, S. 247). Der Anblick eines gedemütigten Menschen ist schwer zu ertragen, weckt bei den Zeugen der Scham entweder den Wunsch, der peinlichen Situation zu entfliehen oder sie in eine Schuldsituation umzudefinieren (vgl. Bastian/Hilgers 1990). Im Unterschied zur Schuld lassen sich schwere Schamerlebnisse nicht durch Rituale überwinden oder vergeben, sondern setzen sich als wunde Punkte im Selbst fest. Wie Eiterherde können Ressentiments das Seelenleben vergiften. Oftmals, wenn bis dahin völlig unauffällige Menschen fanatisch-amokläuferisch dekompensieren, explodiert ein furchtbares Reservoir aufgestauter Scham.

Ungemein subtil schützen die höchst unterschiedlichen Rituale und Höflichkeitsformen verschiedener Kulturkreise vor Verletzungen der Intimsphäre und des Selbstgefühls. Und nirgendwo drohen größere Missverständnisse als bei Nichtbeachtung der Schamschranken. Dosierte Beschämungen sind in der kindlichen Sozialisation eine Herausforderung und ein Entwicklungsanreiz. Übermäßige Scham ist jedoch, neben dem Urmisstrauen und der ödipalen Wut der Kindheit, Quelle eines radikalen Potentials an Hass im Individuum, Wurzel vieler dissozialer und pathologischer Entwicklungen. Hinter der chronischen Befangenheit schizoider, zwanghafter oder depressiver Menschen ebenso wie hinter manch »unverschämten« Attitüden narzisstischer Persönlichkeiten verbergen sich unter anderem schwere Scham- und Insuffizienzgefühle. Aber auch im »normalen« Seelenleben ist die unterschwellige Schambereitschaft eine besonders sensible Erlebnisschicht. Niemand ist gegen den Einbruch kindlicher Minderwertigkeitsgefühle ganz gefeit. Nichts lässt sich im Ernstfall so leicht demagogisch aufputschen wie die Verletzung religiöser oder nationaler Gefühle. Gerade in historischen Krisensituationen, wenn das Größen-Selbst destruktiver Propheten sich mit rachsüchtigen Visionen auflädt und beschämte Massen nach Erlösung hungern, drohen verhängnisvolle Entwicklungen. Es stimmt, was Heinz Kohut gesagt hat, dass die grauenhafteste Zerstörungsgewalt des Menschen aus Kränkungen seines Narzissmus herrührt und sich in »ordnungsgemäßen, organisierten Handlungen vollzieht, bei denen die zerstörerische Aggression des Täters mit der absolutistischen Überzeugung von seiner eigenen Größe und mit seiner

Hingabe an archaische allmächtige Figuren verbunden ist« (Kohut 1973b, S. 533).

Es ist erschreckend, wie bedenkenlos sich kühle Machtpolitik heutzutage im Ernstfall über den Rat wissenschaftlicher Experten hinwegsetzt. Aber wir haben mittlerweile, nicht zuletzt unter dem Einfluss der Freud'schen Wissenschaft, ein zu hohes Maß an Einsichten über die Wurzeln der Gewalt zusammengetragen. Alle Friedensbemühungen ohne Berücksichtigung der traumatischen Vorgeschichte, ohne Beteiligung aller Konfliktparteien, schlimmer noch, alle gewaltsamen Konfliktlösungen schaffen Potenziale an Scham-Wut, die den Extremisten noch mehr in die Hände spielen. Angesichts drohender neuer Etappen des »Krieges gegen den Terrorismus« bleibt zu hoffen, dass die Psychoanalyse hier auf Dauer wird mehr beitragen können als eine bloße Warnung.

2. Scham, Fanatismus und der Narzissmus der Reinheit

Nahezu jeder Mensch verfällt nach einer Kränkung kurzfristig in Zustände von Wut und Projektion, und immer schon, von den Schriften des Alten Testaments und der antiken Tragödie bis hin zu psychohistorischen Deutungsversuchen moderner Tyrannen, ist der offenkundige Zusammenhang zwischen verletztem Stolz und fanatischer Rachsucht thematisiert worden. Aber wie und in welchem Umfang tragen Schamgefühle zur Entstehung hasserfüllter Überzeugungen bei? Warum entwickeln sich aus einer großen Anzahl glühend verletzter Menschen nur einige wenige zu fanatischen Gewalttätern? Und warum entsteht in manchen unterdrückten Volksgruppen Terrorismus, in anderen, noch entwürdigteren nicht? Von allen menschlichen Leidenschaften ist der Fanatismus wohl die rätselhafteste. Es gibt keine letzten Formeln, gar Erklärungen für diejenigen, die sich selbst und andere in unheimlicher Glaubensbesessenheit versklaven. Bei allem Betroffensein über gänzlich Infames dürfen wir als Wissenschaftler nicht selber zum terrible simplificateur oder paranoiden Richter werden.

Wesen des Fanatismus ist das Erfasstwerden von ganz starren, unverrückbaren Überzeugungen, die kompromisslos geglaubt und vollkommen intolerant, oft unter Enthemmung immer größerer Aggressivität, nach außen vertreten werden. Die Fanatismusforschung hat den religiösen, politischen und sittlichen Fanatismus, den Einzel-, Gruppen- und Massenfanatismus unterschieden, Fanatismusformen wie den originären und den induzierten, den matten und den expansiven bestimmten Persönlichkeitstypen zugeordnet (vgl. Bolterauer 1989; Hole 2004; Conzen 2005). Aus psychoanalytischer Sicht verbergen sich hinter fanatischen Identitätsverengungen oft Existenzängste, Selbstwert- und Intimitätsprobleme. Die Identifizierung mit starren Glaubenshaltungen und grandiosen Visionen »verplombt« innere Nöte und Identitätskonflikte und bedeutet eine künstliche Steigerung des Narzissmus. Unfähig zu Empathie und Humor liebt der Fanatiker seine Ideen mehr als konkrete Menschen. Typisch ist das unbedingte Bekehren- und Missionierenmüssen, die Haltung ständiger misstrauischer Wachheit und paranoider Kampfbereitschaft. Schon kleinste Abweichungen, kleinste Beschämungen seines Systems rufen beim Fanatiker ätzende narzisstische Wut hervor. Mehr als im Fundamentalismus geht es darum, den Gegner der eigenen Vision auszumachen, zu verfolgen und im Extremfall zu vernichten. Es ist die hasserfüllte Spaltung der paranoid-schizoiden Position, die in der fanatischen Persönlichkeitsveränderung habituell wird. Das böse Prinzip, das es zu meiden bzw. zu bekämpfen gilt, ist nicht nur »schuldig« schlechthin, sondern auch »schmutzig«, »niedrig«, »zersetzend«. Und da, wo fanatische Haltungen explosiv-expansiv werden, narkotisiert ein furchtbarer »Narzissmus der Reinheit« (Grunberger 1976) das Gewissen der Täter. Es gilt, im Namen höchster Prinzipien die Welt von einem furchtbaren Übel zu »säubern«, um mit einem Schlag ein Leben voll Liebe, Freude, Harmonie und Gerechtigkeit herzustellen – letztlich etwas Rückwärtsgewandtes, die ganz heile, primär-narzisstische Welt der Ur-Symbiose zur Mutter. Stets in historischen Krisensituationen gewinnen fanatische Geister unheimliche Macht über ihre Zeitgenossen, lenken mit simplen Parolen Hass auf vorgefertigte

Feindbilder. Ganze Menschengruppen gelten als Inkarnation des Bösen, und deren Dehumanisierung als »Schmutz« und »Ungeziefer« senkt regelmäßig die Hemmschwelle zu unfassbaren Exzessen. Die Konzentrationslager, die Polizei- und Folterzentralen totalitärer Staaten sind Schreckensorte der gleichsam wissenschaftlich geplanten Entwürdigung und Beseitigung von Menschen. Und es scheint, als wollten die Inquisitoren und Schlächter – man denke an den seine ganze Schäbigkeit in die Angeklagten hineinschreienden Roland Freisler – die eigene beschämende Kleinheit im Opfer bannen und vernichten.

Schon im Verbissenen der Ernährungs-, Sport- oder Gesundheitsfanatiker oder der Askese der Magersüchtigen schwingen Phantasmen eines reinen, makellosen Körpers mit, den es permanent vor »giftigen« Einflüssen oder drohendem Verfall zu schützen gilt. Am ausgeprägtesten zeigen sich Schmutzphobie und Schamabwehr bei den Sittlichkeitsfanatikern aller Couleur. Das zwanghafte Ankämpfen gegen Laszivität, Alkoholismus oder Prostitution ist nicht nur Folge eines triebfeindlichen Über-Ichs, sondern gleichsam ständiges symbolisches »Abwaschen« beschämender Anteile aus einer narzisstisch-erhaben fantasierten Selbst-Repräsentanz. Richten sich Aggression und Kontrollzwang überwiegend gegen das eigene Selbst, kann der Übergang zur Psychose in Schuldwahn und zwanghafter Selbstkasteiung fließend werden. Aber das Inkriminierend-Verfolgende des Sittlichkeitsfanatismus verbindet sich fast immer mit dem religiösen und dem politischen Fanatismus und wird dort zur zusätzlichen Waffe. So wirken die Tiraden der christlichen und der islamischen Fundamentalisten gegen das »Gift« von Zügellosigkeit, Homosexualität oder weiblicher Emanzipation in ihrer eifernden Stereotypie fast austauschbar. So sehen die Chauvinisten, Rassisten und Antisemiten aller Spielarten ihre grandiose Gemeinschaftsform von der »Durchmischung« durch »niedrige«, »schmutzige« Spezies bedroht. Gewiss, es gibt keine typischen Konstellationen, keine typischen Fanatikerbiografien. Aber Selbstzweifel, Scham, sexuelle Verklemmtheit, ein Nichtliebenkönnen oder -dürfen bedeutet nicht selten den Einstieg in extreme Persönlichkeitsentwicklungen. Gerade in der Entwicklung arabischer Terroristen ist das Einbrechen einer ungemeinen Sittenstrenge oft Zeichen der fanatischen Prodromalphase. So zog sich Mohammed Atta, »Offizier« des Todeskommandos vom 11. September, aus seinem Studium in eine Welt der Gebete und Rituale zurück, entwickelte immer größeren Hass auf den Westen als Inbegriff von Verderbtheit, Promiskuität und Gier. Während bei ihm und seinen Gefährten eine wahnsinnige Zerstörungsvision reifte, hielt er peinlichste Distanz zu Frauen und bestimmte in seinem Testament, dass selbst sein Leichnam nicht von einer Frau berührt werden dürfe. Hier deutet sich ein Urmisstrauen an, eine Angst vor Sexualität, Intimität und Hingabe, die einsam machte und mit zu seiner fanatischen Verhärtung beigetragen haben könnte.

Der weltbürgerliche Mohammed Atta, die Friedenskämpferin Ulrike Meinhof, der unauffällige Student Fritz G., der im Sommer 2007 Sprengstoffanschläge im Namen Allahs plante – keine wissenschaftliche Theorie wird jemals den fanatischen Bruch von Biografien ganz klären können. Vielleicht sind potenziell fanatische Menschen von Natur aus sensibler, misstrauischer, graben sich Verletzungen und traumatische Erlebnisse bei ihnen tiefer ein. Vielleicht sind manche insgeheim schon früh »delegiert«, ein Unrecht zu rächen, ihre Eltern narzisstisch aufzuwerten, Scham und Schande aus der Familie bzw. dem eigenen Volk »abzuwaschen«. So könnte der Auftrag, eine vielfach gedemütigte Mutter zu stützen, gegen den tyrannischen Vater zu verteidigen und deren geheime Größenfantasien stellvertretend zu verwirklichen, frühester Keim für Adolf Hitlers spätere Rächervision gewesen sein (vgl. Stierlin 1995). Ebenso könnte eine tiefe, vom Elternhaus übernommene Scham über die Exzesse des Nationalsozialismus die Pfarrerstochter Gudrun Ensslin in einen zusehends gnadenlosen Humanismus getrieben haben (vgl. Conzen 2008). Oftmals ist es die Identitätskrise der Spätadoleszenz, in der schlummernde Themen durch äußere Ereignisse angerührt werden. Schlüsselerlebnisse, schwere Erschütterungen, Ungerechtigkeiten, Kränkungen wühlen den Einzelnen auf, machen empfänglich für das Aufsuchen radikaler

Umfelder oder den Einfluss destruktiver Vorbilder. So waren es für manche RAF-Terroristen Bilder – das napalmverbrannte vietnamesische Mädchen, der an einen ausgemergelten KZ-Häftling gemahnende Leichnam des Holger Meins –, die sie nicht losließen und immer mehr in die Vorstellung trieben, einer gänzlich skrupellosen faschistischen Macht ausgeliefert zu sein (vgl. Wirth 2002). So soll Sayyid Qutb, einer der wichtigsten Vordenker des militanten Islamismus, bei der Überfahrt in die Vereinigten Staaten vom Bild einer angetrunkenen Frau so entsetzt gewesen sein, dass er Amerika als Ort des Lasters zu hassen begann und einzig in der kompromisslosen Gottesherrschaft, im strikten Befolgen der Scharia die Rettung der sündhaften Welt sah. Oft erleben wir im Vorfeld extremer Persönlichkeitsveränderungen ein grausiges Schwanken, das Erfasstwerden von einem tiefen, apokalyptischen Ohnmachtserleben. Etwas total Gutes, der Wille Gottes, die Ehre meines Volkes, die Idee der Gerechtigkeit, ist durch etwas total Böses bedroht. Es kann kein Abwarten, kein Zögern, keine Kompromisse mehr geben. Das Böse muss mit allen Mitteln bekämpft, dem Guten muss zum Sieg verholfen werden. Erst dann ist ein Leben in Würde und Anstand wieder denkbar. Ob aus den Gewaltfantasien blutiger Ernst wird, sich das Schicksal eines Menschen ins Radikale wendet, hängt oft von kleinen und kleinsten Zufällen ab.

Fanatische Persönlichkeitsentgleisungen, das Abtauchen in eine Parallelwelt heroischer Konsequenz, der völlige Bruch mit der denkenden und fühlenden Person, die man früher war, wirken auf Außenstehende oft unheimlich, unfassbar, krank. Mit einem unheimlichen Sendungsbewusstsein und zugleich unheimlichem Ressentiment mauert sich der Fanatiker in einem Weltbild ein, in dem es keine Grautöne, keine Ambivalenz mehr gibt. Die Projektion aller Wut, aller Verachtung auf ein und nur ein böses Prinzip wird, wie in einer Art Treibhaus des Hasses, ganz starr, ganz ausschließlich, fast psychotisch. Da Informationen von außen, die das Feindbild entlasten könnten, nicht mehr zugelassen werden, das Feindbild von innen wie eine Art innerpsychischer Magnet die bösen Objekte des Unbewussten an sich zieht, wird es immer bedrohlicher, verdichtet sich zu einem fantastisch anmutenden Popanz. Es resultiert ein typischer paranoider Zirkel: Je böser das teuflische Prinzip in der Fantasie wird, desto härter muss es bekämpft werden, und dessen Gegenreaktion bestätigt wiederum die eigene Projektion. Gleichzeitig werden immer mehr Unschuldige, die mit dem Feind tatsächlich oder vermeintlich zu tun haben, als »Pestilenz«, »Schmutz«, »Schweine« in die Repräsentanz des Bösen einbezogen und Gegenstand erbarmungsloser Rachsucht.

Gewiss, die vielen Fanatismusformen unterscheiden sich im Ausmaß der Entschlossenheit und in der Intensität des Hasses. Es gibt Persönlichkeitsentwicklungen, wo der Umschlag ins Radikale schleichend, allmählich vor sich geht. Man denke an jene »Pflichtfanatiker« (Conzen 2005), die besessen das Erhabene einer künstlerischen, religiösen oder politischen Idee verteidigen, die irgendwann, ob der ständigen Unvollkommenheiten und Beleidigungen, in ätzendes Ressentiment und blinde Rachsucht umschlägt, oder man denke an jene ursprünglichen Idealisten und Zu-Recht-Empörten, die am Ende aus immer ohnmächtigerer Wut in genau die Gewalttätigkeit verfallen, die sie dem Hassobjekt unterstellen. Bei manchen originären Fanatikern hingegen kann man von einem »Fanatismusdurchbruch« (Bolterauer 1989) sprechen. Gerade in Zeiten der Krise und Verwirrung überfällt sie ein Auftrag und eine Vision mit rasender Einseitigkeit macht alles andere bedeutungslos. Oft empfinden sie sich als von einer höheren Macht getragen, als »Stimme Gottes« oder »Werkzeug der Vorsehung«. Ihre Suggestivität, ihr scheinbares Charisma wirkt anfeuernd auf »induzierte Fanatiker«, die sich, unter Aufgabe eigenständigen Denkens, eigenständiger Gewissensregungen zum bedingungslosen Werkzeug machen. Gerade in destruktiven Sekten bzw. den Führungszirkeln totalitärer Macht beobachten wir eine verhängnisvolle Kollusion von Größen- und Kleinheitswahn. In einem götzenhaften Idolismus laden die hörigen Anhänger das Größen-Selbst des originären Fanatikers mit zunehmend maßstabslosen Projektionen auf. Dazu werden sie vom Führer gestützt, anerkannt, fühlen sich im Glanz seiner destruktiven Glorie aufgewertet. Zusammen steigert man sich in immer wahnsinnigere Visionen hinein, die vor Scham-Ängsten und Identitätszerfall schützen und oft immer kriminellere Impulse enthemmen. »Wie ein Meteor stiegen Sie vor unseren staunenden Augen auf und taten Wunder der Klärung und des Glaubens in einer Welt der Skepsis und Verzweiflung«, huldigte der verkrüppelte Goebbels 1924 seinem Führer, der sich fortan zum diabolischsten und ordinärsten Judenhasser in Hitlers Kamarilla entwickelte.

Die Religionskriege, die Pogrome und Verfolgungen, die Kulturentledigung des Faschismus, das Massaker von Sebrenica – der Atem stockt uns angesichts der Exzesse selbst gemachter menschlicher Verdammnis. Vor allem in den »Identitäts-Vacua« der Geschichte (Erikson 1981) wurden und werden religiöse Ideen zum Vorwand für Machtstreben und äußerste Grausamkeit. Ketzer, Häretiker, Heiden, ganze Menschengruppen gelten als mit dem Teufel im Bund stehende, den Glauben verunreinigende Mächte. Und gerade wenn in ihrem Machtanspruch bedrängte kirchliche oder staatliche Autoritäten den Aberglauben zu instrumentalisieren beginnen, beteiligen sich fanatische Geister an vorderster Front. Mit kühler Akribie beschuldigte Jean Bodin, ein Rationalist von höchster wissenschaftlicher Schärfe, die angeblichen Hexen der ganzen Palette schauerlicher sexueller Perversionen und trug so mit dazu bei, den Wahn epidemisch werden zu lassen. Und in der Tat identifizierten sich viele der grausam terrorisierten Frauen irgendwann mit den abnormen Fantasien ihrer Ankläger und wurden der »reinigenden Kraft des Feuers« übergeben.

Die Vernunft konnte dem Aberglauben viel an Boden abgewinnen und stellte sich unfassbar in den Dienst neuer Wahnideen. Im unbedingten Durchsetzenwollen »reiner« Tugendstaaten, nationalistisch-imperialistischer Größenansprüche, »reiner« Rassen oder Ideologien machte der politische Fanatismus der Neuzeit neue Teufel aus, die noch kälter und perfider Opfer gnadenlosen Terrors wurden. In den Totalitarismen des 20. Jahrhunderts mündete der »Narzissmus der Reinheit« in perfekt organisierte Ausrottungsprogramme – in der Tat das Walten des puren Todestriebs, die »Desobjektalisierungsfunktion« (Green 2000), der Triumph des ganz und gar Bösen und Sinnlosen. Gewiss, man darf nicht leichtfertig über kafkaeske Zwangssysteme urteilen, die das Individuum bis in das innerste Selbst entwürdigen und kleinste Ansätze von Kritik lebensgefährlich machen. Aber aller Totalitarismus appelliert auch an niederste Instinkte, weckt schlummernde fanatische Potenziale, sucht Selbsthass und Scham in Verfolgungslust umzuwandeln. Ohne die Gehässigkeiten der Spitzel und Denunzianten, die sich, ihre klägliche Existenz aufwerten wollend, zu Augen und Ohren der »tyrannischen Instanz« machen, wäre das Getriebe einer Diktatur nicht denkbar. Ohne die gewissenlosen Schreibtischtäter und Erfüllungsgehilfen, die besessen den Willen einer Autorität ausführen, die Drecksarbeit erledigen und das Reinheitsideal des Diktators schützen, wären die großen Vernichtungsprogramme nicht umsetzbar. Im SS-Mann, der im Dienst einer Herrenmenschenmoral zu Ungeziefer degradierte Menschen erbarmungslos tötet, fand der Typ des Zwangsfanatikers im 20. Jahrhundert seine schauerlichste Karikatur.

3. Fanatische Rachsucht – die Mahnung des Faschismus

Besonders verhängnisvoll können sich extreme Persönlichkeitsentwicklungen gestalten, wo der angebliche Einsatz für ein Ideal von vorneherein nur der Kompensation einer Kränkung dient. Ob sich dies in einem immer erbitterteren Kampf gegen eine verständnislose Welt abnutzt oder ob der Racheimpuls die Umgebung anzustecken beginnt, hängt von persönlichen und historischen Umständen ab. Adolf Hitler und der Nationalsozialismus sind das verhängnisvollste Beispiel für das Zusammentreffen einer persönlichen und einer kollektiven Scham- und Revanchethematik. Friedrich Nietzsche hat den Fanatismus als die »einzige Willensstärke« bezeichnet, zu der auch »Schwache gebracht« werden können. Schon die »kleinen« Fanatiker, die Pedanten und Querulanten, bei denen die Verbohrtheiten und Verstimmungen des Alltagslebens gleichsam »Charakterpanzer« werden, stehen unter dem Druck einer ständigen frei flottierenden

Kampfbereitschaft. In Allem Beweise für ihr Benachteiligtsein sehend, wird die kleinste Auseinandersetzung zur Nagelprobe für ihre Autonomie. Oft ist es eine akute Beschämung, die sie in einen quälerischen Wahrheits- oder Gerechtigkeitsfanatismus verfallen lässt. Ohne Rücksicht auf sich selbst und die Angehörigen wird alles einer fixen Idee geopfert. Im Unbewussten solcher Menschen lauert oft eine vernichtende Wut, ein ungeheurer »analer« Trotz gegen uneinfühlsam-beschämende Eltern-Imagines, der auf den Kampf mit einer übermächtig-ungerechten Instanz der Außenwelt verschoben wird. Typisches Beispiel eines eigenbrötlerisch-rächenden Fanatikers ist Theodore J. Kaczinsky, der sogenannte »Una-Bomber«. In völliger Isolierung führte dieser hochintelligente Mathematiker seit 1978 einen Ein-Mann-Feldzug gegen die aus seiner Sicht von Grund auf verdorbene Gesellschaft, schickte Brief- und Paketbomben an ausgesuchte Vertreter der Industrialisierung – ein Kreuzzug gegen die Moderne mit allen Mitteln der Moderne.

Chronische Diskriminierungen aufgrund der eigenen Hautfarbe, Herkunft oder sexuellen Orientierung, Langzeitarbeitslosigkeit oder das Gefühl, Weltbürger zweiter Klasse zu sein, lassen auch ausgeglichene Menschen für radikale Parolen anfällig werden. Gerade bei von Anfang an abgelehnten, ungeliebten Jugendlichen können schulische Misserfolge oder das Nichtgebrauchtwerden auf dem Arbeitsmarkt das Fass dumpfer Wut zum Überlaufen bringen. Das »leere Selbst« beginnt sich mit einem künstlich gezüchteten Hass, mit primitiven Projektionen und ideologischen Versatzstücken aufzuladen. Das Grölen rechtsextremer Parolen, die Identifizierung mit einem militanten Islamismus hebt künstlich die Identitätsverwirrung auf, verwandelt Gefühle der Ohnmacht und Unterlegenheit in einen Zustand wütender moralischer Superiorität. Es gilt, Rache zu nehmen an speziellen Feindbildern, die allein an der eigenen Misere »schuld« sind und deren entschlossene Bekämpfung in einer Intimität des Hasses zusammenschweißt. Davon abzuheben sind die einsamen adoleszenten Grübler, die tiefe Gefühle von Kränkung und Entmutigung in Omnipotenz- und Zerstörungsfantasien zu kompensieren suchen. Im Extremfall wird der plötzliche Gewaltausbruch, das Schulmassaker zur grandiosen Inszenierung lange wabernder Rachefantasien. Für einen kurzen Moment grausigen Triumphierens verwandelt sich Ohnmacht in Allmacht. Man eliminiert die »schuldigen« Instanzen und am Ende das eigene Selbst – den eigentlichen Ort und Urheber der Scham.

Der Typ des fanatischen Rächers durchzieht die Weltliteratur. Ein himmelschreiendes Unrecht, eine vernichtende Kränkung hat sie hoffnungslos in einen Strudel des Urmisstrauens gezogen. Die Welt scheint für sie aus den Fugen geraten, alle Prinzipen lebenswerten Lebens außer Kraft gesetzt. Der Wunsch nach Vergeltung wird übermächtig, besetzt alles Denken, Fühlen und Streben mit fanatischer Ausschließlichkeit. Ein Leben in Selbstachtung und Würde scheint erst dann wieder möglich, wenn der Gegenspieler, das böse Prinzip schlechthin, selber ohnmächtig gemacht, als lebenslanger Zeuge der eigenen Beschämung beseitigt worden ist. Man hat in Michael Kohlhaas den geborenen Kämpfer gegen die spätmittelalterliche Feudalordnung gesehen. Aber das, was den bis dahin rechtschaffenen Mann aus der Bahn warf, war ursprünglich eine von ihm als furchtbar erlebte Beleidigung seines Selbstgefühls. Als die korrupte Adelsjustiz ihm nicht Recht gab und seine Frau starb, entgleiste er paranoid, begann einen Privatkrieg um sein Recht, äscherte in amokläuferischer narzisstischer Wut ganze Burgen und Städte ein, in denen er seinen Gegenspieler vermutete. Kohlhaas' Identifikation mit dem Erzengel Michael, sein Auftreten als Herold der Armen und Entwürdigten zeugte von der maßstabslosen Aufblähung seines Größen-Selbst und war objektiv eine Rationalisierung seines Rachewunsches. Erst der Einspruch Martin Luthers beendete die schwere fanatische Durchgangsperiode und gab kritisch-selbstkritischen Kräften wieder mehr Raum.

Das, was viele Diktatoren unbewusst treibt, ist oftmals eine entsetzliche Scham- und Revanchethematik. Nicht selten leiden sie unter körperlichen Defekten oder schweren Traumen, sind ihnen früh Gefühle von Würde und Selbstachtung ausgeprügelt worden. Ihr maligner Narzissmus, ihre Unfähigkeit zu Empathie und Menschlichkeit wirken perverserweise in

Krisensituationen auf verunsicherte Massen besonders attraktiv (vgl. Kernberg 1998). Identifiziert mit einer pathologischen Größenfantasie müssen sie fanatisch Gefühle von Kleinheit und Nichtigkeit auf wehrlose Feindgruppen projizieren, das eigene beschämte Selbst gleichsam in diesen bekämpfen und ausmerzen. Adolf Hitler ist das wohl extremste Beispiel einer von kalter fanatischer Willenswut getriebenen Rächerfigur. So sehr alle Deutungsversuche letztlich am Dämonischen dieses Mannes abprallen, hinter seinen Allmachts- und Vernichtungsideen müssen sich furchtbare Ängste vor Scham, Kleinheit, absoluter Nichtigkeit verborgen haben (vgl. Stierlin 1995; Matussek et al. 2000). In seinen aberwitzigen Träumen als Künstler und Architekt gescheitert, eine Zeitlang als Vagabund herumlungernd, war die Rolle des Frontsoldaten im technisierten Gemetzel des Ersten Weltkriegs zur Prothese für seine brüchige Identität geworden. Die militärische Niederlage stürzte Hitler in tiefe, psychosenahe Verzweiflung. Aber als er merkte, wie seine Hasstiraden Biersäle zum Kochen brachten, die Ressentiments ganzer Massen bündelte, bildete sich in ihm das »granitene Fundament« einer Weltanschauung, von der er bis zum Verfassen seines politischen Testaments keinen Zentimeter mehr abrückte. Es galt, Rache zu nehmen an den »Drahtziehern des Verrats«, am ewig subversiven jüdischen Volk, Sündenbock für all sein persönliches Versagen und zugleich wahnwitziger Beschämer seiner »Braut« Deutschland. Schon in dem Buch, das hinterher niemand gelesen haben wollte, finden sich schauderhafte Fantasien von den Juden als in den »reinen« arischen Volkskörper eindringendem Ungeziefer, als Gewürm, Maden, Parasiten. Und von Anfang an stand im Kern von Hitlers Rassenideologie eine fanatische Vernichtungsabsicht. Der »Herrenmensch« und der »Untermensch« standen sich in einem letzten weltgeschichtlichen Ringen gegenüber. Er, Hitler, war von der »Vorsehung« ausersehen, den Schandfleck und »Krebs« auszumerzen. Erst dann konnte er in einem überdimensionalen Kuppelbau mit seinem Volk den »Endsieg« feiern. Dass eine derart abstruse Theorie Staatsräson werden konnte, das Verleugnen, der Opportunismus, das begeisterte Mitmachen vieler »normaler« Deutscher in den Zeiten breit akzeptierter faschistischer Herrschaft überschreitet immer noch unser Fassungsvermögen. Die Shoa, im wahrsten Sinne des Wortes das »Zur-Asche-Machen« des Hassobjekts, ist die tragischste Verwirklichung des Bösen in der Geschichte. Über Jahre hatte man den Juden in kalt-perfiden bürokratischen Akten die Grundlage jeder Würde entzogen. Am Ende wurde ihnen, in Todesfabriken verschleppt, kahl geschoren und nackt, buchstäblich die Luft zum Atmen genommen. So sehr sich in Hitler die antisemitischen Tendenzen seines Zeitalters bündelten, so sehr sich seine Helfershelfer in brutalen Konzepten überboten, der letzte Anstoß zum Holocaust muss von ihm selber ausgegangen sein. Wie vernichtend Hitler die Juden als ein seinen Narzissmus absolut bedrohendes Prinzip auffasste, deutet sich noch in den drei Kriegsreden an, in denen die Rede davon ist, wie das »Gelächter der Juden« bald »endgültig zum Verstummen« gebracht werde – zu einem Zeitpunkt, da niemand mehr auf den Gedanken gekommen wäre, über ihn zu lachen.

So naiv und fehlgeleitet heute der Aufstand der 68er-Generation anmutet – hier zeigte sich auch ein Stück Empörung und »entlehnte Scham« (Vogt/Vogt 1997) über die Verdrängung einer ungeheuerlichen Vergangenheit. Nur innerhalb einer gänzlich repressionslosen, jedwede Beschämung des Kindes vermeidenden Erziehung könne man ein kritisches »neues« Bewusstsein schaffen, das sich von angemaßter Macht nicht mehr blenden lasse. Als die Träume der Protestbewegung rasch zerplatzten, setzten Ohnmacht und Resignation immer radikaleres Gedankengut frei. Aber es war nur eine winzige Minderheit blind Entschlossener, die mit den Ideen vom »bewaffneten Umsturz« und der »entgiftenden Gewalt« blutigen Ernst machten. Der politische Amoklauf der RAF, eine Explosion »befreiter Schamlosigkeit« (Erikson 1981), ist Musterbeispiel für das Umschlagen ursprünglich humanistischer Ideale in einen gruppenpsychotischen Realitätsverlust und gnadenlose Rachsucht. Nicht nur in der Unerschütterlichkeit des Avantgardedünkels und der Kühle der Mordaktionen, auch im Unerbittlichen des Gesinnungsterrors entwickelte man sich fast zur Karikatur der faschistischen Verhältnisse, die man zu bekämpfen vorgab. Selbst kleinste Einwände wurden innerhalb des totalitären Gruppenklimas als »konterrevolutionär« und »zersetzend« niedergemacht. Es galt, allen Hass gegen willkürlich ausgesuchte Vertreter des »Systems« zu bündeln, die als »Schweine« und »Arschlöcher« zur Liquidierung freigegeben waren. Und als man am Ende des »obersten Kapitalisten« Deutschlands habhaft geworden war, schreckte man nicht davor zurück, den »Nazi-Vater« im Unterhemd vorzuführen.

Während heute fast nichts mehr an die aufgebrachten Zeiten der Studentenrevolte erinnert, versuchen Parodien – etwa Dani Levys Satire »Mein Führer« –, sich Hitler zu entledigen, indem sie ihn lächerlich machen. Aber die Wiederkehr des Verdrängten, das unerträgliche Salonfähigwerden rechten Gedankengutes ist zu beunruhigend, und hierin nur den Ausdruck ökonomischer Notlagen zu sehen, wäre verkürzt. Fast hat es den Anschein, als sei der dumpfe Fanatismus jugendlicher Neonazis das primitive Geifern dessen, was in den verklausulierten Formulierungen moderner Rechtsintellektueller an Hass gebunden ist. In den Parteiversammlungen, Aufmärschen und Krawallen Rechtsradikaler zeigt sich eine destruktive Unerschütterlichkeit, die Hand anlegt an alle Ideale von Toleranz und demokratischem Rekurs. Erneut soll die Vereinigung mit der mythologisch verklärten Macht Deutschland von Scham, Selbstzweifeln und Existenzangst erlösen. Wiederum soll dieses ideale narzisstische Objekt von »dreckigen« Ausländern, »Parasiten« und Sozialschmarotzern »gereinigt« werden. Den Rechtsstaat mit aller Entschiedenheit gegen das Wiederaufflammen der Pöbelhaftigkeit zu stärken, muss zur unabdingbaren Verpflichtung aller demokratischen Kräfte werden. Allein das Auftreten der Symptome ist beschämend genug.

4. Scham und Fanatismus in Großgruppenkonflikten

Spiralen eskalierender Gewalt und wechselseitiger Beschämung, chronische Racheszenarien und delegierte Traumata machen die Konflikte zwischen Großgruppen so unerbittlich irrational und oft so hoffnungslos unbeeinflussbar. In den blutigen Aufständen und Klassenkämpfen der Geschichte ging es nicht allein um ökonomische Besserstellung, sondern oftmals um die Erlangung grundlegendster Formen von Menschenwürde. Alle ungleichen Herrschaftsverhältnisse zeichnen sich auch durch Mechanismen der psychologischen Ausbeutung aus. Mächtige neigen dazu, ihre Selbstzweifel und Schamgefühle auf Schwächere zu projizieren und sich dadurch künstlich narzisstisch aufzuwerten. Die an den untersten Rand einer Sozialordnung Gedrängten werden in ihrer Hoffnungslosigkeit und Apathie gleichsam »Container« der negativen Identität einer Gesellschaft, und die Ghettos, Slums und Elendsquartiere dieser Welt sind Brutstätten existenzieller Scham und impotenter Wut. Ausgegrenzte, rechtlose, ausgebeutete Menschen identifizieren sich häufig mit den auf sie projizierten Vorurteilen, benehmen sich so krank, verrückt, nichtsnutzig oder gewalttätig, wie ihnen vorgehalten wird – Grund genug für die herrschende Mehrheit, sich noch mehr von ihnen zu distanzieren.

Die Auseinandersetzung mit »niederen« Menschengruppen galt in feudalen Gesellschaften als »unfein«, »unanständig« und die Grenzen zwischen den Ständen waren durch eine Vielzahl ausgesprochener und unausgesprochener Schambarrieren abgeriegelt. Es ist historisch oft unglaublich, wie lange verelendete Massen in absoluter Armut und Entwürdigung leben, ehe aufrührerische Parolen zu greifen beginnen. Die wütende Diktion und die teilweise sadistischen Rachefantasien mancher Revolutionsschriftsteller lassen erahnen, wie stark die Autoren persönlich von Erfahrungen der Arroganz der Macht betroffen gewesen sein müssen. Immer wieder im Laufe der Geschichte knüppelten Mächtige Aufstände des »Abschaums der Menschheit« grausam nieder. Andererseits konnte rebellische Wut Ordnungen hinwegfegen, die als unerschütterlich galten. Erreichen Revolutionen das Thermidor-Stadium, entstehen Schreckensherrschaften, in denen der Verdacht regiert und die Guillotine triumphiert. Es geht nicht mehr um die Erreichung der ursprünglichen politischen Zielsetzungen, sondern um die immer uferlosere Rache an den einstigen Vertretern etablierter Macht, die vor ihrer Liquidierung oft noch auf das Äußerste beschämt werden. Derweil identifizieren sich die Revolutionäre mit genau den autoritären Attitüden, die sie vorher bekämpft haben, installieren reaktionäre Strukturen, in denen die Beleidigten und Entwürdigten erneut zu Statisten im Spiel der Macht werden. Die paranoiden Exzesse des Stalinismus oder der chinesischen Kulturrevolution stehen beispielhaft für das Entgleisen ursprünglicher Freiheitsideale in einen jegliche Individualität vernichten wollenden Totalitarismus.

Wo andererseits der zu rasche historische Wandel ganze Gesellschaften in einen starren religiösen Fundamentalismus zurückfallen lässt – die »iranische Revolution« des Ayatollah Khomeini, der Steinzeit-Islam der Taliban –, wird ein besonders rigider Sittlichkeitsfanatismus zum Vehikel der Unterdrückung. Es gilt, eine verruchte Gesellschaft von Unglauben, Anmaßung und Laszivität zu »säubern«. Unter dem Vorwand, der Frau ihre Würde zurückgeben zu wollen, wird weibliches Emanzipationsstreben wieder in ein Prokrustesbett gezwängt. Alles, der falsch sitzende Tschador, die Haarlocke, die unbotmäßige Meinung gilt in den Augen der Sittenwächter als Beleidigung Gottes und zieht im Ernstfall strengste Strafen nach sich. Man könnte von einer repressiven Scham sprechen, die sich vordergründig gegen die Sexualität, im Grunde aber gegen alles Spontane, Liberale, letztlich das potenziell widersprüchliche Ich richtet und erneut zutiefst ungerechte Herrschaftsstrukturen im Gewand des »Gottesstaates« zementiert.

Ketten gegenseitiger Erniedrigung und wechselseitigen Sich-ohnmächtig-Machens stehen im Zentrum der »Erbfeindschaften«, der chronischen ethnischen und religiösen Konflikte. Nationale Niederlagen, der Verlust an Territorien, die Verletzung religiöser Symbole, Massaker oder ungerechte Friedensdiktate – vielfältige kollektive Beschämungen graben sich tief im kulturellen Gedächtnis der Völker fest. »Wer in seiner Selbstachtung tödlich getroffen ist, denkt nicht mehr wie ein geistig gesunder, vernünftiger Mensch. Und diejenigen, die eine Nation vorsätzlich demütigen, haben es sich selbst zuzuschreiben, wenn daraus eine Nation von Irren wird«, schrieb Bertrand Russel einst über die Folgen von Versailles (zit. n. Bastian, 2000, S. 86). Immer wieder pflanzen sich in verfeindeten Gemeinschaften tief sitzende Ressentiments fort, als Wunden der Kollektivpsyche, als Loyalitätsverpflichtung zur Rache. Die von Generation zu Generation weiter getragenen Geschichten und Mythen über das Wüten eines erbitterten Gegners sind laut Kakar (1997) der Hauptkanal, über den historische Feindschaften sich fortpflanzen. Das Kind vermischt solche Erzählungen mit eigenen unbewussten Fantasien und entwirft Racheszenarien gegenüber jenen, die seine Eltern und Verwandten gedemütigt haben. In Krisenzeiten rühren Demagogen diese »erwählten Traumata« (Volkan 1999) an, rufen, wie in einer Art »Zeitkollaps« (Volkan 1999), Scham- und Wutgefühle hervor, als sei das Ereignis ganz frisch. Nicht erneut überwältigt und beschämt zu werden, wird Teil einer schleichenden Panik. Oft genügt ein kleiner Funke, um eine Stimmung fanatischer Wehr- und Angriffsbereitschaft hervorzurufen. Die eigene Gemeinschaft rückt unter dem Zelt der Großgruppen-Identität zusammen, verleugnet alles Konflikthafte, Gegensätzliche in den eigenen Reihen, projiziert allen Hass nach außen auf ein total stereotypisiertes Feindbild. Mäßigende Stimmen finden kein Gehör mehr. Das Erleben der meisten scheint auf ein früheres Niveau absoluter Stammesloyalität zu regredieren. Im Ernstfall begehen ganz normale Menschen im Geisteszustand der »Totalität« (Erikson 1981) Grausamkeiten, zu denen sie in ausgeglichenen Zeiten nie in der Lage wären.

Während des sich anbahnenden Konflikts auf dem Balkan Anfang der 1990er Jahre erinnerte Slobodan Milosevic an die serbische Niederlage auf dem Amselfeld 1389, Beginn einer Jahrhunderte währenden beschämenden Fremdherrschaft. Dies weckte irrationale Ängste vor der erneuten »muslimischen Bedrohung« und mündete in die panikartige Bereitschaft, Großserbien gewaltsam vor erneuter Demütigung zu schützen. Aufgehetzt von einer bis dahin nicht gekannten Fernseh-Gräuelpropaganda behandelten sich ehemalige Nachbarn und Freunde über Nacht wie Todfeinde, verwandelte sich eine multi-ethnische Gesellschaft in ein Inferno von Heckenschützen, Konzentrationslagern und kühl geplanten »ethnischen Säuberungen«. Die Massenvergewaltigungen serbischer »Tschetniks« waren ein besonders abstoßendes Beispiel menschlicher »Perversität« (Kernberg 1998), das Einbrennen tiefster Demütigung in die Psyche der geschändeten Frauen und deren depotenzierter Männer – und zugleich die erneute paradoxe Durchmischung mit dem Erbgut, von dem es sich doch eigentlich zu »reinigen« galt.

Auch ausgeglichen-tolerante Menschen werden durch chronische Erfahrungen der Herabsetzung und Entwürdigung irgendwann von Hoffnungslosigkeit und Ressentiment übermannt. Fortwährend unterdrückt, fremdbestimmt, vom eigenen Boden vertrieben zu sein, bedeutet eine chronische Beschämung. Es gibt keine Fremdherrschaft, die nicht irgendwann in Gewalt und Verrohung umschlägt. Von einer Besatzungsmacht okkupiert und überwältigt zu sein, sich nicht frei bewegen zu können, lässt einen immer wieder zum Zeugen der eigenen Ohnmacht werden. In tiefster Verdichtung zeigt sich die Entwürdigung bei einer Leibesvisitation bzw. beim gewaltsamen Eindringen in das eigene Haus. Unterschwellig oder ganz offen entwickeln Besatzer jene Haltung verächtlichen Überlegenseins, jenen Zynismus, die kalte Seite des Hasses. Und parallel dazu staut sich in der Psyche der Unterdrückten eine unheimliche Scham-Wut auf, die kein Ventil findet. Die Kinder spüren die chronische Unsicherheit ihrer Eltern, die für sie kein Identifikationsmodell für Selbstsicherheit und Integrität darstellen. Einige der besonders verletzten Jugendlichen entwickeln sich zu Delegierten des Zorns, beginnen aufzubegehren, werden zu Steine werfenden Helden. Irgendwann, wenn die Ohnmacht zu massiv, die wirtschaftliche Benachteiligung zu eklatant geworden ist, schlagen die Entwürdigten zurück, verflüssigen den Selbsthass in aufrührerische Wut. Auf einmal empfinden sie im Terror perverse Autonomie, erzeugen in den Mächtigen Angst und Schrecken, was deren noch gewaltsamere Gegenreaktion provoziert. Resultat ist eine eskalierende Spirale des Hasses, in der sich Täter- und Opfersein, Macht und Ohnmacht, gut und böse zunehmend verwischen.

So verabscheuungswürdige Gewalt und kriminelle Pfründnerschaft auch völkischer und ethnisch-separatistischer Terrorismus hervorbringt – eines der Ausgangsmotive ist zunächst die übermäßige Loyalität zur eigenen Bezugsgruppe, unbewusst eine stolze Mutter-Imago, die von gänzlich bösen Mächten unterdrückt, beschämt und verstümmelt wird. Die Freiheitskämpfer sehen sich, oft delegiert von der schweigenden Mehrheit, als Rächer ihrer beleidigten Volksgruppe. Das erlittene Unrecht verlangt nach totaler Genugtuung, die eigene Rolle als »privilegiertes Opfer« lässt jede Gewalttat als legitim erscheinen. Eine Art »entschlossene Hoffnungslosigkeit« verengt die Lebensperspektive der Extremisten nicht selten auf ewigen Kampf. Eine persönliche und kollektive Zukunft ist erst dann wieder vorstellbar, wenn das Fremde, Ungläubige, den eigenen Narzissmus beschämende Böse ganz aus dem eigenen Territorium, dem eigenen Gruppen-Selbst ausgemerzt ist. Und wie in einer Art unbewusster Absprache begehen die Extremisten beider Seiten die nächste Gewalttat, wenn Friedensverhandlungen zu erfolgreich zu werden drohen. Es gibt keine angemessenen Formulierungen für das Durchtränktwerden ganzer Völker von psychotischen Grundannahmen. Am ehesten könnte man mit Kancyper (2000) vom »Prinzip der Qual« sprechen. So abgrundtief die Gräben des Hasses sind, im Kern der Feindbilder finden sich bei allen Beteiligten immer wieder ähnliche unbewusste Beziehungsphantasmen: das »nur gute« Selbst (bzw. Gruppen-Selbst), das von »nur bösen« Mächten verfolgt wird; im Tiefsten die Fantasie des von grausamen Eltern gequälten Kindes, das, um sich der existenziellen Bedrohung zu erwehren, selber hasserfüllt-grausam werden muss.

Die Globalisierung lässt heute die Menschheit mit ungeheurem Tempo zusammenwachsen. Zugleich entfesselt ein weltweit sich vernetzender amokläuferischer Geschäftsgeist eine ungeheure Schamlosigkeit, scheint im Letzten auf die Überflüssigmachung des Individuums zu zielen. Wenn auch die fundamentalistischen Heilslehren naiv und gespenstisch wirken, fehlgeleitet und letztlich vergebens suchen Menschen hier nach einem Sinn und einer Würde, wie sie immer schon den Kern religiöser Verheißung ausgemacht haben. Aber die gänzlich unheiligen Absichten der Drahtzieher sind zu gefährlich, die Menschheit kann sich Attitüden metaphysischer Unerschütterlichkeit nicht mehr leisten. Wer die Gefahren des international sich vernetzenden Terrorismus heute noch leugnet, ist blauäugig. Aber die untauglichen Versuche zu seiner Bekämpfung drohen die Gewalt noch sinnloser, brutaler und zynischer zu machen. Der heimtückische Terroranschlag vom 11. September 2001 hat Amerika bis ins Mark getroffen. So offenkundig das Eingreifen in Afghanistan und im Irak von ökonomischen Motiven geleitet war, der Militärschlag war auch eine Demonstration von Stärke, eine Verwandlung von passiv in aktiv. Einmal mehr griffen archaische Spaltungs- und Projektionsmechanismen. Einmal mehr suggerierte ein mit göttlichen Mächten im Bund stehender Präsident, man könne einen international operierenden, heimtückischen und gesichtslosen Gegner in bestimmten »bösen« Weltregionen und Völkern lokalisieren und ein die Menschheit bedrohendes Phänomen durch unnachsichtige Härte ein für allemal ausschalten. Aber der von Anfang an widersinnige Krieg gegen den Terrorismus bringt nicht nur unendliches Leid über die Zivilbevölkerung, sondern bedeutet auch eine gewaltige Beschämung der arabischen Welt, die seit zwei Jahrhunderten gegenüber dem Westen nur noch Niederlagen hat einstecken müssen. Zu glauben, die aufgerissenen Wunden in naher Zukunft durch das Implantieren von Demokratie heilen zu können, dürfte sich als große Illusion erweisen. Realistischer ist die Erwartung eines sich über Jahre hinziehenden unberechenbaren Konfliktszenarios.

Die schauderhafteste und zugleich konsequenteste Verwandlung von Ohnmacht in Allmacht, ist der Selbstmordanschlag, das letzte Mittel der asymmetrischen Kriegführung. Sofern die Täter nicht von vorneherein willenlos, indoktriniert, gehirngewaschen sind, zeigt sich eine fatale Entschlossenheit, durch die Selbstopferung einen unerträglichen Zustand der Demütigung aufzuheben und einen übermächtigen Gegner am wundesten Punkt zu treffen. Immer wieder ist in den Abschiedsvideos palästinensischer Selbstmordattentäter die Rede davon, mit der ungeheuren Entwürdigung durch die Besatzer nicht mehr leben zu können. Erst die Begegnung mit der religiösen Autorität habe ihrem Leben Richtung und Sinn gegeben. Schon vor der Tat haben sie sich in ihren Gebeten und autosuggestiven Ritualen in den besonderen, fast tranceartigen Bewusstseinszustand des »schahid« versetzt, des Märtyrers, der sich für die eigene Gemeinschaft aufopfert. Das absolute Sich-im-Auftrag-Gottes-Wähnen panzert das Gewissen in einem Zustand psychischer Erbarmungslosigkeit. Es gilt, so viele »Ungläubige« wie möglich zu treffen. Im Akt äußerster Destruktion finden die Täter gleichsam zu sich, und deren Angehörige verleugnen ihren Schmerz und deuten die Wahnsinnstat als »Hochzeitsfest«.

5. Epilog

Dieser Aufsatz hat den Anteil bewusster und unbewusster Schamgefühle an der unendlich vielfältigen Motivation extremen menschlichen Verhaltens herauszuarbeiten versucht. Wenn in der antiken Mythologie die Göttin Aidos, Beschützerin der Würde und der guten Sitten, verletzt wurde, trat ihre Rächerin Nemesis auf den Plan. Die Weltlage ist unberechenbarer denn je. Diejenigen, die heute an Nemesis' Stelle treten, verfügen über fürchterlichste Waffen. Schon 1930 hatte Freud es als »Schicksalsfrage« formuliert, ob der »ewige Eros« sich gegenüber dem Selbstvernichtungspotenzial der Menschheit zu behaupten vermag (vgl. Freud 1930). Manches an unseren gigantomanen Zukunftsprojekten wirkt derzeit wie eine Flucht aus unerträglichen Ängsten. Erst wenn wir uns mit unseren inneren Schwächen, unserer Scham, unserer Begrenztheit und Endlichkeit versöhnen, werden wir freier von unseren allgegenwärtigen Neigungen zu Hass und Projektion. Von der Erziehung unserer Kinder bis in die Sphäre internationaler Konflikte – es gilt noch viel mehr Sensibilität zu entwickeln gegenüber allen Formen von Beschämung, die oft mehr Wut hervorrufen als die realen Gegensätze und Probleme. Es gilt ebenso, eine menschheitsverbindende Scham zu stärken gegenüber Gräueln, die auf lange Sicht nicht mehr zum Zusammenleben unserer Spezies gehören dürfen. Es gibt zur Gewaltlosigkeit und zur Versöhnung keine Alternative. Rache ist nie süß.

Literatur

Bastian, Till & Hilgers, Micha (1990): Kain. Die Trennung von Scham und Schuld am Beispiel der Genesis. Psyche – Z Psychoanal 44, 1100–1111.

Bastian, Till (2000): Das Jahrhundert des Todes. Zur Psychologie von Gewaltbereitschaft und Massenmord im 20. Jahrhundert. Göttingen (Vandenhoeck & Ruprecht)

Bolterauer, Ludwig (1989): Die Macht der Begeisterung. Fanatismus und Enthusiasmus in tiefenpsychologischer Sicht. Tübingen (Edition discord).

Conzen, Peter (2005): Fanatismus. Psychoanalyse eines unheimlichen Phänomens. Stuttgart (Kohlhammer).

Conzen, Peter (2008): Gudrun Ensslin. Die fanatische Erstarrung des überstrengen Gewissens. Wege zum Menschen 60 (2), 131–144.

Erikson, Erik Homburger (1981): Jugend und Krise. Die Psychodynamik im sozialen Wandel. Frankfurt/M. (Suhrkamp).

Erikson, Erik Homburger (1982): Kindheit und Gesellschaft. Stuttgart (Klett-Cotta).

Freud, Sigmund (1905): Drei Abhandlungen zur Sexualtheorie. GW V, S. 1–119.

Freud, Sigmund (1930): Das Unbehagen in der Kultur. GW XIV, S. 419–506.

Green, André (2000): Geheime Verrücktheit. Grenzfälle der psychoanalytischen Praxis. Gießen (Psychosozial-Verlag).

Grunberger, Bela (1976): Vom Narzissmus zum Objekt. Frankfurt/M. (Suhrkamp).

Henseler, Heinz (1995): Religion – Illusion? Eine psychoanalytische Deutung. Göttingen (Steidl).

Hilgers, Micha (2006): Scham. Gesichter eines Affekts. Göttingen (Vandenhoeck & Ruprecht), 3. Aufl.

Hole, Günter (2004): Fanatismus. Der Drang zum Extrem und seine psychischen Wurzeln. Gießen (Psychosozial-Verlag).

Kakar, Sudhir (1997): Die Gewalt der Frommen. Zur Psychologie religiöser und ethnischer Konflikte. München (C.H. Beck).

Kancyper, Luis (2000): Das Gedächtnis des Grolls und das Gedächtnis des Schmerzes. Psyche – Z Psychoanal 54, 954–972.

Kernberg, Otto F. (1998): Wut und Hass. Über die Bedeutung von Aggression bei Persönlichkeitsstörungen und sexuellen Perversionen. Stuttgart (Klett-Cotta).

Kohut, Heinz (1973a): Narzissmus. Frankfurt/M. (Suhrkamp).

Kohut, Heinz (1973b): Überlegungen zum Narzissmus und zur narzisstischen Wut. Psyche – Z Psychoanal 27, 513–554.

Matussek, Paul; Matussek, Peter & Marbach, Jan (2000): Hitler. Karriere eines Wahns. München (Herbig).

Seidler, Günter H. (1995): Der Blick des Anderen. Eine Analyse der Scham. Stuttgart (Verlag Internationale Psychoanalyse).

Stierlin, Helm (1995): Adolf Hitler. Familienperspektiven. Frankfurt/M. (Suhrkamp).

Vogt, Rolf & Vogt, Barbara (1997): Goldhagen und die Deutschen. Psyche – Z Psychoanal 51, 494–569.

Volkan, Vamik D. (1999): Das Versagen der Diplomatie. Zur Psychoanalyse nationaler, ethnischer und religiöser Konflikte. Gießen (Psychosozial-Verlag).

Wirth, Hans-Jürgen (Hg.) (2001): Hitlers Enkel oder Kinder der Demokratie? Die 68er-Generation, die RAF und die Fischer-Debatte. Gießen (Psychosozial-Verlag).

Wirth, Hans-Jürgen (2002): Narzissmus und Macht. Zur Psychoanalyse seelischer Störungen in der Politik. Gießen (Psychosozial-Verlag).

Wurmser, Leon (1998): Die Maske der Scham. Berlin (Springer-Verlag).

... ein Begriff für politische Bildung

Gewaltprävention

Achim Schröder, Helmolt Rademacher, Angela Merkle (Hrsg.)

Handbuch Konflikt- und Gewaltpädagogik

Verfahren für Schule und Jugendhilfe

Das Handbuch gibt einen umfassenden Überblick zum aktuellen Stand der Konflikt- und Gewaltpädagogik. Nach einführenden Beiträgen über Erscheinungsformen und Hintergründe jugendlicher Gewalt, stellen renommierte Autorinnen und Autoren „ihr" pädagogisches Verfahren vor. Neben der wissenschaftlichen Begründung und dem methodischen Vorgehen werden die wichtigsten Evaluationsergebnisse erläutert und kritische Einwände reflektiert. Ein dritter Teil des Handbuchs ist übergreifenden Themen gewidmet, wie Gewaltprävention im europäischen Kontext und in der Entwicklungszusammenarbeit, Konfliktbearbeitung im Rahmen der politischen Bildung sowie Chancen durch Kooperation von Jugendhilfe und Schule.

ISBN 978-3-899744311-1, 280 S., € 26,80

Unter Mitarbeit von: Hermann Josef Abs, Marion Altenburg, Rolf-Dieter Baer, Helle Becker, Rüdiger Blumör, Heidrun Bründel, Anna Buhbe, Stephan Bundschuh, Hanns-Dietrich Dann, Regine Drewniak, Wolfgang Edelstein, Mario Erdheim, Rebecca Friedmann, Manfred Gerspach, Thomas Grüner, Winfried Humpert, Benno Hafeneger, Christa Kaletsch, Rainer Kilb, Jürgen Körner, Jörg Kowollik, Ulrich Lakemann, Ulrike Leonhardt, Angela Merkle, Gunter A. Pilz, Siegfried Preiser, Verena Priesnitz, Helmolt Rademacher, Stefan Rech, Annette Richter, Franz Josef Röll, Uli Sann, Achim Schröder, Wilfried Schubarth, Reiner Steinweg, Ferdinand Sutterlüty, Bernd Wagner

www.wochenschau-verlag.de

Adolf-Damaschke-Str. 10, 65 824 Schwalbach/Ts., Tel.: 06196 / 8 60 65, Fax: 06196 / 8 60 60, info@wochenschau-verlag.de

Die Autorinnen und Autoren

Buchholz, Michael B., Prof. Dr. phil., Dr. disc. pol., ist Prof. für Sozialwissenschaft in Göttingen. Des Weiteren hat er Gastprofessuren in Frankfurt, Wien, Klagenfurt und Innsbruck. Buchholz ist Lehranalytiker und Dozent am Lou-Andreas-Salomé-Institut für Psychoanalyse in Göttingen und Autor. Veröffentlichungen u. a.: »Metaphern der ›Kur‹«. Eine qualitative Studie zum psychotherapeutischen Prozess (2003), »Das Unbewusste, Bd. I–III« (2006, hrsg. mit Günter Gödde).

Bühring, Gerald, Dr. phil., Dipl.-Psych. Erststudium an der Berliner Ingenieurakademie für Bauwesen (Ing. grd.). Zweitstudium in Psychologie am Psychologischen Institut der Technischen Universität Berlin. Weiterbildung zum Personenzentrierten Psychotherapeuten und Verhaltenstherapeuten. Nach dem Studium Heimpsychologe in Rischborn/Gifhorn, dann eigene Psychotherapeutische Praxen in Hamburg und Berlin. Seit 1980 Mitarbeiter der Beratungsstelle für Kinder- und Jugendpsychiatrie Reinickendorf in Berlin.

Conzen, Peter, Dr., Dipl.-Psych., Psychologischer Psychotherapeut, ist Leiter der Psychologischen Beratungsstelle für Eltern, Kinder und Jugendliche des Caritasverbandes der Stadt Bonn sowie Lehrbeauftragter der Universität Bonn. Er ist Biograf von Erik H. Erikson (Erik H. Erikson – Leben und Werk. Stuttgart 1996, Kohlhammer) und hat ein umfangreiches Werk über die Wurzeln menschlichen Fanatismus aus psychoanalytischer Sicht geschrieben (Fanatismus. Psychoanalyse eines unheimlichen Phänomens. Stuttgart 2005, Kohlhammer). Weitere Forschungsschwerpunkte sind die Psychologie der menschlichen Identität, die Identitätsentwicklung sowie die Phänomene der Identitätskrise und der Identitätsverwirrung.

Duncker, Heinfried, Dr., Chefarzt für Psychosomatische Medizin und Psychotherapie – HGC Kliniken GmbH, Gastprofessor an der Universität Kassel, Facharzt für Psychiatrie und Psychotherapie, Facharzt für Psychosomatische Medizin und Psychotherapie/Psychoanalyse.

Eisenberg, Götz, ist promovierter Sozialwissenschaftler und Familientherapeut. Er arbeitet als Gefängnispsychologe beim Psychologischen Dienst der JVA Butzbach. Von ihm erschienen im Rowohlt-Verlag die Bände »Jugend und Gewalt« (1993 zusammen mit Reimer Gronemeyer) und »Amok – Kinder der Kälte. Über die Wurzeln von Wut und Hass« (2000). 2002 veröffentlichte er im Psychosozial-Verlag den Band: »Gewalt, die aus der Kälte kommt. Amok-Populismus-Pogrom«.

Lamott, Franziska, Dipl.-Soz., Dr. rer. soc. ist Professorin an der Sektion Forensische Psychotherapie der Universität Ulm, Gruppenanalytikerin (DAAG).

Mörtl, Kathrin, Mag. phil., ist Psychologin an der Universitätsklinik Psychosomatische Medizin und Psychotherapie Ulm, Qualitative Forschung.

Reichert, Frank, Studium der Erziehungswissenschaft, Psychologie, Politikwissenschaft (M.A.), Abschluss voraussichtlich im September 2008. 2006 Praktikum am MPI für ausländisches und internationales Strafrecht. Tätigkeiten an der TU Dresden als Tutor für quantitative Methoden und Mitarbeit in zahlreichen empirischen Forschungsprojekten.

Reinke, Ellen, Prof. Dr. phil., Psychoanalytikerin, Professur an der Universität Bremen, dort ist sie Leiterin des Institutes »DIALOG – Zentrum für Angewandte Psychoanalyse« und »BITAP – Zentrum für theoretische und Angewandte Psychoanalyse«.

Taubner, Svenja, Dr. phil., Dipl.-Psych., ist Analytische Psychologische Psychotherapeutin in fortgeschritterner Ausbildung (DGPT) und Mediatorin im Strafrecht; Arbeitsschwerpunkte: Delinquenz, Adoleszenz, Psychotherapieforschung und Ausbildungsforschung.

Werthmann, Hans-Volker, Prof. Dr. phil. Dipl.-Psych., 1974–1998 Institut f. Psychoanalyse d. Univ. Frankfurt, arbeitet in freier Praxis in Wiesbaden. Veröffentlichungen über Klinische Psychoanalyse, Diagnostik und Wissenschaftstheorie der Psychoanalyse.

Willenberg, Hans, Dr., ist seit 2001 in einer psychoanalytisch-psychotherapeutischen Privatpraxis niedergelassen und darüber hinaus als Berater von Institutionen und Unternehmen tätig. Von 1983 bis 2001 leitete er die Poliklinik der Universitätsklinik für Psychosomatische Medizin und Psychotherapie in Mainz. Bis 2008 war er Leiter des 1996 gegründeten Mainzer Psychoanalytischen Instituts (mpi).

Léon Wurmser

Das Rätsel des Masochismus

2008 · 603 Seiten · Broschur
ISBN 978-3-89806-741-6

Das Rätsel des Masochismus ist mehrschichtig. Da ist das oberflächliche und relativ leicht zu beantwortende Rätsel, warum jemand Befriedigung und sogar sexuelle Lust aus Schmerz und Leid, aus Erniedrigung und Scham ziehen kann und deshalb sogar dieses Leiden aufsucht. Schon schwieriger zu beantworten ist die Frage: Wie kann der Schmerzsüchtige sich selbst achten?

Dieses Buch richtet sich vornehmlich an Therapeuten und zeigt Wege auf, wie man einem derart Schmerzsüchtigen helfen kann. Durch die therapeutische Erfahrung wie auch die umfassende Bildung von Léon Wurmser ist dieses Buch nicht nur für therapeutisch mit dem Problem befasste Leser eine Bereicherung.

www.ingramcontent.com/pod-product-compliance
Ingram Content Group UK Ltd.
Pitfield, Milton Keynes, MK11 3LW, UK
UKHW061656190726
13853UKWH00008B/2244